文都教育®

国家统一法律职业资格考试

黄金考点思维导图

重者恒重 | 化繁为简 | 提炼难点 | 黄金必考

文都法考教研组 编著

中国原子能出版社

图书在版编目(CIP)数据

国家统一法律职业资格考试黄金考点思维导图 / 文都法考教研组编著. — 北京：中国原子能出版社，2020.12(2021.1 重印)

ISBN 978-7-5221-1160-5

Ⅰ. ①国… Ⅱ. ①文… Ⅲ. ①法律-中国-资格考试-自学参考资料 Ⅳ. ①D92

中国版本图书馆 CIP 数据核字(2020)第 254109 号

国家统一法律职业资格考试黄金考点思维导图

出版发行 中国原子能出版社(北京市海淀区阜成路 43 号 100048)
责任编辑 张 梅 田镇瑜
特约编辑 马琳婷
印　　刷 北京铭传印刷有限公司
经　　销 全国新华书店
开　　本 787mm×1092mm 1/16
印　　张 20.5　　**字　数** 512 千字
版　　次 2020 年 12 月第 1 版 2021 年 1 月第 2 次印刷
书　　号 ISBN 978-7-5221-1160-5 **定　　价** 90.00 元

网址:http://www.aep.com.cn E-mail:atomep123@126.com
发行电话:010-68452845

目　录

民 法

第一编　总则

第一章　民法概述

民法概述

- 概念
  - 民法是调整自然人、法人和非法人组织之间人身关系和财产关系的法律规范体系的总称
- ☆民法的基本原则
  - （1）平等原则；（2）自愿原则；（3）公平原则；（4）诚信原则；（5）守法和公序良俗原则；（6）绿色原则
- ☆民事法律关系
  - 民事法律关系主体，是指民事法律关系中享受权利、承担义务的参与者、当事人
  - 民事法律关系客体，是指民事主体得以结成相互关系的利益对象
  - 民事法律关系内容，是指民事主体之间基于客体所形成的具体联系，即民事权利和民事义务
- ☆民事权利
  - 民事权利是民法赋予民事主体实现其利益所得实施行为的界限
  - 分类：（1）依据民事权利的效力特点：支配权、请求权、形成权、抗辩权；（2）依民事权利的效力所及相对人的范围：绝对权、相对权；（3）依各权利的地位：主权利与从权利、原权利与救济权

第二章　自然人

- 自然人
  - 民事权利能力
    - 法律确认的自然人享有民事权利、承担民事义务的资格；自然人的民事权利能力一律平等；自然人的民事权利能力取得始于出生
  - ☆民事行为能力
    - （1）完全民事行为能力：年满18周岁；未满18周岁但已满16周岁且以自己的劳动收入为主要生活来源
    - （2）限制民事行为能力：年满8周岁以上的未成年人；不能完全辨认自己行为的成年人
    - （3）无民事行为能力：不满8周岁的未成年人；不能辨认自己行为的成年人
  - ☆宣告失踪
    - 法律要件：（1）受宣告人失踪；（2）失踪达到法定期间：2年；（3）经利害关系人申请；（4）由法院宣告
    - 效力：财产代管人负保管失踪人财产的职责，不履行代管职责或侵犯失踪人财产的，要负侵权责任
  - ☆宣告死亡
    - 法律要件：（1）受宣告人失踪；（2）失踪达到法定期间：4年、意外事件的时间为2年；（3）经利害关系人申请；（4）由法院宣告
    - 效力：自然人被宣告死亡但并未死亡的，不影响该自然人在被宣告死亡期间实施的民事法律行为的效力

第三章　法人和非法人组织

法人和非法人组织

- **法人概述**
  - 特征：法人是组织；法人拥有独立的财产；能独立承担民事责任；以自己的名义参加民事法律关系
  - 分类：（1）营利法人；（2）非营利法人：事业单位、社会团体、基金会、社会服务机构、宗教法人；（3）特别法人：机关法人、农村集体经济组织法人、城镇农村的合作经济组织法人、基层群众性自治组织法人
- **☆民事行为能力**
  - 法人人格否认：滥用法人独立地位和出资人有限责任，逃避债务，严重损害法人债权人利益的，应当对法人债务承担连带责任
- **组织机构**
  - （1）意思机构；（2）执行机构；（3）法定代表人；（4）监督机构
- **☆法人成立的要件**
  - （1）依法成立；（2）有独立财产；（3）名称、机关、住所
- **非法人组织**
  - 概念：是指不具法人资格，可以该组织名义参加民事活动，但无独立民事责任能力的组织
  - 分类：（1）个人独资企业；（2）合伙企业；（3）不具有法人资格的专业服务机构

第四章 民事法律行为

民事法律行为

概念

- 是民事主体通过意思表示设立、变更、终止民事法律关系的行为

意思表示

- 是指民事行为能力适格之表意人，将自主形成的效果意思表达于外部的行为
- （1）明示：口头形式、书面形式、公告形式；（2）默示形式：推定、沉默
- 意思表示的撤回是指表意人对尚未生效的意思表示阻止其生效的意思通知；意思表示的撤销是指表意人对已生效但未获承诺的意思表示消灭其拘束力之意思通知

☆生效

- （1）行为人具有相应的民事行为能力；（2）意思表示真实；（3）不违反法律或者公序良俗

无效民事法律行为

- 是指欠缺法律行为根本生效要件，自始、确定和当然不发生行为人意思之预期效力的民事法律行为
- （1）无民事行为能力人实施的行为；（2）虚假行为；（3）恶意串通行为；（4）违反强制性规定或者违背公序良俗的行为
- 无效的或者被撤销的民事法律行为自始没有法律约束力

可撤销的民事法律行为

- 是因行为有法定的重大瑕疵而须以诉撤销的民事法律行为。包括：（1）重大误解；（2）乘人之危致显失公平；（3）欺诈；（4）胁迫
- 受欺诈、受胁迫、乘人之危致显失公平的，撤销权由受欺诈方、受胁迫方、受损害方行使，重大误解的，双方都可以行使

效力未定的民事法律行为

- 指民事法律行为之效力有待于第三人意思表示，在第三人意思表示之前，效力处于不确定状态的民事法律行为。包括：（1）限制民事行为能力人待追认的行为；（2）欠缺代理权的代理行为；（3）债务承担

附条件与附期限民事法律行为

- 条件是指将来发生的决定法律行为效力的不确定的事实，附有条件的法律行为称附条件法律行为
- 期限是表意人选定的、作为意思表示效果发生或者消灭控制手段的、将来确定发生的事实。附期限的民事法律行为是在意思表示中含有期限的民事法律行为

第五章 代理与诉讼时效

代理与诉讼时效

- **代理概念**
  - 代理是代理人于代理权限内，以本人（被代理人）名义向第三人（相对人）为意思表示或受领意思表示，而该意思表示直接对本人生效的民事法律行为
- **☆无权代理**
  - 狭义无权代理
    - 概念：是不属于表见代理的未授权之代理、越权代理、代理权终止后的代理的情形
    - 效果：（1）本人有追认权和拒绝权；（2）相对人有催告权和撤销权；（3）本人与无权代理人之间可形成无因管理之债或损害赔偿之债；（4）行为人实施的行为未被追认的，善意相对人可请求行为人履行债务或者就其受到的损害请求行为人赔偿
  - 表见代理
    - 概念：指虽无代理权但表面上有足以使人信为有代理权而须由本人负授权之责的代理
    - 法律要件：（1）以本人名义为民事法律行为；（2）行为人无代理权；（3）须有使相对人信其有代理权的表征；（4）须相对人为善意
- **诉讼时效期间**
  - （1）一般诉讼时效期间：3年；（2）最长诉讼时效期间：20年；（3）特殊诉讼时效期间，如涉外合同期间为4年
- **☆诉讼时效的中止与中断**
  - 中止
    - 概念：在诉讼时效期间的最后6个月内，因法定事由而使权利人不能行使请求权的，诉讼时效期间的计算暂时停止
    - 后果：中止原因消除后，无论剩余时效期间剩多少，一概再予6个月
  - 中断
    - 概念：因有与权利人怠于行使权利相反的事实，使已经过的时效期间失去效力，而须重新起算时效期间的制度
    - 后果：中断事由终止时，重新计算时效期间

第二编 物权

第六章 物权概述

物权概述

- **概念**
  - 物权是指权利人依法对特定的物享有直接支配和排他的权利
- **特征**
  - （1）物权是权利人直接支配物的权利；（2）物权是权利人直接享有物之利益的权利；（3）物权是排他性的权利
- **☆效力**
  - （1）物权优先权：同一标的物上有数个相互矛盾、冲突的权利并存时，具有较强效力的权利排斥具有较弱效力的权利的实现；（2）物上请求权：物权人在其权利的实现上遇有某种妨害时，有权请求造成妨害事由发生的人排除此等妨害
- **☆物权的类型**
  - 物权的种类和内容法定，大多归纳为四类：（1）所有权；（2）用益物权；（3）担保物权；（4）占有
- **☆物权的变动**
  - 物权的变动，是物权的产生、变更、消灭的总称
  - 物权变动的原则：（1）公示原则：以登记为不动产物权变动的公示方法，交付为动产物权变动的公示方法；（2）公信原则

第七章　所有权

☆所有权

- **建筑物区分所有权**
  - 业主对于一栋建筑物中自己专有部分的单独所有权、对共有部分的共有权、因共有关系而产生的管理权的结合
  - 内容：（1）专有部分的单独所有权；（2）共有部分的共有权；（3）业主的管理权
- **☆相邻关系**
  - 两个或两个以上相邻不动产的所有人或使用人，在行使占有、使用、收益、处分权利时因给对方提供必要便利而发生的权利义务关系
  - （1）相邻通行关系；（2）相邻管线安设关系；（3）相邻防险、排污关系；（4）相邻用水、流水、截水、排水关系；（5）相邻光照、通风、音响、震动关系；（6）相邻竹木归属关系
- **按份共有**
  - 两个以上的民事主体对同一项不动产或者动产按照其份额享有所有权
  - 在共有人转让其份额时，在同等条件下，其他共有人有优先于非共有人购买的权利
- **共同共有**
  - 两个以上的民事主体基于共同关系，共同享有一物的所有权
  - 常见的共同共有包括：（1）夫妻共有财产；（2）家庭共有财产；（3）共同继承的财产；（4）合伙财产
- **善意取得**
  - 指无处分权人转让标的物给善意第三人时，善意第三人一般可取得标的物的所有权，所有权人不得请求善意第三人返还原物
  - 善意取得不限于所有权，其他物权也可以善意取得
  - 要件：（1）第三人受让该不动产或动产时是善意的；（2）以合理的价格转让；（3）转让的不动产或动产依照法律规定登记的已经登记，不需要登记的已经交付给受让人
- **拾得遗失物**
  - 遗失物只能是动产。拾得遗失物，应当返还权利人。遗失物自发布招领公告之日起1年内无人认领的，归国家所有

第八章　用益物权

用益物权（一）

概念

- 是对他人所有的物，在一定范围内进行占有、使用、收益、处分的他物权
- 特征：（1）以对标的物的使用、收益为主要内容，并以对物的占有为前提；（2）是他物权、限制物权、有期限物权；（3）是不动产物权；（4）主要是以民法为依据，但也有以特别法为依据的

土地承包经营权的取得

- 创设取得：承包人与发包人通过订立承包经营合同而取得承包经营权，分为家庭承包与以招标、拍卖、公开协商等方式进行的承包。这两种方式承包的都应当签订承包合同，承包合同自成立之日起生效，承包方于合同生效时取得土地承包经营权
- 移转取得：在土地承包经营权的流转过程中，受让人通过互换、转让等方式，依法从承包人手中取得土地承包经营权，当事人可以向登记机关申请登记，未经登记，不得对抗善意第三人

建设用地使用权

- 因建筑物或者构筑物及其他附属设施而使用国家所有的土地的权利
- 特征：（1）存在于国家所有的土地上的物权；（2）以保存建筑物或构筑物及其他附属设施为目的的权利；（3）是使用他人土地的权利

建设用地使用权的产生

- 在国家所有的土地上设立的建设用地使用权，它的产生方式有：（1）划拨方式；（2）出让方式；（3）流转方式
- 土地使用权出让的最高年限：（1）居住用地70年；（2）工业用地50年；（3）教育、科技、文化、卫生、体育用地50年；（4）商业、旅游、娱乐用地40年；（5）综合或者其他用地50年

宅基地使用权

- 是农村集体经济组织的成员依法享有的在农民集体所有的土地上建造个人住宅的权利
  特征：（1）主体只能是农村集体经济组织的成员；（2）用途仅限于村民建造个人住宅；（3）实行严格“一户一宅”制
- 宅基地使用权人出卖、出租、赠与住房后，再申请宅基地的，土地管理部门将不再批准。并且，宅基地使用权的受让人只限于本集体经济组织的成员

☆用益物权（二）

居住权

- 出于生活居住的需要，对他人所有之住宅为占有使用的用益物权
- 主要特征：（1）居住权的性质是设立在他人住宅之上的用益物权；（2）居住权的功能，原则上限于满足生活居住需要；（3）就对住宅的使用而言，原则上只能自用，不能转租他人
- 设立居住权：应当采取书面形式订立居住权合同，原则上居住权无偿设立，但是当事人另有约定的除外，设立居住权应当登记，且居住权自登记时设立

地役权

- 是以他人土地供自己土地便利而使用以提高自己不动产效益的权利
- 特征：（1）地役权是使用他人土地的权利；（2）地役权是为自己土地的便利的权利；（3）地役权具有从属性和不可分性
- 地役权的取得：（1）设立地役权，当事人应当采取书面形式订立地役权合同，地役权自地役合同生效时设立。当事人要求登记的，可以向登记机构申请地役权登记；未经登记，不得对抗善意第三人；（2）地役权也可以基于让与而取得，由于地役权从属性，地役权的让与应与需役地的让与共同为之，并应有书面合同

第九章　担保物权与占有

☆担保物权与占有（一）

- **抵押权概念**
  - 是对于债务人或者第三人不移转占有而供担保的不动产或其他财产，债权人得优先清偿其债权的权利
- **抵押权特征**
  - 抵押权是一种担保物权，目的在于担保债的履行
  - 抵押物主要是不动产，也可以是动产
  - 不移转标的物占有
  - 抵押权是就抵押物优先受偿的权利
- **抵押权设立**
  - 设立抵押权，当事人应当采取书面形式订立抵押合同
  - 必须办理抵押物登记的财产，应当办理抵押登记，抵押权自登记时设立
  - 自愿办理抵押物登记的财产，抵押权自抵押合同生效时发生效力，未经登记，不得对抗善意第三人
- **抵押人的权利**
  - 抵押人在一般情况下收取抵押物的孳息
  - 抵押人处分权：仍可就抵押物为他人设定抵押权，仍可转让其抵押物，抵押不破租赁
- **抵押权人的权利**
  - 抵押物的保全
  - 抵押权的处分
  - 优先受偿权
- **抵押权实现**
  - 债务人不履行到期债务或者发生当事人约定的实现抵押权的情形，抵押权人可以与抵押人协议以抵押财产折价、拍卖、变卖该抵押财产所得的价款优先受偿
  - 抵押权人与抵押人未就抵押权实现方式达成协议的，抵押权人可以请求法院拍卖、变卖抵押财产
  - 抵押财产折价或者变卖的，应当参照市场价格

☆担保物权与占有（二）

- 抵押合同的内容
  - 被担保的主要债权的种类和数额
  - 债务人履行债务的期限
  - 抵押财产的名称、数量等
  - 抵押担保的范围
  - 当事人认为需要约定的其他事项
  - 抵押合同不完全具备上述内容时，当事人可以补正
  - 当事人在订立抵押合同时，不得在合同中约定在债务履行期满抵押权人未受清偿时，抵押物的所有权转移为债权人所有。抵押合同中有上述约定内容的无效，但该内容的无效不影响抵押合同其他部分的效力
- 抵押权的标的
  - 抵押权的标的，习惯上称为抵押物，它是指债务人或者第三人提供担保的财产
  - 抵押人所有的建筑物和其他土地附着物
  - 建设用地使用权
  - 海域使用权
  - 生产设备、原材料、半成品、产品
  - 正在建造的建筑物、船舶、航空器
  - 交通运输工具
  - 法律、行政法规未禁止抵押的其他财产
- 动产浮动抵押财产确定情形
  - 债务履行期届满，债权未实现
  - 抵押人被宣告破产或解散
  - 当事人约定的实现抵押权的情形
  - 严重影响债权实现的其他情形

担保物权与占有（三）

- 质权的概念
  - 指为了担保债权的履行，债务人或者第三人将其动产或者权利出质给债权人占有，当债务人不履行债务时，债权人有就其占有的财产优先受偿的权利
- 动产质权的设立
  - 质权的设立，通常以合同进行的，质权自出质人交付质押财产时发生效力
- 动产质权质权人的权利
  - 占有质物
  - 收取孳息
  - 质权的保全
  - 优先受偿
  - 转质权
  - 放弃质权
- 权利质权的概念
  - 为了担保债权清偿，就债务人或者第三人所享有的权利设定的质权
- 权利质权的标的
  - 汇票、本票、支票、债券、存款单、仓单、提单
  - 依法可以转让的基金份额、股权
  - 依法可以转让的注册商标专用权、专利权、著作权中的财产权
  - 现有的以及将来的应收账款
  - 法律、行政法规规定可以出质的其他权利
- 留置权的概念
  - 债权人按照合同约定占有债务人的财产，在债务人逾期不履行债务时，有留置该财产以迫使债务人履行债务，并在债务人仍不履行债务时就该财产优先受偿的权利
- 留置权人的权利
  - 留置标的物
  - 收取留置物的孳息
  - 请求偿还费用
  - 就留置物优先受偿

担保物权与占有（四）

- **担保物权竞合的概念**
  - 指在同一标的物上存在不同种类的担保物权，此时应以何类担保物权的效力优先的问题
- **担保物权竞合的成立条件**
  - 须同一标的物即用于设定物上担保的同一项财产上，存在数个不同种类的物上担保
  - 须各个担保物权人不为同一人
- **抵押权与质权的竞合**
  - 同一财产既设立抵押权又设立质权的，拍卖、变卖该财产所得的价款按照登记、交付的时间先后确定清偿顺序
- **抵押权与留置权的竞合**
  - 同一动产上已经设立抵押权或者质权，该动产又被留置的，留置权人优先受偿
- **占有的概念**
  - 占有是对物在事实上的占领、控制。占有的标的以物为限
  - 占有人的占有并不以占有人对于物的亲自支配为必要
- **占有的种类**
  - 自主占有与他主占有
  - 直接占有与间接占有
  - 有权占有与无权占有
  - 善意占有与恶意占有
  - 无过失占有与有过失占有
  - 无瑕疵占有与有瑕疵占有
- **占有人与返还请求权人的关系**
  - 占有人对物的使用、收益
  - 占有人在占有物毁损、灭失时的赔偿责任
  - 占有人请求偿还费用的权利
- **占有的保护**
  - 占有人的自力救济权
  - 占有保护请求权

第三编　合同

第十章　债与合同概述

债与合同概述

- 债的要素
  - 债的主体：债权人和债务人
  - 债的内容：债权和债务
  - 债的客体：给付
- 债的发生
  - （1）合同；（2）单方允诺；（3）侵权行为；（4）无因管理；（5）不当得利；（6）其他原因
- 债的分类
  - （1）意定之债与法定之债；（2）特定物之债与种类物之债；（3）按份之债与连带之债；（4）主债与从债
- 合同概念
  - 合同指民事主体之间设立、变更、终止民事法律关系的协议
- 合同特征
  - 合同是民事法律行为
  - 以设立、变更、终止民事法律关系为目的
  - 是双方或多方法律行为
- 合同分类
  - 双务合同与单务合同
  - 诺成合同与实践合同
  - 要式合同与不要式合同
  - 主合同与从合同
  - 束己合同与涉他合同
  - 有名合同与无名合同
  - 预约与本约

第十一章 合同的订立与效力

合同的订立与效力（一）

- **合同订立形式**
  - 当事人订立合同，可以采用书面形式、口头形式或者其他形式
- **合同内容**
  - 当事人的姓名或者名称和住所
  - 标的
  - 数量
  - 质量
  - 价款或者报酬
  - 履行期限、地点和方式
  - 违约责任
  - 解决争议的方法
- **要约概念**
  - 要约是希望与他人订立合同的意思表示
- **要约要件**
  - 必须包含订立合同的意图
  - 必须向要约人希望与之订立合同的受要约人发出
  - 内容必须具体、确定
- **要约邀请**
  - 希望他人向自己发出要约的意思表示，如拍卖公告、招标公告、招股说明书、债券募集办法、基金招募说明书、商业广告和宣传、寄送的价目表
- **要约生效时间**
  - 以对话方式作出的要约，自相对人知道要约的内容时生效；以非对话方式作出的要约，自到达相对人时生效

☆合同的订立与效力（二）

- 承诺概念
  - 承诺是受要约人同意要约的意思表示
    - 承诺必须由受要约人作出
    - 承诺应当在一定期限内到达要约人
    - 承诺的内容必须与要约的内容相一致
- 承诺的效力
  - 承诺生效时合同成立，但是法律另有规定或者当事人另有约定的除外
- 悬赏广告
  - 指通过广告形式声明对完成广告中规定的特定行为的任何人给付广告中标明的报酬的行为
  - 关于悬赏广告的性质，有的认为为单方行为说，有的认为为合同说（要约说）
- 招标投标
  - 是指招标人通过招标，在诸多投标方案中选择自己认为最优的投标方案并与其投标人订立合同的方式
- 拍卖
  - 拍卖是指以公开竞价的形式，将特定物品或者财产权利转让给最高应价者的买卖方式
- 格式条款
  - 格式条款是当事人为了重复使用而预先拟定，并在订立合同时未与对方协商的条款
  - 特征
    - 由一方当事人为了重复使用而预先拟定
    - 在订立合同时未与对方协商
- 缔约过失责任
  - 在订立合同过程中，一方因违反其依据诚实信用原则所负义务而致另一方信赖利益的损失，依法应承担的民事责任
  - 构成条件
    - 此种责任发生于合同订立阶段
    - 一方违反了依诚实信用原则所担负的先合同义务
    - 另一方的信赖利益因此而受到损失
- 合同的有效条件
  - 行为人具有相应的民事行为能力
  - 意思表示真实
  - 不违反法律、行政法规的强制性规定
- 合同生效时间
  - 依法成立的合同自成立时生效，但是法律另有规定或者当事人另有约定的除外

第十二章　合同的履行

☆合同的履行（一）

- **概念与履行对象**
  - 概念：指债务人或第三人完成作为合同债务内容的给付，并因此使合同债权目的得以实现
  - 合同的履行对象是债务人依照合同约定或法律规定所承担的给付义务和附随义务
- **合同履行的原则**
  - 全面履行，包括主给付义务、从给付义务、附随义务
  - 协作履行
  - 节约资源与保护生态环境
- **合同履行一般规则**
  - 合同履行主体首先为债务人
  - 履行标的：指债务人应为履行即给付的内容，它因合同类型的不同而存在差异
  - 履行内容：主要包括标的的质量、价款或酬金、履行地点、履行期限、履行方式、履行费用等方面
- **电子合同履行特殊规则**
  - 标的为交付商品并采用快递物流方式交付的，收货人的签收时间为交付时间
  - 标的为提供服务的，生成的电子凭证或者实物凭证中载明的时间为交付时间
  - 标的为采用在线传输方式交付的，合同标的进入对方当事人指定的特定系统并且能够检索识别的时间为交付时间
- **执行政府定价或指导价合同的履行**
  - 在合同约定的交付期限内政府价格调整时，按照交付时的价格计价
  - 逾期交付标的物的，遇价格上涨时，按照原价格执行；价格下跌时，按照新价格执行
  - 逾期提取标的物或者逾期付款的，遇价格上涨时，按照新价格执行；价格下降时，按照原价格执行

☆合同的履行（二）

- 按份之债的履行规则
  - 按份债权人或者按份债务人按照各自份额，享有债权或者承担债务，按份债权人或者按份债务人的份额难以确定的，视为份额相同
- 连带之债的履行规则
  - 连带债权中，部分或者全部债权人可以请求债务人履行债务；连带债务中，债权人可以请求部分或者全部债务人履行全部义务
- 涉他合同的履行
  - 合同当事人可以约定债务人向第三人履行，但向第三人履行的合同在违约责任的承担上仍遵循合同相对性原则
  - 合同当事人可以约定由第三人向债权人履行，但此类合同的违约责任仍遵循合同相对性原则
- 第三人代为履行
  - 第三人代为履行，即第三人基于为债务人清偿的意思而向债权人为清偿的行为
- 提前履行
  - 债务人提前履行的，债权人可以拒绝受领，但提前履行不损害债权人利益的，债权人应当受领。因债务人提前履行给债权人增加的费用，由债务人承担
- 部分履行
  - 债务人部分履行的，债权人可以拒绝受领，但部分履行不损害债权人利益的，债权人应当受领。因债务人部分履行给债权人增加的费用，由债务人承担
- 同时履行抗辩权
  - 概念：在未约定先后履行顺序的双务合同中，当事人应当同时履行，一方在对方未为对待给付之前，有权拒绝其履行要求
  - 成立条件
    - 当事人互负给付义务
    - 双方债务应同时履行
    - 双方义务已届清偿期
    - 双方未履行债务
    - 对方的债务可能履行

☆合同的履行（三）

- **不安抗辩权概念**
  - 指双务合同的先给付义务人在有证据证明后给付义务人存在丧失或者可能丧失履行债务能力的情形时，有权中止履行其合同义务的权利
- **不安抗辩权的成立条件**
  - 双方当事人因同一双务合同而互负债务
  - 后给付义务人的履行能力明显降低，有不能为对待给付的现实危险
- **不安履行抗辩权的行使**
  - 先给付义务人行使不安履行抗辩权的，应当及时通知后给付义务人
- **顺序履行抗辩权概念**
  - 也称先履行抗辩权，指当事人互负债务，有先后履行顺序的，先履行一方履行之前，后履行一方得拒绝其履行请求，先履行一方履行债务不符合约定的，后履行一方得拒绝其相应的履行请求的权利
- **顺序履行抗辩权的成立条件**
  - 双方当事人互负债务
  - 双方债务有先后履行顺序
  - 先履行一方未履行债务或其履行不符合约定
- **顺序履行抗辩权的效力**
  - 产生后履行一方可一时中止履行自己债务的效力
  - 在先履行一方采取了补救措施，变违约为适当履行情况下，后履行一方须履行其债务
- **情势变更概念**
  - 合同成立后，合同的基础条件发生了当事人在订立合同时无法预见的、不属于商业风险的重大变化，继续履行合同对于当事人一方明显不公的，受不利影响的当事人可以与对方重新协商；在合理期限内协商不成的，当事人可以请求人民法院或者仲裁机构变更或者解除合同
- **情势变更的法律后果**
  - 再交涉权 → 可以与对方重新协商，经双方协商一致可变更或解除合同
  - 合同变更或解除 → 情势变更发生后，双方在合理期限内协商不成的，受不利影响的一方当事人可请求人民法院或者仲裁机构变更或者解除合同

第十三章 合同的保全

☆合同的保全（一）

- 合同保全的概念
  - 指法律为防止因债务人的责任财产不当减少给债权人的债权造成损害，允许债权人代债务人之位向第三人行使债务人的权利，或者请求法院撤销债务人与第三人之间的法律行为的法律制度
  - 两种制度
    - 债权人代位权
    - 债权人撤销权
  - 合同的保全，体现的是债权人因与债务人的债权债务关系而产生的与第三人的关系，突破了债的相对性原则，体现了债的对外效力
- 债权人代位权的概念
  - 是指当债务人怠于行使其债权或者与该债权有关的从权利而影响债权人的到期债权实现时，债权人可以向人民法院请求以自己的名义代为行使债务人对相对人的权利的权利
- 债权人代位权的特征
  - 债权人以自己的名义行使债务人的权利
  - 行使针对的是债务人怠于行使到期权利的消极行为
  - 目的是保全债权
- 债权人代位权的成立要件
  - 债务人已陷入履行迟延
  - 债务人对第三人享有权利
  - 债务人怠于行使其权利
  - 债务人怠于行使其权利影响债权人债权的实现，即有保全债权的必要
- 专属于债务人自身的债权
  - 是指基于扶养、抚养、赡养、继承关系产生的给付请求权和劳动报酬、退休金、养老金、抚恤金、安置费、人寿保险、人身伤害赔偿请求权等

☆合同的保全（二）

- 债权人代位权的行使
  - 债权人应以自己的名义行使代位权
  - 代位权必须通过诉讼方式行使
  - 代位权行使的范围，以保全债权的必要范围为限
  - 原则上不得处分债务人的权利
- 债权人撤销权概念
  - 指债权人对债务人所为的危害债权的行为，可以申请法院予以撤销的权利
- 债权人撤销权成立要件
  - 客观要件：债务人实施了有害于债权的处分行为
  - 主观要件：债务人实施影响债权实现的处分行为时债务人和相对人的主观意识状态，分为善意与恶意
- 撤销权的行使
  - 由债权人以自己的名义通过诉讼方式行使
  - 连带债权情况下，各债权人可作为共同原告主张债权人撤销权，也可以由其中的一个债权人作为原告主张债权人撤销权
  - 只以债务人为被告
  - 行使范围上以债权人的债权为限
  - 行使期限上，自债权人知道或应当知道撤销事由之日起1年内行使，自债务人的行为发生之日起5年内没有行使撤销权的，该撤销权消灭
- 撤销权行使的效力
  - 对债务人和受益人的效力
  - 对债权人的效力

第十四章 合同的担保

☆合同的担保

- 合同担保概念
  - 是指为确保合同债权得到清偿而设立的特定法律措施
- 合同担保的种类
  - 人的担保
  - 物的担保
  - 金钱担保
  - 反担保
- 保证的概念
  - 是指第三人和债权人约定，当债务人不履行其债务时，该第三人按照约定履行该债务或者承担责任的担保方式
- 定金的概念
  - 指根据合同当事人约定，为担保双方履行合同义务，由当事人一方在合同订立时或订立后、履行前，按合同标的额的一定比例交付对方当事人的金钱或其他代替物
- 定金的成立
  - 定金合同自定金交付时起生效，定金担保也自此成立
- 定金的数额
  - 定金的数额由当事人约定，但不得超过主合同标的额的20%，超过部分人民法院不予保护。实际交付的定金数额多余或者少于约定数额，视为变更定金合同。收受定金一方提出异议并拒绝接受定金的，定金合同不生效
- 定金的效力
  - 违约定金于当事人一方不履行债务时发生制裁效力，或者说定金罚则生效
  - 给付定金的一方不履行规定的债务的，无权要求返还定金
  - 收受定金的一方不履行约定的债务的，应当双倍返还定金

第十五章　合同的变更与转让

☆合同的变更与转让（一）

- 合同变更概念
  - 广义的合同变更包括合同主体变更和合同内容变更
  - 狭义的合同变更指合同内容的变更
  - 从《民法典》第543、第544条的规定看，合同的变更仅指合同内容的变更
- 合同变更的条件
  - 存在有效的合同关系
  - 合同内容发生局部变化
  - 经当事人协商一致或根据司法裁判变更
  - 法律、行政法规规定变更合同应当办理批准、登记等手续的，应遵守其规定
- 债权转让的概念
  - 指不改变债的关系的内容，债权人将其债权移转于第三人的法律行为
  - 债权转让增加的履行费用，由让与人负担，当事人另有约定者，依其约定
- 债权转让的条件
  - 存在有效的债权
  - 被让与的债权具有可让与性
  - 让与人与受让人就债权转让达成有效转让协议
  - 债权转让须通知债务人

☆合同的变更与转让（二）

- 债权转让的效力
  - 债权转让的内部效力
    - 债权转让在让与人和受让人之间的效力
  - 债权转让的外部效力
    - 债权让与对债务人的效力
      - 债务的履行
      - 抗辩权的行使
      - 债务抵销
- 债务转移的概念
  - 指在不改变债的内容的前提下，债务人将其债务全部或部分移转给第三人的法律事实
- 债务转移的有效要件
  - 存在待履行债务
  - 标的债务具有可转移性
  - 债务人与第三人就债务转移达成合意
  - 须经债权人同意
- 债务转移效力
  - 第三人取得债务人法律地位
  - 抗辩权的转移
  - 从债务的转移
- 债务加入的概念
  - 债务加入，即并存的债务承担，指在不改变债的内容的前提下，第三人加入债的关系成为共同债务人，原债务人仍承担其债务的法律事实
- 债务加入的效力
  - 债务加入生效后，原债务人仍承担债务，只是第三人加入债的关系，成为特定范围债务的连带债务人
- 债的概括承受概念
  - 指债的一方主体将其债权债务一并移转于第三人
- 债的概括承受种类
  - 合同承受
  - 企业合并

第十六章　合同的权利义务终止

☆合同的权利义务终止（一）

- 合同权利义务终止的概念
  - 指合同关系消灭，当事人之间的债权债务关系不复存在
- 不因合同权利义务终止受影响的情况
  - 当事人遵循诚信等原则，根据交易习惯履行通知、协助、保密、旧物回收等义务
  - 不影响合同中结算和清理条款的效力
- 合同权利义务终止的原因
  - 债务已履行
  - 债务相互抵销
  - 债务人依法将标的物提存
  - 债权人免除债务
  - 债权债务同归于一人
  - 合同解除
  - 法律规定或当事人约定终止的其他情形
- 履行费用
  - 履行费用，法律无明文规定，当事人又无约定时，由债务人负担
  - 但因债权人变更住所或其他行为而致履行费用增加时，增加的费用由债权人负担
- 合同解除的概念
  - 合同有效成立后，通过当事人的单方行为或者双方合意终止合同效力或者溯及地消灭合同关系的行为
- 合同解除特征
  - 对有效合同的解除
  - 必须具有解除事由
  - 必须通过解除行为实现
  - 效果是使合同关系消灭

☆合同的权利义务终止（二）

- 合同法定解除的事由
  - 因不可抗力致使不能实现合同目的
  - 在履行期限届满前，当事人一方明确表示或者以自己的行为表明不履行主要债务
  - 当事人一方迟延履行主要债务，经催告后在合理期限内仍未履行
  - 当事人一方迟延履行债务或者有其他违约行为致使不能实现合同目的
  - 法律规定的其他情形
- 单方解除的程序
  - 解除权属形成权，不需对方当事人同意，只需解除权人的单方意思表示
- 合同解除的效力
  - 合同解除后，尚未履行的，终止履行
  - 已经履行的，根据履行情况和合同性质，当事人可以请求恢复原状或者采取其他补救措施，并有权请求赔偿损失
  - 合同因违约解除的，解除权人可以请求违约方承担违约责任，但是当事人另有约定的除外
- 债务抵销的概念
  - 指双方当事人互负债务时，各以其债权充当债务之清偿，而使其债务与对方的债务在对等数额内同归消灭的制度
  - 当事人主张抵销的应当通知对方，通知自到达对方时生效，抵销不得附条件或附期限（合意抵销不在此限）
- 法定抵销的要件
  - 双方当事人互负债务、互享债权
  - 双方互负的债务标的物的种类、品质相同
  - 对方债务已届履行期
  - 双方债务非依其性质、当事人约定或法律规定不得抵销

☆合同的权利义务终止（三）

- **提存的概念**
  - 此处所称提存，是指由于债权人的原因而无法向其交付债的标的物时，债务人将该标的物交存于提存部门而消灭债务的制度
- **提存事由**
  - 债权人无正当理由拒绝受领
  - 债权人下落不明
  - 债权人死亡或者丧失行为能力，又未确定继承人、遗产管理人或监护人
  - 法律规定的其他情形
- **提存效力**
  - 提存成立的，视为债务人在其提存范围内已经交付标的物
  - 因债权人无正当理由拒绝受领而提存的，标的物提存后，债务人应及时通知债权人
  - 标的物提存后，所有权转移于债权人，物毁损灭失的风险也由债权人承担
  - 除当事人另有约定外，提存费用由债权人承担
  - 提存部门应当采取适当方法妥善保管提存标的物，以防毁损、变质、灭失
  - 债权人可以随时领取提存物
  - 债权人领取提存物的权利，自提存之日起5年内不行使而消灭，提存物扣除提存费用后归国家所有
  - 债务人可以凭法院生效的判决、裁定或提存之债已经清偿的公证证明取回提存物
- **提存的成立**
  - 债务人将标的物或者将标的物依法拍卖、变卖所得价款交付提存部门时，提存成立
- **债务免除**
  - 债权人向债务人作出抛弃全部或部分债权的意思表示，从而全部或部分地消灭债的关系的行为

第十七章　违约责任

☆违约责任（一）

- 违约行为的概念
  - 是指当事人一方不履行合同义务或者履行合同义务不符合约定的行为或事实状态
- 违约行为的分类
  - 单方违约与双方违约
  - 根本违约与非根本违约
  - 实际违约与预期违约
    - 实际违约具体形态
      - 履行不能和拒绝履行
      - 迟延履行
      - 不适当履行
    - 预期违约
      - 指在合同履行期到来之前，一方无正当理由但明确表示其在履行期到来后将不履行合同，或者其行为表明其在履行期到来后将不可能履行合同
- 违约责任概念
  - 指合同当事人一方不履行合同义务或履行合同义务不符合合同约定所应承担的民事责任
  - 当事人违约可能出于故意或过失，也可能非因过错而违约
- 违约责任特征
  - 是一种民事责任
  - 是违约的当事人一方对另一方承担的责任
  - 是当事人不履行或不完全履行合同的责任
  - 具有补偿性和一定的任意性
- 免责与减责事由
  - 不可抗力，因不可抗力不能履行合同的，应当及时通知对方，以减轻可能给对方造成的损失，并应当在合理期限内提供证明
  - 免责条款
  - 与有过失（混合过错）

☆违约责任（二）

- **因第三方原因的违约责任**
  - 当事人一方因第三人的原因造成违约的，应当依法向对方承担违约责任。当事人一方和第三人之间的纠纷，依照法律规定或者按照约定处理，这一规定遵循了合同相对性理论
- **继续履行责任概念**
  - 继续履行责任，也称实际履行，指违约方根据对方当事人的请求继续履行合同义务的违约责任形式
  - 继续履行的适用，因债务性质的不同而不同
  - 金钱债务，无条件适用继续履行
- **补救措施责任**
  - 指各种矫正合同不适当履行，使履行缺陷得以消除的具体措施
  - 包括修理、更换、重作、退货、减少价款或者报酬等
- **赔偿损失责任**
  - 赔偿损失责任是指违约方以支付金钱的方式弥补守约方因违约行为所减少的财产或者所丧失的利益的责任形式
  - 赔偿损失是最重要的违约责任形式
  - 赔偿损失的确定方式有两种
    - 法定损害赔偿
    - 约定损害赔偿
- **违约金责任**
  - 根据法律规定或者当事人约定，一方违约时应当向对方支付的一定数量的金钱或其他财物
  - 违约金既具有担保债务履行的作用，又有补偿和惩罚功能
  - 各国法律规定法院对违约金具有变更权
- **定金责任的概念**
  - 定金责任是指在合同设定违约定金担保的情形下，违约方根据定金罚则所承担的责任
- **定金责任与违约金责任关系**
  - 违约定金与违约金原则上不能并用

第十八章 转移财产权利合同

☆转移财产权利合同（一）

- 买卖合同概念
  - 是一方转移标的物的所有权于另一方，另一方支付价款的合同
- 交付的形态
  - 现实交付
  - 观念交付
    - 简易交付
    - 指示交付
    - 占有改定
- 标的物所有权转移的时间
  - 标的物的所有权自标的物交付时起转移，但法律另有规定或者当事人另有约定的除外
  - 一般而言，如果是动产买卖，标的物所有权自交付时发生转移
  - 如果是不动产买卖，标的物所有权自登记时发生转移
- 标的物风险负担规则
  - 标的物风险负担按交付原则确定，即标的物毁损、灭失的风险，在交付之前由出卖人承担，交付之后由买受人承担，但法律另有规定或当事人另有约定的除外
- 孳息归属的规则
  - 标的物在交付之前产生的孳息归出卖人所有。交付之后产生的孳息归买受人所有，但当事人另有约定的除外
- 分期付款买卖的概念
  - 买受人将其应付的总价款，在一定期限内分次向出卖人支付的买卖合同
- 凭样品买卖的概念
  - 标的物品质依一定样品而定的买卖
- 试用买卖
  - 合同成立时出卖人将标的物交付给买受人试用，买受人在试用期间内决定是否购买的买卖

☆转移财产权利合同（二）

- **拍卖**
  - 以公开竞价的形式，将特定物品或财产权利转让给最高价者的买卖方式
- **招投标买卖**
  - 由招标人向不特定主体发出招标通知或招标公告，在诸多投标中选择某一投标人并与之订立买卖合同的方式
- **买卖合同所有权保留概念**
  - 当事人可以在买卖合同中约定，买受人未履行支付价款或者其他义务的，标的物的所有权属于出卖人
- **出卖人的取回权**
  - 未按约定支付价款的，经催告后在合理期限内仍未支付
  - 未按约定完成特定条件
  - 将标的物出卖、出质或者作出其他不当处分
- **买卖合同标的物检验时间**
  - 约定检验期的，应在检验期内检验
  - 没有约定检验期的，应当及时检验
- **买卖合同检验出瑕疵时的处理**
  - 约定检验期的，买受人应在检验期内履行瑕疵通知义务，主张物的瑕疵担保责任，怠于通知的，视为无瑕疵
  - 未约定检验期的，买受人应在发现或应当发现标的物数量或质量不符合约定的合理期间内通知出卖人，买受人在合理期间内未通知或自标的物收到之日起2年内未通知出卖人的，视为无瑕疵，但对标的物有质量保证期的，适用质量保证期
- **买卖合同违约责任**
  - 瑕疵担保责任
  - 质量保证金、违约金、定金
  - 违约损害赔偿
  - 因违约解除合同

☆转移财产权利合同（三）

- **商品房买卖合同的概念**
  - 是指房地产开发企业将尚未建成或已竣工的房屋向社会销售并转移房屋所有权于买受人，买受人支付价款的合同
- **赠与合同概念**
  - 指一方当事人将自己的财产无偿给予他方，他方受领该财产的合同
- **赠与合同特征**
  - 无偿合同
  - 单务合同
  - 诺成合同
- **赠与合同任意撤销权**
  - 赠与合同成立后，除具有救灾、扶贫、助残等社会公益、道德义务性质的赠与合同，以及经过公证的赠与合同外，赠与人在赠与物交付前得任意撤销合同
- **以下情形赠与人可以撤销赠与**
  - 严重侵害赠与人或其近亲属的合法权益的
  - 受赠人对赠与人负有扶养义务而不履行的
  - 不履行赠与合同约定的义务的
- **赠与人的经济状况显著恶化，严重影响其生产经营或者家庭生活的，可以不再履行赠与义务**
- **借款合同概念**
  - 是当事人约定一方将一定种类和数额的货币所有权移转给他方，他方于一定期限内返还同种类同数额货币的合同
- **借款合同特征**
  - 标的物是金钱
  - 转让货币所有权的合同
  - 可以是有偿有息借款，也可以是无偿无息借款
  - 一般为诺成合同，但自然人之间的借款合同为实践合同

☆转移财产权利合同(四)

- 贷款人的权利义务
  - 贷款人主要义务是按照约定的日期、数额提供贷款
- 借款人的义务
  - 按照约定用途使用借款
  - 按期归还借款本金和利息
- 民间借贷概念
  - 指自然人、法人和非法人组织之间进行资金融通的行为，是金融机构借贷以外的借贷关系
- 民间借贷合同生效
  - 自然人之间的借款合同外，当事人主张民间借贷合同自合同成立时生效的，人民法院应予支持，但当事人另有约定或者法律、行政法规另有规定的除外
- 借贷利率
  - 出借人请求借款人按照合同约定利率支付利息的，人民法院应予支持，但是双方约定的利率超过合同成立时一年期贷款市场报价利率4倍的除外
- 租赁合同的概念
  - 是指出租人将租赁物交付给承租人使用、收益，承租人支付租金的合同
- 租赁合同的特征
  - 转移租赁物使用收益权的合同
  - 双务、有偿合同
  - 诺成合同
- 租赁合同的种类
  - 定期租赁
  - 不定期租赁
    - 当事人可以在租赁合同中约定租赁期间，没有约定租赁期间的则为不定期租赁
    - 对于不定期租赁，任何一方当事人都有权依自己的意愿随时解除合同，但在解除合同之前，应预先通知对方
- 租赁期限
  - 租赁期限不得超过20年，超过20年的，超过部分无效
  - 租赁期限6个月以上的，应当采用书面形式。当事人未采取书面形式，无法明确租赁期限的视为不定期租赁

☆转移财产权利合同（五）

- **转租概念**
  - 转租是指承租人经出租人同意，可以将租赁物转租给第三人。承租人未经出租人同意转租的，出租人可以解除合同
- **出租人的义务**
  - 交付出租物
  - 在租赁期间保持租赁物符合约定的用途
  - 出租人应当履行租赁物的维修义务，但当事人另有约定的除外
  - 瑕疵担保
- **承租人的义务**
  - 支付租金
  - 按照约定的方法使用租赁物
  - 妥善保管租赁物
  - 不得擅自改善和增设他物
  - 通知义务
  - 返还租赁物
- **买卖不破租赁**
  - 在租赁合同有效期间，租赁物因买卖、继承等使租赁物的所有权发生变更的，租赁合同对新所有权人仍然有效
- **承租人优先购买权**
  - 出租人出卖租赁房屋的，应在出卖之前的合理期限内通知承租人，承租人享有以同等条件优先购买的权利，但是，房屋按份共有人行使优先购买权或者出租人将房屋出卖给近亲属的除外
- **融资租赁合同概念**
  - 是指出租人根据承租人对出卖人、租赁物的选择，向出卖人购买租赁物，提供给承租人使用，承租人支付租金的合同
- **融资租赁合同特征**
  - 出卖人向承租人履行交付标的物和瑕疵担保义务
  - 出租人不负担租赁物维修与瑕疵担保义务，承租人向出租人履行交付租金义务
  - 承租人有权取得租赁物所有权或返还租赁物的选择权

第十九章　完成工作交付成果合同

完成工作交付成果合同

- **承揽合同概念**
  - 指当事人一方按他方的要求完成一定工作，并将工作成果交付他方，他方接受工作成果并给付酬金的合同
- **承揽人义务**
  - 按约定完成工作
  - 提供或接受原材料
  - 及时通知和保密的义务
  - 接受监督检查
  - 交付工作成果
  - 对工作成果负瑕疵担保责任
- **定作人义务**
  - 按照约定提供材料
  - 支付报酬
  - 协助义务
  - 验收并受领工作成果
- **建设工程合同概念**
  - 是指一方依约定完成建设工程，另一方按约定验收工程并支付酬金的合同
- **建设工程合同特征**
  - 通常涉及对土地利用的强制性规范的限制，当事人不得违反相关规定自行约定，且施工的承包人必须是经国家认可的具有一定建设资质的法人
  - 要式合同，以书面形式订立
- **承包人优先受偿权**
  - 承包人的优先受偿权优于普通债权，也优先于在建设工程上设定的抵押权，消费者交付购买商品房的全部或大部分款项后，承包人的优先受偿权不得对抗买受人

第二十章 提供劳务合同

☆提供劳务合同（一）

- 保理合同概念
  - 是应收账款债权人将现有的或者将有的应收账款转让给保理人，保理人提供资金融通、应收账款管理或者催收、应收账款债务人付款担保等服务的合同
- 保理合同特征
  - 标的是保理人的劳务或服务
  - 要式合同
  - 双务有偿合同
  - 诺成合同
- 保理合同内容
  - 内容一般包括业务类型、服务范围、服务期限、基础交易合同情况、应收账款信息、转让价款、服务报酬及其支付方式等条款
- 运输合同概念
  - 是指承运人将旅客或者货物从起运地点运输到约定地点，旅客、托运人或者收货人支付票款或者运输费用的合同，分为客运合同和货运合同
- 运输合同特征
  - 标的是运送行为
  - 客运合同分为诺成或实践合同，或依交易习惯确定。货运合同通常是诺成合同
  - 双务有偿合同
  - 多为格式合同
- 多式联运合同特殊规则
  - 多式联运承运人之间的内部责任划分约定，不得对抗托运人
  - 托运人将全程不同运送设备的运费一次性支付多式联运经营人
  - 因托运人托运货物时的过错造成经营人损失的，托运人承担赔偿责任
  - 货物的毁损、灭失发生在某运输区段的，经营人的赔偿责任和责任限额，首先适用调整该区段运输方式的有关法律规定

☆提供劳务合同（二）

- 保管合同概念
  - 指当事人一方将物品交付他方，他方给予保管并获得保管费用的合同
- 保管合同特征
  - 实践合同
  - 可以为无偿合同，也可以为有偿合同
- 仓储合同概念
  - 是保管人储存存货人交付的仓储物，存货人支付仓储费的合同
- 仓储合同特征
  - 保管人须为有仓储设备并专事仓储保管业务的人
  - 仓储物须为动产
  - 诺成合同
  - 双务、有偿合同
- 委托合同概念
  - 是指委托人与受托人约定，由受托人处理委托人事务的合同
- 委托合同特征
  - 标的是处理委托事务的行为
  - 建立在双方的相互信任关系基础上
  - 可以是有偿合同，也可以是无偿合同
- 委托人主要义务
  - 支付费用
  - 支付报酬
  - 赔偿义务
- 受托人主要义务
  - 依委托人指示处理委托事务
  - 亲自处理委托事务
  - 报告义务
  - 交付财产义务
  - 谨慎处理义务
  - 披露义务

☆提供劳务合同（三）

- **物业服务合同概念**
  - 是物业服务人在物业服务区域内，为业主提供建筑物及其附属设施的维修养护、环境卫生和相关秩序的管理维护等物业服务，业主支付物业费的合同
- **物业服务合同特征**
  - 以劳务为标的的合同
  - 双务、有偿合同
  - 要式合同
- **业主的义务**
  - 接受物业服务人的义务
  - 按约定支付物业费的义务
  - 告知义务
- **物业服务合同的内容**
  - 物业服务合同内容一般包括服务事项、服务质量、服务费用的标准和收取办法、维修资金的使用、服务用房的管理和使用、服务期限、服务交接等条款
  - 物业服务人员公开作出的有利于业主的服务承诺，为物业服务合同的组成部分
- **行纪合同概念**
  - 是行纪人以自己的名义为委托人从事贸易活动，委托人支付报酬的合同
- **行纪合同特征**
  - 标的是行纪人为委托人进行贸易活动
  - 行纪人以自己的名义为委托人从事贸易活动
  - 双务、有偿合同
- **中介合同概念**
  - 是指中介人向委托人报告订立合同的机会或者提供订立合同的媒介服务，委托人支付报酬的合同
- **中介合同特征**
  - 由中介人向委托人提供居间服务的合同
  - 中介人对委托人与第三人之间的合同没有介入权
  - 双务、有偿、诺成合同

第二十一章　技术合同

- 技术合同
  - 技术合同概念
    - 是当事人就技术开发、转让、咨询或者服务订立的确立相互之间权利和义务的合同
  - 技术合同特征
    - 标的与技术有密切联系
    - 履行期限长。价款、报酬或使用费计算方法较为复杂
    - 法律调整具有多样性
    - 当事人一方通常为技术人员
    - 双务、有偿合同
  - 技术开发合同概念
    - 是指当事人之间就新技术、新产品、新工艺、新品种或者新材料及其系统的研究开发所订立的合同，包括委托开发合同和合作开发合同
  - 技术转让合同概念
    - 是合法拥有技术的权利人，将现有特定的专利、专利申请、技术秘密的相关权利让与他人所订立的合同
  - 技术许可合同概念
    - 是合法拥有技术的权利人，将现有特定的专利、技术秘密的相关权利许可他人实施、使用所订立的合同
  - 技术咨询合同概念
    - 是指当事人一方以技术知识为对方就特定技术项目提供可行性论证、技术预测、专题技术调查、分析评价报告等所订立的合同
  - 技术服务合同概念
    - 是指当事人一方以技术知识为对方解决特定技术问题所订立的合同，不包括承揽合同和建设工程合同

第二十二章　保证合同与合伙合同

- 保证合同与合伙合同
  - 保证合同概念
    - 是为保障债权的实现，保证人和债权人约定，当债务人不履行到期债务或者发生当事人约定的情形时，保证人履行债务或者承担责任的合同
  - 下列主体不得为保证人
    - 机关法人，但是经国务院批准为使用外国政府或者国际经济组织贷款进行转贷的除外
    - 以公益为目的的非营利法人、非法人组织
  - 保证合同内容
    - 被保证的主债权种类与数额
    - 债务人履行债务的期限
    - 保证的方式
    - 保证担保的范围
    - 双方认为需要约定的其他事项
    - 保证期间
  - 保证责任
    - 保证责任是保证人基于保证合同而承担的义务
  - 合伙合同概念
    - 是两个以上合伙人为了共同的事业目的，订立的共享利益、共担风险的协议
  - 合伙合同特征
    - 是当事人之间的协同行为
    - 非典型双务合同
    - 诺成、不要式合同
  - 合伙财产
    - 合伙人的出资
    - 因合伙事务依法取得的收益
    - 其他财产

第二十三章 准合同

- 准合同
  - 不当得利概念
    - 指得利人没有法律根据而受利益，致使他人受损失的事实
  - 不当得利成立要件
    - 一方取得财产利益
    - 一方受有损失
    - 取得利益与所受损失间有因果关系
    - 没有法律上的根据
  - 不当得利之债的内容
    - 不当得利作为债的发生根据之一，在受益人与受损人之间发生不当得利返还的债权债务关系
    - 不当得利之债的基本内容是受损人取得的不当得利返还请求权
  - 无因管理成立要件
    - 管理他人事务
    - 为他人利益的意思
    - 无法律上的原因
  - 管理人的义务
    - 适当管理义务
    - 通知义务
    - 继续管理义务
    - 报告及移交义务
  - 管理人的权利
    - 请求偿还必要费用
    - 请求偿还必要债务
    - 损失补偿请求权
  - 赔偿责任
    - 管理人未履行或不适当履行义务，对本人造成损害的，应向本人承担债务不履行的责任，该责任的承担以管理人主观存在过错为要件，但因自愿实施紧急救助行为造成受助人损害的，救助人不承担民事责任

第四编 人格权

第二十四章 人格权概述

人格权概述

- **人格权概念**
  - 是指民事主体依法对其人格要素享有其利益并排除他人非法侵害的、以维护和实现人格尊严和人格自由为目的的权利
  - 涉及遗产继承、接受赠与等胎儿利益保护的，胎儿视为具有民事权利能力。但胎儿娩出时为死体的，其民事权利能力自始不存在
  - 在死者人格利益遭受侵害的情形下，仅死者近亲属有权提出请求，即在死者没有近亲属或者近亲属均已死亡的情形下，死者人格利益在客观上将难以受到保护。死者人格利益的保护期限为死者近亲属的生存期限
- **人格权特征**
  - 固有性
  - 专属性
  - 对世性
  - 兼有防御性和积极利用的权能
  - 体系开放性
- **身份权概念**
  - 指自然人所享有的与其身份有关的一些人身权利
- **人格权分类**
  - 一般人格权与具体人格权
  - 自然人人格权、法人人格权、非法人组织人格权
  - 物质性人格权与精神性人格权
- **人格权的禁令保护**
  - 指在侵害人格权益的行为正在发生或者将要发生时，如果不及时制止将造成难以弥补的损害的，权利人有权依法请求法院颁发禁止令，责令停止相关的侵害行为

第二十五章　具体人格权

- 具体人格权（一）
  - 生命权概念
    - 是指以维护个人生命安全与生命尊严为内容的一项人格权
  - 生命权特征
    - 限于自然人
    - 民事权利体系中具有最高地位
    - 具有固有性和专属性
    - 具有平等性
  - 身体权概念
    - 是指个人所享有的维护自身身体完整以及维持个人行动自由的权利
  - 身体权内容
    - 依法支配自己身体的权利
    - 维护身体完整的权利
    - 维护行动自由的权利
  - 健康权概念
    - 是指维护个人身体机能的正常运转以及心理的良好状态的权利
  - 健康权特征
    - 限于自然人
    - 具有固有性和人身专属性
    - 同时包括维护生理健康和心理健康的权利
  - 姓名权、名称权概念
    - 姓名权是自然人在不违背公序良俗的前提下，依法决定、使用、变更或者许可他人使用自己的姓名并要求他人尊重自己姓名的权利
    - 名称权是指法人、非法人组织对其用以确定和代表自身并区别于他人的符号和标记所享有的权利

☆具体人格权（二）

- **肖像权的概念**
  - 是指自然人以其肖像所体现的精神利益以及财产利益为内容的权利
- **肖像权的特征**
  - 限于自然人
  - 客体为肖像
  - 肖像权内容包括依法制作肖像的权利、依法使用肖像的权利、依法公开肖像的权利以及许可他人使用肖像的权利
- **肖像的合理使用**
  - 为个人学习、艺术欣赏、课堂教学或者科学研究，在必要范围内使用肖像权人已经公开的肖像
  - 为实施新闻报道，不可避免地制作、使用、公开肖像权人的肖像
  - 为依法履行职责，国家机关在必要范围内制作、使用、公开肖像权人的肖像
  - 为展示特定公共环境，不可避免地制作、使用、公开肖像权人的肖像
  - 为维护公共利益或者肖像权人合法权益，制作、使用、公开肖像权人的肖像
- **名誉权、荣誉权概念**
  - 名誉权是指民事主体对其名誉所享有的不受他人侵害的权利
    - 名誉权特征
      - 主体包括自然人、法人和非法人组织
      - 客体为名誉
      - 具有人身属性
  - 荣誉权是指民事主体对自己已经获得或者可能获得的荣誉称号等依法享有的不受他人非法侵害的权利
    - 荣誉权特征
      - 主体包括自然人、法人、非法人组织
      - 客体为荣誉
      - 具有人身专属性
- **侵害名誉权方式**
  - 侮辱，是指行为人故意以暴力、语言、文字等方式贬低他人人格，毁损他人的名誉
  - 诽谤，是指行为人通过语言、文字、图片等方式，散布相关虚假事实、毁损他人的名誉
  - 其他方式

☆具体人格权(三)

- 隐私权的概念
  - 是指个人免予外界公开和干扰的私人私密和私生活安宁的状态
  - 现代意义上的隐私权概念起源于美国
- 隐私权的特征
  - 限于自然人
  - 具有人身专属性，仅能由权利人本人享有，权利人无法转让其隐私权。权利人死亡后，其隐私权也消灭，不得成为继承的对象
  - 内容包括私人生活安宁、私密空间、私密活动以及私密信息
- 个人信息概念
  - 个人信息是指以电子或者其他方式记录的能够单独或者与其他信息结合识别特定自然人的各种信息
- 个人信息内容
  - 包括自然人的姓名、出生日期、身份证件号码、生物识别信息、住址、电话号码、电子邮箱、健康信息、行踪信息等
- 个人信息特征
  - 个人信息是一种重要的人格利益
  - 能够直接或间接识别个人的身份
  - 同时包含精神利益与财产价值
- 隐私权、个人信息保护
  - 行为人不得以刺探、侵扰、泄露、公开等方式侵害他人的隐私权
  - 个人信息的处理应当遵循合法、正当、必要原则，并符合法律规定的要件
  - 个人享有查询并维持其个人信息准确性权利
  - 个人信息处理者负有保护个人信息的义务
  - 国家机关、承担行政职能的法定机构及工作人员的保密义务

第五编　婚姻家庭

第二十六章　婚姻家庭概述

- 婚姻家庭概述
  - 婚姻概念
    - 婚姻是为当时社会制度所确认的，男女两性互为配偶的结合
    - 婚姻是一男一女的结合，同性结合不成立婚姻
    - 婚姻是男女双方以夫妻身份的结合，具有终身共同生活的目的
    - 婚姻是当时的社会制度所确认的男女结合
  - 亲属
    - 亲属是基于婚姻、血缘或法律拟制而产生的人与人之间的社会关系
    - 亲属关系中的主体基于婚姻、血缘或法律拟制存在互相关联
    - 按照我国现行立法规定来看，亲属包括配偶、血亲和姻亲
  - 近亲属
    - 不同部门法中的近亲属，内涵不同
    - 民法上的近亲属有配偶、父母、子女、兄弟姐妹、祖父母、外祖父母、孙子女、外孙子女
  - 家庭成员
    - 配偶、父母、子女和其他共同生活的近亲属为家庭成员
  - 婚姻家庭法的基本原则
    - 婚姻自由原则
    - 一夫一妻原则
    - 男女平等原则
    - 保护妇女、未成年人、老年人、残疾人合法权益原则
    - 夫妻互相忠实、尊重原则
    - 家庭成员敬老爱幼、互帮互助原则
    - 最有利于被收养人原则

第二十七章　结婚和离婚

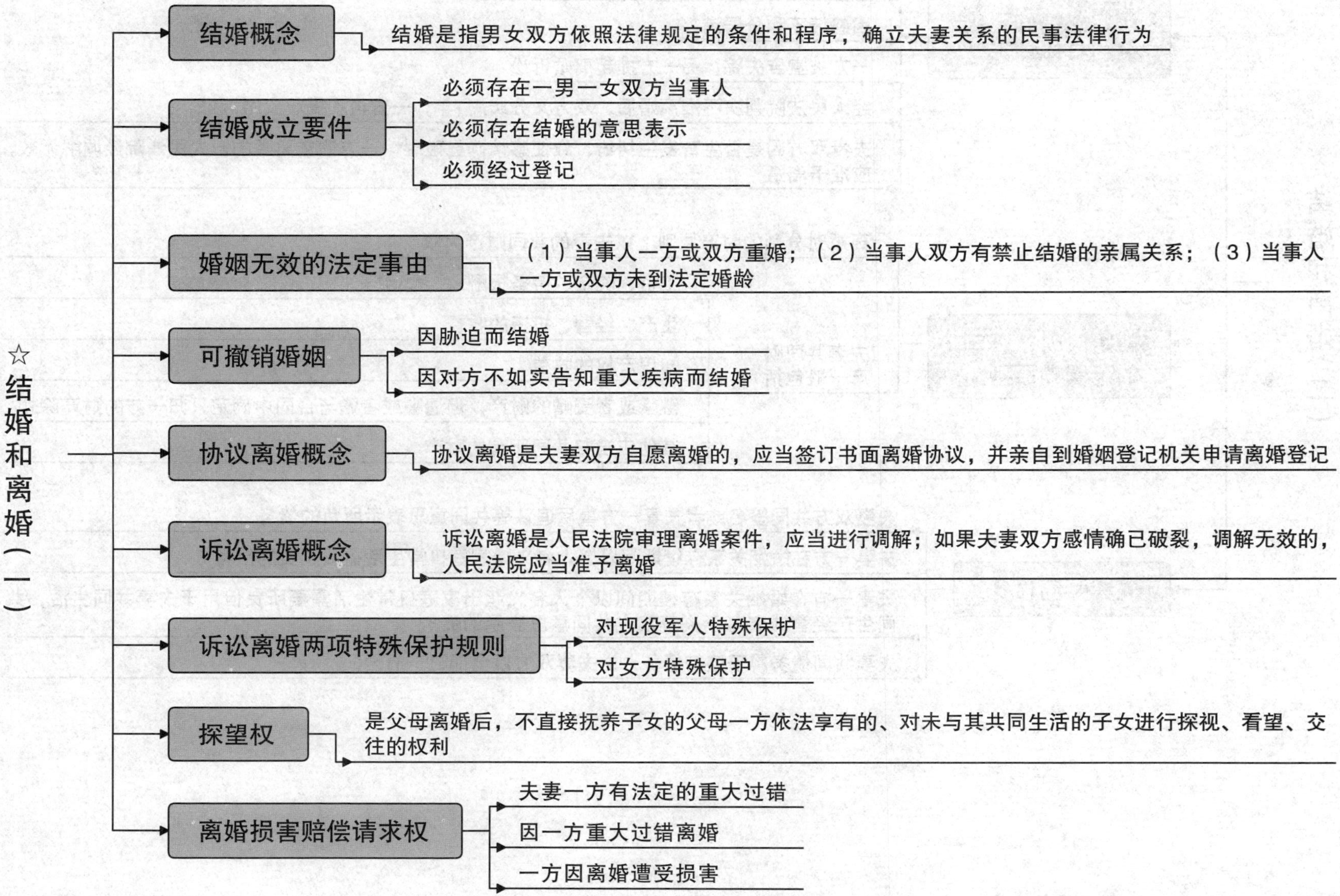
☆结婚和离婚（一）
结婚概念
结婚是指男女双方依照法律规定的条件和程序，确立夫妻关系的民事法律行为
结婚成立要件
必须存在一男一女双方当事人
必须存在结婚的意思表示
必须经过登记
婚姻无效的法定事由
（1）当事人一方或双方重婚；（2）当事人双方有禁止结婚的亲属关系；（3）当事人一方或双方未到法定婚龄
可撤销婚姻
因胁迫而结婚
因对方不如实告知重大疾病而结婚
协议离婚概念
协议离婚是夫妻双方自愿离婚的，应当签订书面离婚协议，并亲自到婚姻登记机关申请离婚登记
诉讼离婚概念
诉讼离婚是人民法院审理离婚案件，应当进行调解；如果夫妻双方感情确已破裂，调解无效的，人民法院应当准予离婚
诉讼离婚两项特殊保护规则
对现役军人特殊保护
对女方特殊保护
探望权
是父母离婚后，不直接抚养子女的父母一方依法享有的、对未与其共同生活的子女进行探视、看望、交往的权利
离婚损害赔偿请求权
夫妻一方有法定的重大过错
因一方重大过错离婚
一方因离婚遭受损害

☆结婚和离婚（二）

- 认定感情确已破裂的具体情形
  - 离婚或者与他人同居
  - 实施家庭暴力或者虐待、遗弃家庭成员
  - 有赌博、吸毒等恶习屡教不改
  - 因感情不和分居满2年
  - 一方被宣告失踪，另一方提起离婚诉讼
  - 经人民法院判决不准离婚后，双方又分居满1年，一方再次提起离婚诉讼
  - 夫妻双方因是否生育发生纠纷，致使感情确已破裂，一方请求离婚的，人民法院经调解无效，应准予离婚
- 离婚时财产分割的范围和原则
  - 离婚时分割的财产原则上以夫妻的共同财产为限
  - 夫妻共同财产一般包括
    - 工资、奖金、劳务报酬
    - 生产、经营、投资的收益
    - 知识产权的收益
    - 继承或者受赠的财产，但遗嘱或者赠与合同中确定只归一方的财产除外
    - 其他应当归共同所有的财产
- 夫妻共同债务
  - 夫妻双方共同签名或者夫妻一方事后追认等共同意思表示所负的债务
  - 夫妻一方在婚姻关系存续期间以个人名义为家庭日常生活需要所负的债务
  - 夫妻一方在婚姻关系存续期间以个人名义超出家庭日常生活需要所负但用于夫妻共同生活，共同生产经营或者基于夫妻双方共同意思表示的债务
  - 夫妻共同债务属于连带债务，由夫妻双方以全部财产清偿

第二十八章　家庭关系

- 家庭关系
  - ☆夫妻关系概念
    - 是指夫妻间的权利义务关系，包括夫妻人身关系和夫妻财产关系
  - 夫妻双方的日常家事代理权
    - 是指夫妻双方在因满足家庭日常生活需要而与第三人实施法律行为时互为代理人，互有代理权
  - 夫妻人身关系主要内容
    - 夫妻双方的姓名权
    - 夫妻双方人身自由权
    - 夫妻的婚姻住所决定权
    - 夫妻之间的忠实义务
    - 女方的生育权
  - 父母子女关系概念
    - 是指父母子女间在法律上的权利义务关系，又称为亲子关系
  - 父母子女关系分类
    - 自然血亲（婚生和非婚生）的父母子女关系
    - 拟制血亲（有抚养教育关系的继父母子女、收养形成的养父母子女）的父母子女关系
  - 其他近亲属关系
    - 其他近亲属关系主要包括祖父母、外祖父母和孙子女、外孙子女关系和兄弟姐妹关系

第二十九章 收养

收养

- 收养的概念
  - 是指自然人依法领养他人子女为自己子女，使没有父母子女关系的当事人之间产生法律拟制的父母子女关系的民事法律行为
- 被收养人应当具备以下条件
  - 须为未成年人
  - 须为丧失父母的孤儿，或者查找不到生父母的未成年人，或者生父母有特殊困难无力抚养的子女
- 送养人应当属于下列自然人或者社会组织
  - 孤儿的监护人
  - 儿童福利机构
  - 有特殊困难无力抚养子女的生父母
  - 特殊情形下未成年人的监护人
- 收养人应当具备以下条件
  - 无子女或者只有1名子女
  - 有抚养、教育和保护被收养人的能力
  - 未患有在医学上认为不应当收养子女的疾病
  - 无不利于被收养人健康成长的违法犯罪记录
  - 年满30周岁
- 收养关系的成立
  - 收养关系自登记之日起成立
  - 收养应当向县级以上人民政府民政部门登记，办理我国内地居民收养登记的机关是县级人民政府民政部门
- 收养关系的效力
  - 收养的效力分为拟制效力和解消效力
  - 收养在养父母子女之间形成拟制直系血亲的父母子女关系，效力与自然血亲的父母子女关系相同
  - 养子女与生父母以及其他近亲属间的权利义务关系，因收养关系的成立而消除，但是，收养消除的是养子女与生父母之间法律意义上的父母子女关系，而非自然意义上的父母子女关系

第六编　继承

第三十章　继承概述

继承概述

- **继承概念**
  - 现行法中的继承是财产继承，指自然人死亡时遗留的个人合法财产，由法律规定的或者由死者指定的人取得的制度
- **继承权概念**
  - 是自然人依照法律规定或被继承人生前有效遗嘱的指定所享有的取得被继承人遗产的权利
- **继承权特征**
  - 是一项独立的民事财产权利
  - 继承权的主体只能是被继承人法定继承人范围之内的自然人
  - 被继承人如果通过遗嘱指定法定继承人之外的自然人取得其遗产，该自然人被称为受遗赠人，享有受遗赠权
- **继承取得**
  - 法定继承权是法定继承人依据法律的直接规定而享有的取得遗产的权利
  - 遗嘱继承权基于被继承人的遗嘱指定
- **继承放弃**
  - 继承开始后，享有继承期待权的继承人自动取得继承权，如不愿接受继承则需作出放弃继承权的表示
  - 没有表示放弃继承的，则推定为接受继承
- **继承权丧失的法定情形**
  - 故意杀害被继承人
  - 为争夺遗产而杀害其他继承人
  - 遗弃被继承人或者虐待被继承人，情节严重
  - 伪造、篡改、隐匿或者销毁遗嘱，情节严重
  - 以欺诈、胁迫手段迫使或者妨碍被继承人设立、变更或者撤回遗嘱，情节严重

第三十一章 法定继承

- ☆法定继承
  - 法定继承人顺序
    - 被继承人的配偶、子女、父母为其第一顺序的法定继承人
    - 对公婆、岳父母尽了主要赡养义务的丧偶儿媳、女婿，是独立的第一顺序的法定继承人
    - 子女包括了婚生子女、非婚生子女、养子女和有扶养关系的继子女
    - 父母包括生父母、养父母和有扶养关系的继父母
    - 被继承人的兄弟姐妹、祖父母、外祖父母为第二顺序的法定继承人
    - 兄弟姐妹包括同父母的兄弟姐妹、同父异母或者同母异父的兄弟姐妹、养兄弟姐妹、有扶养关系的继兄弟姐妹
  - 代位继承
    - 被继承人的子女先于被继承人死亡的，由被继承人的子女的直系晚辈血亲代位继承。被继承人的兄弟姐妹先于被继承人死亡的，由被继承人的兄弟姐妹的子女代位继承
    - 代位继承人一般只能继承被代位继承人有权继承的遗产份额
  - 遗产分配
    - 同一顺序继承人继承遗产的份额，一般应当均等
    - 对生活有特殊困难又缺乏劳动能力的继承人，分配遗产时，应当予以照顾
    - 对被继承人尽了主要扶养义务或者与被继承人共同生活的继承人，分配遗产时，可以多分
    - 有扶养能力和有扶养条件的继承人，不尽扶养义务的，分配遗产时，应当不分或者少分
    - 继承人协商同意的，也可以不均等
    - 对继承人以外的依靠被继承人扶养的人，或者继承人以外的对被继承人扶养较多的人，可以分给适当的遗产

第三十二章 遗嘱继承和遗赠

☆遗嘱继承和遗赠

- 遗嘱继承概念
  - 是指按照被继承人生前遗嘱，由其指定的继承人取得遗嘱确定的遗产份额的继承方式
  - 遗嘱继承人均为法定继承人范围之内的人，但不受法定继承顺序和法定应继份的限制
  - 遗嘱继承适用上优先于法定继承，但如果还有遗赠扶养协议，则优先适用遗赠扶养协议
- 遗嘱的特征
  - 单方民事法律行为
  - 于遗嘱人死亡时生效
  - 不得代理
  - 要式法律行为
- 遗嘱的形式
  - 自书遗嘱
  - 代书遗嘱
  - 打印遗嘱
  - 录音录像遗嘱
  - 口头遗嘱
  - 公证遗嘱
  - 被继承人生前立有数份遗嘱，内容相抵触的，以最后的遗嘱为准
- 遗赠的概念
  - 是自然人以遗嘱的方式将其个人财产赠与国家、集体或法定继承人以外的人，并于其死亡后生效的单方民事法律行为
- 遗赠扶养协议
  - 遗赠扶养协议是被扶养人与继承人以外的扶养人之间订立的，以扶养人对被扶养人生养死葬的义务以及被扶养人将个人财产遗赠给扶养人为内容的协议
  - 遗赠扶养协议的效力优先于遗嘱继承和遗赠
  - 遗赠扶养协议的扶养人是继承人之外的人

第三十三章　遗产的处理

☆遗产的处理

- 遗产的特点
  - 被继承人死亡时遗留的财产
  - 被继承人的个人合法财产
  - 依照法律规定或者根据其性质不得继承的遗产，不得继承
- 遗产的范围
  - 物权
  - 债权
  - 知识产权中的财产性权利
  - 继承权
  - 股权和其他投资性权利
  - 其他
- 遗产分割
  - 遗产分割是指存在数个继承人共同继承时，按照遗嘱指定或法定应继份将遗产分配给各继承人的行为
  - 遗产分割前应先分出他人的财产，为缺乏劳动能力又没有生活来源的继承人保留必要的遗产，并清偿被继承人依法应当缴纳的税款和债务，对不宜分割的遗产，可以采取折价、适当补偿或者共有等方法处理
  - 对缺乏劳动能力又没有生活来源的继承人的保护
  - 为胎儿保留继承份额
  - 发生转继承
- 遗产债务清偿
  - 被继承人死亡后，其生前应当偿还的公法和私法上的债务并不消灭，应由其继承人承担清偿被继承人债务的责任。但我国实行法定的限定继承制度，继承人以所得遗产实际价值为限清偿被继承人依法应当缴纳的税款和债务；超过遗产实际价值部分，继承人自愿偿还的不在此限
  - 放弃继承的继承人，对被继承人依法应当缴纳的税款和债务可以不负清偿责任

第七编　侵权责任

第三十四章　侵权责任概述

侵权责任概述（一）

- **侵权责任概念**
  - 是指民事主体因自己的行为或者由其负责的他人的行为或由其管理的物件致使他人民事权益遭受侵害而应承担的各种民事法律后果
- **侵权责任分类**
  - 一般侵权责任与特殊侵权责任
  - 自己责任与替代责任
  - 连带责任、按份责任与补充责任
- **归责原则概念**
  - 是指行为人或侵权人因自己的行为或者由其负责的他人的行为或者由其管理的物件致使他人民事权益遭受损害后，确定其应承担侵权责任的依据
- **过错责任原则**
  - 过错责任原则是指行为导致损害事实的发生，以行为人主观上具有过错为承担侵权责任的必要条件
- **过错推定责任**
  - 过错推定责任是过错责任的一种特殊形式，是指行为造成损害事实时，行为人不能证明自己没有过错的，推定其具有过错并承担相应的侵权责任
- **无过错责任**
  - 无过错责任是指行为造成损害事实，归责时不以行为人主观上具有过错作为承担侵权责任的必要条件
- **公平责任**
  - 公平责任是指在当事人双方对损害的发生均无过错，法律又无特别规定适用无过错责任，让一方当事人承担损失有违公平时，根据民法公平原则，由行为人对受害人的财产损害给予适当的补偿，当事人合理分担损失的一种责任类型

侵权责任概述（二）

- 共同加害行为
  - 共同加害行为指数人共同不法侵害他人民事权益造成损害，从而承担连带责任的情形
- 共同危险行为
  - 又称准共同侵权行为，是指二人以上实施危及他人人身安全或财产安全的危险行为，仅是其中的一人或数人的行为实质上造成他人的损害，但又无法确定实际侵害人的情形
- 教唆、帮助行为
  - 教唆行为是指利用言语对他人进行开导、说服，或者通过刺激、利诱、怂恿等方法使被教唆者接受教唆意图，进而从事某种侵权行为
  - 帮助行为是指通过一些具体行为从物质或精神上帮助实施加害行为的人
- 无意思联络的数人侵权行为
  - 是指二人以上没有意思联络，客观上分别实施侵权行为造成同一损害行为
- 免除和减轻责任事由
  - 受害人过错
  - 受害人故意
  - 第三人过错
  - 自甘风险
  - 自助行为
- ☆侵权责任的承担方式
  - 停止侵害；排除妨碍；消除危险；返还财产；恢复原状；赔偿损失；赔礼道歉；消除影响、恢复名誉
  - 财产损害赔偿，是指侵害他人民事权益并造成财产损害时，侵权行为人应该向被侵权人承担的赔偿义务
  - 法律规定惩罚性赔偿的，依照其规定
- 精神损害赔偿适用范围
  - 侵害生命权、健康权、身体权、姓名权、肖像权、名誉权、荣誉权、人格尊严权、人身自由权
  - 违反社会公共利益、社会公德侵害他人隐私或者其他人格利益
  - 侵害监护权
  - 侵害死者的人格利益
  - 侵害特定物

第三十五章　特殊侵权责任

☆特殊侵权责任（一）

- **监护人责任**
  - 是指无民事行为能力人或者限制民事行为能力人造成他人损害时，其监护人依法应当承担的侵权责任
    监护人责任是一种替代责任
  - 有财产的民事行为能力人、限制民事行为能力人造成他人损害的，从本人财产中支付赔偿费用
  - 不足部分，由监护人赔偿
- **用人者责任**
  - 用人单位的工作人员因执行工作任务造成他人损害的，由用人单位承担侵权责任
  - 劳务派遣期间，被派遣的工作人员因执行工作任务造成他人损害的，由接受劳务派遣的用工单位承担侵权责任
  - 劳务派遣单位有过错的，承担相应的责任
  - 个人之间形成劳务关系，提供劳务一方因劳务造成他人损害的，由接受劳务一方承担侵权责任
  - 用人单位、接受劳务一方承担侵权责任后，可以向有故意或者重大过失的工作人员或者提供劳务一方追偿
- **网络侵权责任**
  - 网络用户、网络服务提供者利用网络侵害他人民事权益的，应当承担侵权责任。法律另有规定的，依照其规定
  - 网络用户利用网络服务实施侵权行为的，权利人有权通知网络服务提供者采取删除、屏蔽、断开链接等必要措施
  - 通知应当包括构成侵权的初步证据及权利人的真实身份信息
  - 网络服务提供者接到通知后，应当及时将该通知转送相关网络用户，并根据构成侵权的初步证据和服务类型采取必要措施
  - 未及时采取必要措施的，对损害的扩大部分与该网络用户承担连带责任

☆特殊侵权责任（二）

- **违反安全保障义务侵权责任**
  - 宾馆、商场、银行、车站、机场、体育场馆、娱乐场所等经营场所、公共场所的经营者、管理者或者群众性活动的组织者，未尽到安全保障义务，造成他人损害的，应当承担侵权责任
  - 因第三人的行为造成他人损害的，由第三人承担侵权责任
  - 经营者、管理者或者组织者未尽到安全保障义务的，承担相应的补充责任
  - 经营者、管理者或者组织者承担补充责任后，可以向第三人追偿
- **教育机构侵权责任**
  - 无民事行为能力人在幼儿园、学校或者其他教育机构学习、生活期间受到人身损害的，幼儿园、学校或者其他教育机构应当承担侵权责任；但是，能够证明尽到教育、管理职责的，不承担侵权责任
  - 限制民事行为能力人在学校或者其他教育机构学习、生活期间受到人身损害，学校或者其他教育机构未尽到教育、管理职责的，应当承担侵权责任
  - 无民事行为能力人或者限制民事行为能力人在幼儿园、学校或者其他教育机构学习、生活期间，受到幼儿园、学校或者其他教育机构以外的第三人人身损害的，由第三人承担侵权责任
  - 幼儿园、学校或者其他教育机构未尽到管理职责的，承担相应的补充责任
  - 幼儿园、学校或者其他教育机构承担补充责任后，可以向第三人追偿
- **产品责任**
  - 因产品存在缺陷造成他人损害的，被侵权人可以向产品的生产者请求赔偿，也可以向产品的销售者请求赔偿
  - 产品缺陷由生产者造成的，销售者赔偿后，有权向生产者追偿。因销售者的过错使产品存在缺陷的，生产者赔偿后，有权向销售者追偿
  - 因运输者、仓储者等第三人的过错使产品存在缺陷，造成他人损害的，产品的生产者、销售者赔偿后，有权向第三人追偿
  - 明知产品存在缺陷仍然生产、销售，或者没有依据规定采取有效补救措施，造成他人死亡或者健康严重损害的，被侵权人有权请求相应的惩罚性赔偿

☆特殊侵权责任（三）

- 机动车交通事故责任
  - 机动车发生交通事故造成损害，属于该机动车一方责任的，先由承保机动车强制保险的保险人在强制保险责任限额范围内予以赔偿
  - 不足部分，由承保机动车商业保险的保险人按照保险合同的约定予以赔偿；仍然不足或者没有投保机动车商业保险的，由侵权人赔偿
  - 非营运机动车发生交通事故造成无偿搭乘人损害，属于该机动车一方责任的，应当减轻其赔偿责任，但是机动车使用人有故意或者重大过失的除外
- 医疗损害责任
  - 患者在诊疗活动中受到损害，医疗机构或者其医务人员有过错的，由医疗机构承担赔偿责任
  - 医务人员在诊疗活动中应当向患者说明病情和医疗措施
  - 需要实施手术、特殊检查、特殊治疗的，医务人员应当及时向患者具体说明医疗风险、替代医疗方案等情况，并取得其明确同意
  - 不能或者不宜向患者说明的，应当向患者的近亲属说明，并取得其明确同意
  - 医务人员未尽到前款义务，造成患者损害的，医疗机构应当承担赔偿责任
  - 医务人员在诊疗活动中未尽到与当时的医疗水平相应的诊疗义务，造成患者损害的，医疗机构应当承担赔偿责任
- 医疗损害责任的特殊免责事由
  - 患者或者其近亲属不配合医疗机构进行符合诊疗规范的治疗，但是医疗机构或者其医务人员也有过错的，应当承担相应的赔偿责任
  - 医务人员在抢救生命垂危的患者等紧急情况下已经尽到合理诊疗义务
  - 限于当时的医疗水平难以诊疗
- 环境污染和生态破坏责任
  - 因污染环境、破坏生态造成他人损害的，侵权人应当承担侵权责任
  - 因污染环境、破坏生态发生纠纷，行为人应当就法律规定的不承担责任或者减轻责任的情形及其行为与损害之间不存在因果关系承担举证责任
  - 侵权人违反法律规定故意污染环境、破坏生态造成严重后果的，被侵权人有权请求相应的惩罚性赔偿

☆特殊侵权责任（四）

高度危险责任

- 从事高度危险作业造成他人损害的，应当承担侵权责任
- 从事高空、高压、地下挖掘活动或者使用高速轨道运输工具造成他人损害的，经营者应当承担侵权责任
- 但是，能够证明损害是因受害人故意或者不可抗力造成的，不承担责任
- 被侵权人对损害的发生有重大过失的，可以减轻经营者的责任

饲养动物损害责任

- 饲养的动物造成他人损害的，动物饲养人或者管理人应当承担侵权责任；但是，能够证明损害是因被侵权人故意或者重大过失造成的，可以不承担或者减轻责任
- 违反管理规定，未对动物采取安全措施造成他人损害的，动物饲养人或者管理人应当承担侵权责任；但是，能够证明损害是因被侵权人故意造成的，可以减轻责任
- 因第三人的过错致使动物造成他人损害的，被侵权人可以向动物饲养人或者管理人请求赔偿，也可以向第三人请求赔偿。动物饲养人或者管理人赔偿后，有权向第三人追偿

饲养动物损害责任的减轻或免责事由

- 因被侵权人故意或者重大过失免责
- 因第三人过错免责

建筑物和物件损害责任

- 建筑物、构筑物或者其他设施及其搁置物、悬挂物发生脱落、坠落造成他人损害，所有人、管理人或者使用人不能证明自己没有过错的，应当承担侵权责任
- 所有人、管理人或者使用人赔偿后，有其他责任人的，有权向其他责任人追偿
- 禁止从建筑物中抛掷物品
- 从建筑物中抛掷物品或者从建筑物上坠落的物品造成他人损害的，由侵权人依法承担侵权责任
- 经调查难以确定具体侵权人的，除能够证明自己不是侵权人的外，由可能加害的建筑物使用人给予补偿。可能加害的建筑物使用人补偿后，有权向侵权人追偿

刑 法

第一部分 刑法总论

第一章 刑法概述

刑法的概念和规范形式

- 概念
  - 刑法是国家颁布的，规定犯罪及其法律后果的法律规范。即：刑法=犯罪+刑罚
- 我国当前刑法的规范形式
  - 刑法典及其修正案
    - 现行1997年新刑法，于1997年10月1日起施行
    - 十个刑法修正案，2017年《刑法修正案（十）》规定侮辱国旗、国徽、国歌罪
  - 单行刑法
    - 1998.12.29，全国人大常委会《关于惩治骗购外汇、逃汇和非法买卖外汇犯罪的决定》

刑法解释（按解释效力）

- 有权解释（正式解释）
  - 立法解释
    - 由立法机关，通常是全国人大常委会所作的解释
  - 司法解释
    - 由最高司法机关（最高人民法院、最高人民检察院）就审判和检察工作中如何具体应用法律的问题所作的解释
  - 立法解释效力高于司法解释
  - 立法解释、司法解释对于司法实务中的案件具有普遍适用的强制效力
- 学理解释（非正式解释）
  - 未经国家授权的机关、团体、社会组织、学术机构以及公民个人对刑法所作的解释
  - 没有强制效力，对于法律适用具有参考价值

解释理由（解释依据）

- **文理解释**
  - 根据刑法用语本身的含义（文义）进行解释
  - 文理解释是最基础的解释方法，但刑法解释的结论并不受限于一般文义
- **目的解释**
  - 根据刑法规范的目的，阐明刑法条文真实含义的解释方法
- **体系解释**
  - 根据刑法条文在整个刑法中的地位，联系相关法条的含义，阐明其规范意旨的解释方法，即结合前后文来解释
  - （1）同类解释规则：对于并列、同位、同类的概念，解释前后文进行相同性质的解释；（2）并不是要求相同的字词在不同地方都要作相同含义的解释，相同的字词处于法条不同位置时，不一定都会作出相同含义的解释
- **当然解释**
  - 将“种”的概念（下位概念）解释进“属”的概念（上位概念）
  - 运用“轻”“重”比较的逻辑
    - 出罪时举重以明轻
    - 入罪时举轻以明重
- **类推解释**
  - 对刑法条文没有明确规定的事项，按照类似性原理，比照最相类似的刑法条文规定的相关事项，作超出该规定含义范围而推论适用的解释
  - 刑法禁止不利于被告人的类推解释，但允许有利于被告人的类推解释
- **比较解释**
  - 对比国外刑法解释我国刑法
- **历史解释**
  - 按法条的历史沿革解释

解释结论大小

- **平义解释**
  - 按照该用语最平白的字义、日常生活中的通常含义进行解释，解释结论与一般文义相同
- **缩小解释**
  - 刑法条文的字面通常含义比刑法的真实含义宽泛，从而对刑法条文字句作出比一般文义要狭小的解释，以缩小刑法字句含义的范围，使其符合刑法的真实含义
- **扩大解释**
  - 刑法条文的字面通常含义比刑法的真实含义窄小，从而对刑法条文字句作出比一般文义要宽泛的解释，以扩张刑法字句含义的范围，使其符合刑法的真实含义
  - 扩大解释的结论虽比一般文义要宽泛，但未突破字词的最大文义（公民可以预测的可能含义）
- **反对解释**
  - 根据正面表述推导反面含义
- **补正解释**
  - 补正刑法表述文字的错误

刑法的基本原则

- **罪刑法定原则**
  - 排斥习惯法
  - 禁止不利于被告人的溯及既往
  - 禁止不利于被告人的类推解释
  - 禁止不确定刑
  - 明确性原则
  - 禁止处罚不当罚的行为；禁止不均衡的、残虐的刑罚
- **平等适用刑法原则**
  - 对刑法所保护的合法权益予以平等的保护
  - 对于实施犯罪的任何人，都必须严格依照法律认定犯罪，对于任何犯罪人，都必须根据其犯罪事实与法律规定量刑
  - 对于被判处刑罚的任何人，都必须严格按照法律的规定执行刑罚
- **罪刑相适应原则**
  - 罪刑相适应（或罪刑均衡）的基本含义是，刑罚的轻重与罪行和刑事责任相适应，重罪重判，轻罪轻判

刑法的空间效力

属地管辖

- 凡在中国领域内犯罪的，除法律有特别规定的以外，都适用中国刑法
- 法律有特别规定的除外，包括：享有外交特权和豁免权的外国人；香港澳门台湾地区；民族自治地方
- 拟制领土：中国船舶或者航空器内犯罪的；中国驻外使馆、领馆内犯罪的
- 行为或者结果有一项发生在中国领域内的，都适用中国刑法

属人管辖

- 对于所有中国公民（行为人）在中国领域外犯罪，我国均有管辖权
- 普通公民可从宽：法定最高刑3年以下有期徒刑的，可以不予追究
- 国家工作人员和军人不从宽，无论应处何刑罚，一律均需追究

保护管辖

- 对于外国人在我国领域外实施的侵犯我国国家或公民权益（被害人）的重罪行为，适用我国刑法
- 重罪：法定最低刑为3年以上有期徒刑
- 双重犯罪：所犯之罪按照犯罪地的法律也受处罚，如果按犯罪地法律不认为是犯罪的，不适用我国刑法

普遍管辖

- 对于国际公约或者条约所规定的犯罪，不管犯罪人的国籍、犯罪地、侵害对象，缔约国或参加国可行使刑事管辖权
- 我国定罪量刑的法律依据是国内刑法，而非国际条约

- 刑法的时间效力
  - 从旧兼从轻
    - 从旧兼从轻，适用于未决案
    - 对于一行为适用刑法时，原则上应当适用行为时有效的刑法（旧法），但是，当适用审判时有效的刑法（新法），对被告人更有利时（轻法），应当适用审判时有效的刑法（轻法）
  - 刑法修正案的时间效力
    - 刑法修正案属于刑法。对于行为人在刑法修正案生效之前实施犯罪行为，而在生效之后审判的案件，是适用新修正案还是修正之前的刑法，原则上按从旧兼从轻原则
  - 司法解释、立法解释的效力
    - 行为时无旧解释的，未决案适用新解释，可溯及既往
    - 行为时有旧解释的，从旧兼从轻

第二章 犯罪构成理论

犯罪构成理论和犯罪认定逻辑

- 犯罪构成理论
  - 犯罪是符合刑法规定的犯罪构成的行为。刑事司法的核心，围绕着犯罪构成进行判断，看行为（事实）是否符合刑法规定的具体罪名的构成要件（规范）
  - 任何犯罪的成立都需具备“客观要件”（不法）与“主观要件”（责任）两方面的要件。犯罪是“客观、主观相统一”，犯罪是“不法”“有责任”的行为
- 犯罪认定逻辑
  - 只有具备客观不法、主观责任两个方面的条件，犯罪（分则之罪）才能成立
  - 判断犯罪的顺序：先客观不法，后主观有责。先判断行为客观上有无危害，再判断行为人主观上有无过错。不因行为人主观上有过错，就一律认为构成犯罪
  - 客观不法，主观责任相统一，重合范围内认定罪名

构成要件要素分类

- 构成要件要素指构成犯罪的具体要素（条件）
- 客观与主观的构成要件要素
  - 客观的构成要件要素：说明行为外部的、客观方面的要素，如对象、身份、年龄等
  - 主观的构成要件要素：表明行为人内心的、主观方面的要素，如故意、过失等
- 记述与规范的构成要件要素
  - 记述的构成要件要素：无需裁判者评价性、价值性判断，如毒品、妇女等
  - 规范的构成要件要素：事实判断+裁判者主观判断，如淫秽物品、猥亵、国家工作人员等
- 成文与不成文的构成要件要素
  - 成文的构成要件要素：刑法明文规定的构成要件要素
  - 不成文的构成要件要素：刑法条文表面上没有明文规定，但可推断出来系构成犯罪所必须的要素

第三章 法益（犯罪客体）

- 法益（犯罪客体）
  - 法益
    - 法益是刑法保护的权益
    - 法益是由刑法明文规定的，刑法分则在章、节名称中规定了该章、该节罪名的类法益
    - 具体罪名的法益可以通过具体罪名条款的规定推导出来
  - 侵害个人法益的犯罪
    - 第四章 侵犯公民人身权利、民主权利罪
    - 第五章 侵犯财产罪
  - 侵害社会法益的犯罪
    - 第二章 危害公共安全罪
    - 第三章 破坏社会主义市场经济秩序罪
    - 第六章 妨害社会管理秩序罪
  - 侵害国家法益的犯罪
    - 第一章 危害国家安全罪
    - 第七章 危害国防利益罪
    - 第八章 贪污贿赂罪
    - 第九章 渎职罪
    - 第十章 军人违反职责罪

第四章 客观不法要件(犯罪的客观要件)

危害行为概念与分类

- 概念
  - 危害行为指可造成法益侵害结果或危险的人的身体举动
  - （1）有体性：思想不是犯罪；（2）有意性：人的意思（故意、过失）支配下；（3）有害性（客观危险性）：创设、增加了风险
- 分类
  - 实行行为
    - 实行行为的本质是直接侵害法益的危险达到紧迫程度的行为
    - 刑法分则规定的是典型的犯罪情形，即一人、实行、既遂，分则规定的行为即是实行行为
  - 非实行行为
    - 预备行为、教唆行为、帮助行为
    - 犯罪预备、未遂、中止，帮助犯、教唆犯，规定在刑法总则中是对“一人实行既遂”典型情形的修正

危害行为的形式

- 作为
  - 不当为而为之
  - 指行为人实施刑法所禁止的行为
  - 我国刑法中持有行为是作为行为，而不是不作为行为
- 不作为
  - 当为而不为
  - 不作为行为，是指行为人在能够履行自己应尽义务的情况下不履行该义务的行为
  - 不作为犯，指实施不作为行为、符合刑法规定而构成犯罪
  - 成立不作为犯的条件
    - 客观条件：（1）行为人负有特定积极义务；（2）行为人能够履行特定义务；（3）行为人不履行特定义务，造成或者可能造成危害结果
    - 主观条件：要求行为人具有故意、过失，不作为犯既可以是故意犯罪，也可以是过失犯罪

- **不作为犯的作为义务来源**
  - **形式义务根据**
    - 法律、法规规定的义务
    - 职务或者业务要求的义务
    - 法律行为引起的义务
    - 先前行为引起的义务：只有创设、增加风险的先前行为才产生作为义务
  - **实质义务根据**
    - 基于对危险源的支配而产生的监督义务：谁监管风险，谁制止风险
    - 基于行为人与被害人之间具有特殊人身关系而产生的保护义务：谁是被害人保护人，谁负有保护责任
    - 基于对危险发生领域的管控而产生的报告、救助义务：谁支配领域，谁报告风险

- **纯正不作为犯与不纯正不作为犯**
  - **纯正（真正）的不作为犯**
    - 纯正的不作为犯，即刑法明文规定只能由不作为构成的犯罪，如遗弃罪、丢失枪支不报罪等
    - 纯正的不作为犯由刑法明文规定，数量较少
  - **不纯正（不真正）的不作为犯**
    - 不纯正的不作为犯，即行为人以不作为形式实施，可以由作为构成也可以由不作为构成的犯罪
    - 除了纯正的不作为犯，其他的罪名，既可以由作为构成也可以由不作为构成，皆为不纯正不作为犯，如故意杀人罪等

危害结果（法益侵害）

- 概念
  - 危害结果是危害行为给法益所造成的具体侵害事实（实害）与危险状态（危险）
- 实害
  - 以发生实害结果为犯罪既遂标准的罪名是结果犯（实害结果犯），如故意杀人罪
  - 我国刑法中的过失犯不处罚未遂。只有发生实害结果，才能成立过失犯罪，如交通肇事罪等
- 危险
  - 具体危险：以发生具体危险为犯罪既遂标准的罪名是危险犯（具体危险犯），如放火罪
  - 抽象危险：不以发生具体危险，只需行为实施完毕造成立法者认为的抽象危险，即认为犯罪既遂的犯罪是抽象危险犯（行为犯），如非法持有枪支罪

因果关系

- 概念
  - 刑法上的因果关系，指危害行为与危害结果之间存在的引起和被引起的关系。即从客观方面判断危害结果是否由某一特定行为导致，是由哪一个行为导致，是否应当由此行为承担结果的刑事责任
- 判断因果关系有无的理论：相当因果关系说
  - 相当因果关系说，指在判断条件关系的基础上，对造成结果的数个条件进行筛选，挑选出数个条件中“相当性”的条件，作为造成结果的原因
  - 第一步，先判断条件关系。有A就有R，无A则无R，A行为就是R结果的条件
  - 第二步，判断相当性。相当性是指一般人的认识为标准，该行为产生该结果在日常生活中是一般的、正常的、应当负主要责任的，而不是特殊的、异常的

因果关系

- **判断因果关系有无的四种基本定式模型**
  - 被害人特殊体质
    - 行为人的行为与死亡结果之间，在客观上存在因果关系。行为人是否构成犯罪、构成何罪，应当将客观与主观结合
  - 介入因素
    - 介入因素可以是被害人自己的行为、行为人的行为、第三人的行为、自然力等
    - 因果关系介入的情形下，需判断结果R与最初启动行为A1有因果关系，还是与介入因素A2有因果关系。总体上需判断A1、A2因素两者之间的关系、作用力大小、责任大小、异常还是通常
  - 同时犯因果
    - 两个以上的行为分别都能导致结果的发生（对结果有作用、与结果之间具有条件关系），但在行为人没有意思联络的情况下，同时竞合在一起导致了结果的发生
    - 由于没法查明具体的因果流程，往往会与刑事诉讼中的证据证明纠葛在一起
  - 重叠因果关系
    - 两个以上相互独立的行为，单独不能导致结果的发生，但合并在一起造成了结果时，就是重叠的因果关系
    - 如果二行为对结果造成的作用一样大或者无法区分作用大小，一般认为二行为均与结果具有因果关系
- **共同犯罪与因果关系**
  - 共同正犯：一人既遂、全体既遂；部分实行全部责任（客观上对结果承担连带责任）
  - 帮助犯、教唆犯：帮助行为、教唆行为，如与实行行为、结果有因果关系，则对结果负责
- **因果关系与犯罪成立**
  - 有因果关系可认为具备犯罪成立的客观不法要件，但是否构成犯罪还需要主观责任要件

其他客观不法要素

- 行为的时间、地点、方法
  - 有些犯罪刑法明文规定要求行为必须在特定的时间、地点或以特定的方法实施，如非法捕捞水产品罪与非法狩猎罪
- 数额、次数、情节
  - 刑法规定的盗窃罪、抢夺罪、贪污罪等许多罪名，都涉及犯罪的数额、次数与情节
- ☆特殊身份
  - 特殊主体指行为人在身份上需要具有某种特殊资格，才能构成某种具体犯罪的正犯（真正的身份犯）。特殊身份可影响行为性质的认定
  - 特殊主体的特殊身份，是对构成该特殊身份犯罪名的正犯（一般是实行犯）的要求。不具有特定身份的行为人，不能构成要求特殊身份犯罪名的正犯，但可以构成共犯（教唆犯或帮助犯）

第五章　主观责任要件

☆刑事责任年龄

- **概念**
  - 是指由刑法所规定的，行为人对其实施不法行为承担刑事责任所必须达到的年龄
- **完全无刑事责任阶段**
  - 不满14周岁的人，对其实施的所有不法行为，都不承担刑事责任
- **相对有刑事责任阶段**
  - 已满14周岁不满16周岁的人，犯故意杀人、故意伤害致人重伤或者死亡、强奸、抢劫、贩卖毒品、放火、爆炸、投毒（投放危险物质）的，应当负刑事责任
- **完全有刑事责任阶段**
  - 已满16周岁的人，对其实施的一切不法行为，均承担刑事责任
- **刑事责任年龄认定**
  - 生日当天是“不满”，生日第二天才是“已满”
  - 隔时犯：以生日当天24点一刀两切，看有责任时是否实施其他行为（不作为、作为）
  - 跨越不同刑事责任年龄段实施不法行为处理：只能追究能够承担责任阶段的行为的刑事责任
- **两个从宽刑事责任阶段**
  - 已满14周岁不满18周岁的人犯罪，应当从轻或者减轻处罚
  - 已满75周岁的人故意犯罪的，可以从轻或者减轻处罚；过失犯罪的，应当从轻或者减轻处罚

☆刑事责任能力（精神状况）

- **三种精神病人**
  - 精神病人在不能辨认或者不能控制自己行为的时候造成危害结果，经法定程序鉴定确认的，不负刑事责任
  - 间歇性的精神病人在精神正常的时候实施不法行为，应当负刑事责任
  - 尚未完全丧失辨认或者控制自己行为能力的精神病人实施不法行为的，应当负刑事责任，但是可以从轻或者减轻处罚
- **原因自由行为**
  - 具有辨认、控制能力的行为人，故意或者过失使自己一时陷入丧失或者尚未完全丧失辨认、控制能力的状态，并在该状态下实施了符合构成要件的行为，刑法理论称此为原因自由行为
  - 以清醒时确定过错内容，以不清醒时确定客观行为，对重合内容承担刑事责任

☆故意

- 直接故意
  - 认识要素：明知行为必然或可能导致结果
  - 意志要素：希望结果发生（追求）
- 间接故意
  - 认识要素：明知结果发生的可能性很大，但并非必然发生
  - 意志要素：放任（意志空缺），仍实施行为
- 故意认识要素的内容(事实性认识）
  - 故意成立的必要认识要素
    - 行为的内容与社会意义：仅需认识到行为的社会性质（自然性质），无需认识到行为的法律属性
    - 发生结果的可能
    - 对于以特定对象为必要构成要件要素的犯罪，要求认识到特定对象
    - 因果关系的基本部分，只要求认识大概流程，不要求认识到流程的具体样态
    - 对于以特殊身份为必要构成要件要素的犯罪，对于身份要素也要求有认识
    - 对于以特定的时间、地点、方法为必要构成要件要素的犯罪，对于时间、地点、方法也要求有认识
    - 需要认识到不具有正当防卫、紧急避险等违法阻却事由
    - 对规范的构成要件要素的事实属性的认识
  - 故意成立的不必要认识要素
    - 不法要素中的数额、次数、情节等“量的要素”，不是故意认识所必需的认识内容
    - 少数故意犯罪中的“损失结果”要素，实际上并不是真正的结果要素，而是单纯成立犯罪的量的要素
    - 对于行为法律性质的认识（违法性认识），不是故意认识的必要要素
    - 责任要素不是故意认识的必要要素。对于责任年龄、责任能力等没有认识的，不影响故意的成立

过失

过于自信的过失

- 认识要素：预见到结果可能发生，已经认识到发生结果的可能性
- 意志要素：轻信能够避免，相信能够避免结果（反对结果发生）

疏忽大意的过失

- 认识要素：行为人事实上没有预见（行为人主观事实）
- 意志要素：社会期许行为人具有预见可能性

☆常考的区分

- 疏忽大意的过失与意外事件：疏忽大意的过失是应当预见而没有预见，意外事件是没有预见也不能预见，两者区分的关键在于：社会一般人在当时的情形下能否预见
- 间接故意与过于自信的过失：（1）先看行为人的认识程度，行为人认识到行为导致结果可能性很大，可能为间接故意；认识到行为导致结果的可能性小，则直接认定为过失；（2）再看行为人是否采取了自认为有效的防果措施、有无防果经验

事实认识错误（一）

概念

事实认识错误是对案件事实要素的认识错误，即行为人主观上对各种不法要素（行为、对象、危害结果、因果关系、主体身份、时间、地点、方法、数额、次数、情节）的认识，与客观发生的事实不一致

按不法要素分类

- 对象错误：行为人将对象乙，误认作是对象甲加以侵害的情形
- 打击错误（方法错误）：行为人主观上想侵害对象乙，客观上也是针对对象乙实施侵害，但由于行为差误，实际却造成了对象甲损害的结果的情形
- 因果关系错误：指造成侵害的实际因果流程，与行为人主观上预想的因果流程不一样的情况
- 手段错误：指行为人客观上采取的行为手段，与主观预想的手段不一致的情况

事实认识错误（二）

☆按构成要件分类

- 具体错误：主观认识的事实与客观发生的事实在同一构成要件之内
- 抽象错误：主观认识的事实与客观发生的事实分属不同构成要件
- 按照法定符合说，具体错误，不影响对实际侵害对象的故意成立。抽象错误，对实际侵害对象没有故意，但可能具有过失，对欲图侵害的对象有故意。从而往往形成：实际对象的过失犯罪，欲图侵害对象的故意犯罪未遂，想象竞合

☆具体符合说的适用范围

- 通说是法定符合说，在法考中，只有在题目有明文提示依照具体符合说如何认定时，才能按具体符合说进行认定，没有明文提示则按照法定符合说认定
- （1）只有打击错误中的具体错误，法定符合说判断结论为故意犯罪未遂、故意犯罪既遂想象竞合，具体符合说判断结论为故意犯罪未遂、过失犯罪想象竞合；（2）对象错误中的具体错误，两种学说判断结论一致：对于实际对象都认为是故意犯罪既遂；（3）抽象错误，两种学说判断结论一致：对于实际对象都认为是过失

第六章　违法阻却事由

违法阻却事由

- ☆正当防卫构成条件
  - 起因条件：不法侵害
  - 时间条件：不法侵害正在进行
  - 对象条件：针对不法侵害人本人（人身、财产）进行防卫
  - 限度条件：没有明显超过必要限度造成重大损害
  - 主观条件：有防卫意图，包括防卫认识与防卫意志
  - （1）假想防卫，指客观上不存在不法侵害而行为人主观上误认为存在着不法侵害而进行防卫造成损害的情形；（2）偶然防卫，指行为人没有认识到不法侵害的存在、没有防卫意图，但偶然在客观上起到了制止不法侵害效果的情形
- 紧急避险构成条件
  - 起因条件：合法权益面临现实危险
  - 时间条件：危险正在发生
  - 对象条件：合法权益
  - 迫不得已条件：出于不得已而损害
  - 限度条件：没有超过必要限度造成不应有的损害
  - 主体限制：职务上、业务上负有特定责任的人不适用对本人危险避险
  - 意图条件问题：避险认识、避险意志
- 被害人承诺构成条件
  - 承诺范围：承诺者对被侵害的法益具有处分权限
  - 承诺能力：承诺者对承诺事项具有理解能力，承诺能力
  - 承诺对象：承诺者不仅要对行为作出承诺，而且最重要的是对结果作出承诺
  - 真实意思表示
  - 现实的承诺
  - 承诺时间：承诺至迟存在于结果发生前
  - 经承诺所实施的行为不能超越承诺范围

第七章　犯罪形态

- **犯罪预备**
  - 概念
    - 指为了犯罪实行，实施了犯罪的预备行为（准备工具，制造条件），但由于行为人意志以外的原因而未能着手实行犯罪的情形。即：欲达目的而不能，在预备之后，着手实行之前被迫停顿
  - 特征
    - 起点：客观上实施了犯罪预备行为
    - 停顿点：在着手实行犯罪之前停顿
    - 停顿原因：未能着手实行犯罪是由于行为人意志以外的原因（欲达目的而不能）
  - 处罚
    - 对于预备犯，可以比照既遂犯从轻、减轻或者免除处罚

- **☆犯罪未遂**
  - 概念
    - 指已经着手实行犯罪，由于犯罪分子意志以外的原因而未得逞。即：欲达目的而不能，在着手实行之后，既遂之前被迫停顿
  - 特征
    - 起点：已经着手实行犯罪
    - 停顿点：犯罪未得逞（未既遂）
    - 停顿原因：犯罪未得逞是由于犯罪分子意志以外的原因（欲达目的而不能）
  - 处罚
    - 对于未遂犯，可以比照既遂犯从轻或者减轻处罚
  - 犯罪未遂与不可罚的不能犯（客观上行为无危险的不能犯）
    - 不能犯指行为人主观上自认为可以实现结果，但实际上行为不具客观危险性，不能实现结果的情况
    - 犯罪未遂与不能犯的区别在于：行为本身是否具有客观危险性。即以行为当时存在的客观事实作为判断依据，从具有科学常识一般人的立场上进行判断，如果具有发生结果的现实可能性为未遂犯；如果没有发生结果的现实可能性一般为不能犯；因为偶然原因而导致不能实现结果，应当认为是具有危险性，仍成立未遂

☆犯罪中止

- **概念**
  - 指在犯罪过程中，自动放弃犯罪或者自动有效地防止犯罪结果发生。可概括为“能达目的而不欲”，起于预备后，止于既遂前，放弃系自动
- **特征**
  - 中止的时间性：犯罪过程中，即在犯罪预备行为开始实施之后，犯罪呈现结局（既遂、未遂等停顿）之前均可中止
  - 中止的自动性：能达目的而不欲。自动性指行为人自认为自己能够继续实施犯罪可能既遂，但自愿放弃继续实施犯罪行为
  - 中止的客观性：停止犯罪
  - 中止的有效性：有效地防止犯罪结果发生
- **处罚**
  - 对于中止犯，没有造成损害的，应当免除处罚；造成损害的，应当减轻处罚

第八章　共同犯罪

☆共同犯罪（一）

- **本质**
  - 对共同行为导致的结果客观上承担连带责任
- **共同犯罪的基本含义：共同不法**
  - 共同犯罪中的“犯罪”：不法行为。（1）共同“不法”即是共同犯罪，并不要求各行为人的责任要素（责任年龄、责任能力、故意、目的等）完全相同；（2）并不要求各行为人最终宣判有罪，也不要求宣判的罪名相同
  - “共同”的范围：“行为共同说”，并不要求各行为人最终宣判罪名相同，只需实施共同不法行为，即在该行为（犯罪）范围内构成共同犯罪
- **概念**
  - 二人以上共同故意犯罪
  - 聚众犯、对合犯与共同犯罪
    - 聚众犯指参与者需为多人（三人及以上）才能成立的犯罪。由于刑法并不一定对所有参与者都进行处罚，故聚众犯并不一定都能构成第25条第1款的共同犯罪
    - 对合犯（对向犯）指以存在二人以上的行为人互相对向的行为为要件的犯罪。由于刑法并不一定对所有对合参与者都进行处罚，故对合犯也并不一定都构成第25条第1款的共同犯罪
  - 共犯行为正犯化
    - 刑法将某些原本系教唆、帮助的行为规定为独立的罪名（资助、帮助、教唆、组织犯）

☆共同犯罪（二）

- 成立条件
  - 共同不法行为。共同犯罪行为可表现为多种形式：实行，教唆，帮助，共谋，组织，没有实施客观共同行为，仅是主观上知情不举，不构成共同犯罪（有制止或举报义务另当别论）
  - 共同故意
    - 观点一：只有片面帮助犯才可构成帮助犯；片面教唆、片面实行不可构成教唆犯、共同正犯
    - 观点二：片面帮助、片面教唆、片面实行，可构成帮助犯、教唆犯、共同正犯
    - 片面共犯行为成立共同犯罪也是片面的，即仅对有共同故意（知情）的一方适用共同犯罪的归责原则，对没有共同故意（不知情）的一方不适用共同犯罪的归责原则
- 承继的共同犯罪
  - 指前行为人在实行部分犯罪行为之后，在犯罪行为尚未终了（完全结束）之前，后行为人以共同犯罪故意，中途加入该犯罪，与前行为人共同参与实施犯罪行为的情况
  - 二人只在后半截共同行为内成立共同犯罪，承继的共同犯罪人对加入之后共同行为造成的结果承担责任
- 不成立共同犯罪的一些情况
  - 没有共同故意的
    - 共同过失犯罪
    - 同时犯，二人以上同时同地实施犯罪，但缺乏共同犯罪故意的，为同时犯，不成立共同犯罪
    - 彼此无意思联络的先后故意犯罪
    - 无共同故意的间接正犯
  - 没有共同行为的
    - 共同犯罪人的过限行为，也被称为实行过限，指部分共同犯罪人实施超出共同故意之外的过限行为。由于其他共同犯罪人对该过限行为没有共同故意，故对该过限行为不构成共同犯罪
    - 事前无通谋行为
  - 犯罪主体为一人
    - 单位犯罪中，单位与其内部各自然人之间，不构成共同犯罪

☆共同犯罪人的分工分类法

正犯

- 正犯是支配犯罪的人，通常表现为实行犯。正犯是犯罪的第一位责任者，共犯（教唆犯、帮助犯）是犯罪的第二位责任者
- 直接正犯（实行犯）：直接支配犯罪结果者
- 间接正犯：行为人通过唆使、强制、欺骗等手段支配直接实行者，从而支配构成要件实现的，就是间接正犯

  间接正犯与教唆犯区别：间接正犯的支配行为虽可以表现为教唆行为，但只有对被教唆者达到支配的程度，即被教唆者没有自主、独立的认知能力仅系被操纵的工具时，教唆者才成立间接正犯。如果被教唆者有自主、独立的规范认知能力，即使其未达到刑事责任年龄，其也为正犯，教唆者也构成教唆犯
- 共同正犯：指二人以上共同实施实行行为的情形。无论全部实行行为还是部分实行行为，是典型的“一部行为，全部责任”

共犯

- 共犯指教唆犯、帮助犯。共犯从属性说的基本含义是：认定共犯（教唆犯、帮助犯）的客观危害行为时，必须依附于正犯行为（通常是实行行为），共犯不可独立于正犯行为单独成立
- 各共犯人罪名的认定：正犯的实行行为+共犯的故意=共犯罪名
- 教唆犯：（1）教唆行为，制造他人实施故意危害行为（实行行为）的犯意。被教唆者在被教唆之前无犯意，犯意由教唆者造成，即为教唆行为；（2）教唆故意，需教唆者对危害结果有故意，明知实行者会产生实行犯意实行，认为教唆者对危害结果有故意；（3）教唆对象：正犯，要求具有基本的规范认知能力、具有身份、符合该罪分则规定。如果被教唆者不具有基本的认知能力、不具有身份，没有独立的意识，受到教唆者的支配，则教唆者不成立教唆犯，成立间接正犯
- 帮助犯：（1）帮助行为：对正犯行为有促进作用；（2）帮助故意，可以是片面故意，也可以双向意思联络；（3）中立帮助行为的定性：①紧迫性地促进实行，可成立帮助犯；②不能紧迫性地促进实行，不成立帮助犯

共同犯罪人的作用分类法

- ☆主犯
  - 主犯指在共同犯罪中起主要作用的人。在共同犯罪中对共同犯罪的形成、实施与完成起决定或重要作用
  - （1）犯罪集团中的首要分子（组织、领导者），其按集团所犯的全部罪行进行处罚；（2）其他在共同犯罪中起主要作用的人，包括：一些可成立共同犯罪的聚众犯罪中的首要分子；其他在共同犯罪中起主要作用的犯罪分子，按其组织、指挥、参加的全部犯罪处罚
  - 首要分子与主犯的关系：犯罪集团中的首要分子必然是主犯，但犯罪集团中的主犯不一定仅是首要分子。可构成共同犯罪的聚众犯罪中的首要分子是主犯，但不构成共同犯罪的聚众犯罪中的首要分子（当只有一人构成犯罪时），不存在主犯从犯之分，其中的首要分子当然无所谓主犯
- 从犯
  - 在共同犯罪中起次要或者辅助作用的是从犯
  - 对于从犯，应当从轻、减轻或者免除处罚
- 胁从犯
  - 指被胁迫参加犯罪、起次要作用的人，即在他人威胁下不完全自愿地参加共同犯罪、并且在共同犯罪中起较小作用（从犯作用）的人。被胁从的行为人身体未完全受强制、未完全丧失意志自由

第九章 单位犯罪

- 单位犯罪
  - ☆成立单位犯罪的条件
    - 单位犯罪是指公司、企业、事业单位、机关、团体为单位谋取非法利益或者以单位名义，经单位集体研究决定或者由负责人决定，故意或者过失实施的，依照刑法应当由单位承担刑事责任的犯罪
    - 主体是单位：合格的单位，即刑法规定的公司、企业、事业单位、机关、团体、分支机构以及具有独立经济核算权的单位内部机构等单位
    - 单位行为：以单位名义实施，为单位谋取利益
    - 单位意志：单位按决策程序集体决定或负责人决定
    - 法定：刑法明文规定可由单位主体实施的犯罪，才成立单位犯罪
    - ☆不属单位犯罪而属于自然人犯罪的四种情况：（1）无法人资格的独资、私营公司、企业，实施的犯罪认定为自然人犯罪；（2）盗用单位名义实施犯罪，利益归个人私分，实施的犯罪认定为自然人犯罪；（3）个人为进行违法犯罪活动而设立的公司、企业、事业单位，实施的犯罪认定为自然人犯罪；（4）公司、企业、事业单位设立以后，以实施犯罪为主要活动的，实施的犯罪认定为自然人犯罪
    - ☆单位实施不能由单位构成的罪名，对组织、策划、实施者定自然人犯罪
  - 罪过形式
    - 既有故意犯罪也有过失犯罪。刑法规定有故意的单位犯罪，如私分国有资产罪；过失的单位犯罪，如工程重大安全事故罪
  - 处罚
    - 单位犯罪的，对单位判处罚金，并对其直接负责的主管人员和其他直接责任人员判处刑罚。对于单位犯罪，原则上采双罚制。也有例外采取单罚制的情况，即刑法规定只处罚直接责任人员，而不处罚单位

第十章 罪数规则

- 罪数
  - 概念
    - 罪数是指一人宣判之罪的数目
    - ☆（1）先看刑法分则对该情形有无规定罪数规则，如有规定直接按规定；（2）如无分则明文规定，再看其是否符合刑法总论五种罪数形态；（3）如无明文规定，也不符合刑法总论中任何一种罪数形态，这才宣判为数罪
  - 法定的一罪（分则罪数）
    - ☆法条竞合：指因刑法分则规定两罪名构成要件之间存在交叠（交叉或包容），而导致当一个行为触犯了数个存在竞合关系的罪名时，刑法规定只能适用其中一个罪名法条（且已规定好选择罪名规则）的情形
    - ☆结果加重犯：指刑法分则规定一个犯罪行为（基本犯罪），由于发生了严重结果而加重其法定刑的情况，即虽触犯数罪，但分则规定以一罪（加重犯）论处。对结果加重犯只以一罪论处，根据该罪加重法定刑量刑。结果加重犯以刑法分则明文规定为限，没有明文规定不认为是结果加重犯，可能是想象竞合犯、数罪
    - 结合犯：指数个原本独立的犯罪行为，根据刑法分则的明文规定，结合成为另一项独立的新罪的情况，即A罪+B罪=C罪。我国刑法没有规定典型的结合犯
  - 处断的一罪（刑法总论中的罪数规则）
    - ☆想象竞合犯：一个行为、造成数结果、触犯数罪名（罪名之间构成要件不重叠）。处理规则：择一重罪处断
    - 连续犯：指基于同一的或者概括的犯罪故意，连续实施性质相同的数个行为，触犯同一罪名的犯罪。处断规则：对连续犯以一罪论处，数额累计计算；对于连续犯的追诉期限应从犯罪行为终了之日起计算
    - 牵连犯：指行为人实施了数个不同性质的行为（实行行为），分别触犯不同罪名，但数行为之间具有牵连关系，即犯罪的手段行为与目的行为。处理规则：对牵连犯应一般从一重罪处断，如果两罪名法定刑相同，通常按目的行为定罪，有特别规定时按照规定处理
    - 吸收犯：指行为人实施了数个不同性质的行为，分别触犯不同罪名，但数行为之间具有吸收关系，即一行为是另一行为的必经阶段、必然后果。处理规则：对吸收犯应按一罪（通常是重罪或目的行为）处断
    - ☆事后不可罚：指在状态犯的场合，利用之前犯罪行为导致的状态或结果的事后行为，如果孤立地看，符合其他犯罪的犯罪构成，具有可罚性；但由于已被之前犯罪行为或状态犯所包括评价，故对其实施的事后行为，没有必要另认定为其他犯罪单独予以处罚。事后不可罚的本质：禁止重复评价。同一对象，同一类法益，前行为已作评价

第十一章 刑罚体系

主刑（一）

- **概述**
  - 主刑是指只能独立适用的主要刑罚方法。一个犯罪只能独立适用一个主刑，不能适用数个主刑。主刑包括管制、拘役、有期徒刑、无期徒刑、死刑
- **管制**
  - 管制是对罪犯不予关押，但限制其一定自由，由社区矫正机关进行社区矫正的刑罚方法
  - 限制自由的内容：（1）遵守法律、行政法规、服从监督；（2）未经执行机关批准，不得行使言论、出版、集会、结社、游行、示威自由的权利；（3）按照执行机关规定报告自己的活动情况；（4）遵守执行机关关于会客的规定；（5）离开所居住的市、县或者迁居，应当报经执行机关批准
  - 对于被判处管制的犯罪分子，在劳动中应当同工同酬
  - 管制的执行方式：社区矫正
  - 管制的期限为3个月以上2年以下，数罪并罚时不得超过3年。管制的刑期从判决执行之日起计算，判决执行前先行羁押的，羁押1日折抵刑期2日
  - ☆判处管制，可以根据犯罪情况，同时决定禁止令
    禁止令使用对象：两种人，即被判处管制，被宣告缓刑
    禁止令内容：禁止从事特定活动；禁止进入特定区域、场所；禁止接触特定的人。禁止令不能禁止人的基本生活需要，禁止令的内容不能涉及被科处者的日常基本条件
- **拘役**
  - 拘役是短期剥夺犯罪人自由，就近实行劳动的刑罚方法
  - 在执行期间，受刑人每月可以回家一天至两天；参加劳动的，可以酌量发给报酬
  - 由公安机关在就近的拘役所、看守所或者其他监管场所执行
  - 拘役的期限为1个月以上6个月以下，数罪并罚时不得超过1年。拘役的刑期从判决执行之日起计算，判决执行以前先行羁押的，羁押1日折抵刑期1日

主刑（二）

有期徒刑

- 有期徒刑是剥夺犯罪人一定期限的自由，实行强制劳动改造的刑罚方法
- 被判处有期徒刑的人凡有劳动能力的，都应当参加劳动，接受教育和改造
- ☆有期徒刑的期限为6个月以上15年以下，数罪并罚时总和刑期不满35年的，最高不得超过20年，总和刑期超过35年的，最高不能超过25年

无期徒刑

- 无期徒刑是剥夺犯罪人终身自由，实行强迫劳动改造的刑罚方法
- 被判处无期徒刑的犯罪分子，在监狱或者其他执行场所执行；凡具有劳动能力的，应当参加劳动，接受教育和改造
- 对于被判处无期徒刑的犯罪分子，应当附加剥夺政治权利终身

☆死刑

- 死刑是剥夺犯罪人生命的刑罚方法，包括死刑立即执行与死刑缓期二年执行
- ☆死刑适用条件：（1）积极条件：死刑只适用于罪行极其严重的犯罪分子；（2）消极对象：三种人不能适用死刑，犯罪的时候不满18周岁的人；审判的时候怀孕的妇女；审判的时候已满75周岁的人，不适用死刑，但以特别残忍手段致人死亡的除外
- 死刑缓期执行：对于应当判处死刑的犯罪分子，如果不是必须立即执行的，可以判处死刑同时宣告缓期二年执行
- 死缓变更：（1）死刑缓期执行期间，如果没有故意犯罪，2年期满后，减为无期徒刑；（2）死刑缓期执行期间，如果有重大立功表现，2年期满后，减为25年有期徒刑；（3）死刑缓期执行期间，如果故意犯罪，情节恶劣的，报最高院核准执行死刑；情节不恶劣的，死缓期重新计算，并报最高院备案
- ☆死缓的限制减刑制度：（1）被判处死刑缓刑执行的累犯；（2）因故意杀人、强奸、抢劫、绑架、放火、爆炸、投放危险物质（7种暴力犯罪）；（3）有组织的暴力性犯罪被判处死刑缓期执行的犯罪分子
- ☆贪污、受贿数额特别巨大，并使国家和人民利益遭受特别重大损失的，被判处死刑缓期执行的，人民法院根据犯罪情节等情况可以同时决定在其死刑缓期执行二年期满依法减为无期徒刑后，终身监禁，不得减刑、假释
- 死刑缓期执行的期间，从判决确定之日起计算

附加刑

- 概念
  - 附加刑是指补充主刑适用的刑罚方法。既可以附加主刑适用，也可以独立适用。我国有罚金、剥夺政治权利、没收财产、驱逐出境四种附加刑，职业禁止令增设的非刑罚处罚措施，可视为一种“准附加刑”
- ☆剥夺政治权利
  - 剥夺政治权利适用对象：（1）应当附加剥夺政治权利：危害国家安全的犯罪分子；被判处死刑、无期徒刑的犯罪分子，应当附加剥夺政治权利终身；（2）可以附加剥夺政治权利：故意杀人、强奸、放火、爆炸、投毒（投放危险物质）、抢劫等严重破坏社会秩序的犯罪分子，可以附加剥夺政治权利；（3）刑法分则主要对危害国家安全罪，侵犯公民人身权利、民主权利罪，妨害社会管理秩序罪，危害国防利益罪等犯罪规定了可以选择判处剥夺政治权利
- ☆罚金
  - 缴纳：一次或者分期缴纳，期满不缴纳的，强制缴纳。对于不能全部缴纳罚金的，人民法院一旦发现被执行人有可以执行的财产时，即应随时追缴。由于遭遇不能抗拒的灾祸等原因缴纳确实有困难的，经人民法院决定，可以延期缴纳、酌情减少或者免除。执行机关：人民法院
- ☆没收财产
  - 没收财产是指没收犯罪分子个人所有的合法财产的一部或者全部。没收全部财产的，应当对犯罪分子个人及其抚养的家属保留必要的生活费用
- 驱逐出境

第十二章 刑罚的裁量

☆ 累犯

- **概念**
  - 累犯是指被判处一定刑罚的犯罪人，在刑罚执行完毕或者赦免以后，在法定期限内又犯一定之罪的情况。累犯是法定从重情节之一。应当从重处罚，不适用缓刑，不得假释；判处死缓的累犯，可决定限制减刑
- **一般累犯**
  - 前罪与后罪都必须是故意犯罪，前后两次犯罪中任何一次系过失犯罪，就不成立累犯
  - 前罪被判处有期徒刑以上刑罚，后罪应当判处有期徒刑以上刑罚
  - 后罪发生的时间，必须在前罪所判处的刑罚执行完毕或者赦免以后的5年以内
  - 不满18周岁的人犯罪，不构成一般累犯
- **特别累犯**
  - 前罪和后罪是危害国家安全犯罪、恐怖活动犯罪、黑社会性质的组织犯罪这三类犯罪。前后罪系三类犯罪，并不要求前后罪系同类犯罪，或同种犯罪
  - 在刑罚执行完毕或者赦免以后再犯罪。要求判处过刑罚，任何刑罚均可，但前罪免于刑罚处罚的，不成立特别累犯
  - 前罪与后罪的相隔时间，不影响特别累犯的成立

☆ 自首

- **一般自首**
  - 犯罪以后自动投案，如实供述自己的罪行的，是自首。对于自首的犯罪分子，可以从轻或者减轻。犯罪较轻的，可以免除处罚
- **构成**
  - 犯罪以后自动投案。（1）投案对象不限，但需将自己置于司法机关的控制之下。犯罪嫌疑人向所在单位、城乡基层组织或者其他有关负责人员投案，愿意接受司法机关控制的，视为自动投案；（2）投案方式不限
  - 如实供述自己的罪行。只需供述事实，对法律性质可辩解。犯罪人自动投案如实供述自己的罪行后，被告人对行为性质的辩解不影响自首的成立
- **特别自首**
  - 被采取强制措施的犯罪嫌疑人、被告人和正在服刑的罪犯，如实供述司法机关还未掌握的本人其他罪行的，以自首论

立功

概念

犯罪分子有揭发他人犯罪行为，查证属实的，或者提供重要线索，从而得以侦破其他案件等立功表现的，可以从轻或者减轻处罚；有重大立功表现的，可以减轻或者免除处罚

☆立功的表现

（1）阻止他人实施犯罪活动；（2）揭发他人犯罪：犯罪分子到案后检举、揭发他人犯罪行为，包括共同犯罪案件中的犯罪分子揭发同案犯共同犯罪以外的其他犯罪，经查证属实的；（3）提供破案线索：提供侦破其他案件的重要线索，经查证属实的；（4）协助抓捕犯罪人：协助司法机关抓捕其他犯罪嫌疑人（包括同案犯）；（5）在生产、科研中进行技术革新，成绩突出；（6）在抗御自然灾害或者排除重大事故中，表现积极；（7）利国利民突出表现：对国家和社会有其他较大贡献

重大立功

一般是指犯罪嫌疑人、被告人可能被判处无期徒刑以上刑罚或者案件在本省、自治区、直辖市或者全国范围内有较大影响等情形

数罪并罚

情形

- 数罪中有判处有期徒刑和拘役的，执行有期徒刑。数罪中有判处有期徒刑和管制，或者拘役和管制的，有期徒刑、拘役执行完毕后，管制仍须执行。数罪中有判处附加刑的，附加刑仍须执行，其中附加刑种类相同的，合并执行，种类不同的，分别执行
- ☆漏罪并罚：先并后减。判决宣告以后，刑罚执行完毕以前，发现被判刑的犯罪分子在判决宣告以前还有其他罪没有判决的，应当对新发现的罪作出判决，把前后两个判决所判处的刑罚，依照69条的规定，决定执行的刑罚。已经执行的刑期，应当计算在新判决决定的刑期以内，即：A并L–n，结果为继续执行的刑期
- ☆新罪并罚：先减后并。判决宣告以后，刑罚执行完毕以前，被判刑的犯罪分子又犯罪的，应当对新犯的罪作出判决，把前罪没有执行的刑罚和后罪所判处的刑罚，依照69条的规定，决定执行的刑罚，即：（A–n）并X，结果为继续执行的刑期
- A（已审罪），L（漏罪），X（新罪），n（已执行刑）

第十三章 刑罚执行

- 缓刑
  - ☆适用条件
    - 对象人：被判处拘役、3年以下有期徒刑的犯罪人，指宣告刑
    - 实质条件：（1）犯罪情节较轻；（2）有悔罪表现；（3）没有再犯罪的危险；（4）宣告缓刑对所居住社区没有重大不良影响
    - 不适用缓刑：累犯、犯罪集团的首要分子
    - 应当宣告缓刑：（1）不满18周岁的人；（2）怀孕的妇女；（3）已满75周岁的人

- 减刑
  - ☆适用条件
    - 对象：被判处管制、拘役、有期徒刑、无期徒刑
    - 实质条件：（1）可以减刑：认真遵守监规，接受教育改造，确有悔改表现；（2）可以减刑：有一般立功表现；（3）应当减刑：有重大立功表现
  - 减刑后的刑期起算时间
    - 对于原判刑罚为管制、拘役、有期徒刑的，减刑后的刑期应从原判决执行之日起计算
    - 对于无期徒刑减为有期徒刑（以及死缓减为无期，无期再减为有期的），有期徒刑的刑期从裁定减刑之日起计算
  - ☆减刑的限度
    - 判处管制、拘役、有期徒刑的，数次减刑以后实际执行的刑期，不得少于原判刑期的1/2
    - 判处无期徒刑的，数次减刑以后实际执行的刑期，不得少于13年
    - 一般死缓犯：不得少于15年；限制减刑的死缓犯：缓期执行期满后依法减为25年有期徒刑的，不能少于20年；缓期执行期满后依法减为无期徒刑的，不能少于25年

假释

☆适用条件

- 对象：被判处有期徒刑、无期徒刑的犯罪人
- 执行刑期条件：（1）有期徒刑执行原判刑期1/2以上；（2）无期徒刑实际执行13年以上；（3）被判处死刑缓期执行的罪犯减为无期徒刑或者有期徒刑以后，实际执行15年以上，方可假释，该实际执行时间应当从死刑缓期执行期满之日起计算；（4）如果有特殊情况，经最高人民法院核准，可以不受上述执行刑期的限制
- 实质条件：认真遵守监规，接受教育改造，确有悔改表现，没有再犯罪危险
- 消极条件，即不得假释的犯罪人：（1）累犯；（2）因故意杀人、强奸、抢劫、绑架、放火、爆炸、投放危险物质（7种暴力犯），单罪被判处10年以上有期徒刑、无期徒刑、死刑缓期2年执行；（3）有组织的暴力性犯罪被判处的犯罪分子，单罪被判处10年以上有期徒刑、无期徒刑、死刑缓期2年执行，这里的暴力性犯罪没有限定为7种暴力犯

第十四章　刑罚消灭

追诉时效

- ☆追诉时效的期限
  - （1）追诉时效期限以法定最高刑为标准，不是以实际应当判处的刑法为标准；（2）不满5年，经过5年。法定最高刑为5年的，经过10年；（3）不满10年，经过10年。法定最高刑为10年的，经过15年；（4）10年以上，经过15年。即使法定最高刑为15年的，也经过15年；（5）无期、死刑，经过20年，仍想追诉，须报请最高人民检察院核准；（6）追诉时效的起算：犯罪成立之日，连续犯或继续犯，从犯罪行为终了之日起计算
- 不受追诉期限限制的情形
  - 在追诉时效的进行期间，因为发生法律规定的事由，而使案件无论经过多长时间均可追诉
  - 在人民检察院、公安机关、国家安全机关立案侦查或者在人民法院受理案件以后，逃避侦查或者审判的，不受追诉期限的限制。被告人在追诉期限内提出控告，人民法院、人民检察院、公安机关应当立案而不予立案的，不受追诉期限的限制
- ☆追诉时效的中断
  - 在追诉期限以内又犯罪的，前罪的追诉时效便中断，其追诉时效从后罪成立之日起重新计算

第二部分 刑法分则

第一章 危害国家安全罪

- 危害国家安全罪
  - 间谍罪
    - 指参加间谍组织或者接受间谍组织及其代理人的任务或者为敌人指示轰击目标，危害国家安全的行为
    - 行为：三种间谍行为。（1）参加间谍组织，须明知是外国或境外势力建立的间谍组织而参加；（2）接受间谍组织及其代理人的任务，须明知是间谍组织或间谍组织代理人的任务而接受；（3）为敌人指示轰击目标，须明知对方是敌人
    - ☆注意：行为人不明知对方是间谍组织、间谍组织代理人、敌人，无法构成间谍罪，但可能构成其他涉密犯罪
  - 为境外窃取、刺探、收买、非法提供国家秘密、情报罪
    - 指明知是境外的机构、组织、人员而为其窃取、刺探、收买、非法提供国家秘密、情报的行为
    - 对象人：境外的组织、机构、人员；行为对象：国家秘密、情报
  - 资助危害国家安全犯罪活动罪
    - 资助的对象行为：背叛国家，分裂国家，煽动分裂国家，武装叛乱、暴乱，颠覆国家政权，煽动颠覆国家政权
    - ☆注意：资助其他危害国家安全活动的，如资助间谍罪、叛逃罪等，视情况不同构成这些犯罪的共同犯罪，或窝藏、包庇罪等
  - 叛逃罪
    - ☆两种主体、两类行为：（1）国家机关工作人员，在履行公务期间，擅离岗位，叛逃境外或在境外叛逃的；（2）掌握国家秘密的国家工作人员，叛逃境外或在境外叛逃
    - 叛逃后另外实施其他危害国家安全行为，应当数罪并罚

第二章　危害公共安全罪

危害公共安全罪（一）

- **☆以危险方法危害公共安全罪**
  - “危险方法”：应当与放火、决水、爆炸、投放危险物质的方法性质相当，亦即，一次行为能够导致大规模人员死伤的手段方法
  - 常见表现形式：在繁华地段驾车任意冲撞撞死多人，在公共场所私设电网，故意破坏矿井通风设备，故意采集、输送坏血，在人多车多的道路上故意制造交通事故等
- **破坏交通工具罪**
  - 对象：正在使用的交通工具（火车、汽车、电车、船只、航空器5种）
  - 既遂结果（具体危险犯）：足以造成交通工具倾覆、毁坏的危险。实害犯：造成严重后果，是危险犯（基本犯）的结果加重犯
- **破坏电力设备罪**
  - 对象：正在使用中的电力设备
  - 盗窃电力设备数额较大，没有危害公共电力安全的，构成盗窃罪；数额较大，同时危害公共电力安全的，按盗窃罪、破坏电力设备罪想象竞合择一重罪处断
- **盗窃、抢夺枪支、弹药、爆炸物、危险物质罪；抢劫枪支、弹药、爆炸物、危险物质罪；非法持有、私藏枪支、弹药罪**
  - 枪支：《枪支管理法》中的枪支，即真枪，无需有弹药。发射金属弹丸的钢珠枪，也属枪支
  - 罪过形式：故意。行为人必须明知对象是枪支
  - 非法持枪，它罪吸收
- **非法出租、出借枪支罪；丢失枪支不报罪**
  - ☆主体：非法出租、出借枪支罪的主体是依法配备公务用枪的人员和依法配置枪支的人员，包括自然人和单位；丢失枪支不报罪主体是依法配备公务用枪的人员，仅包括自然人
  - 罪过形式：故意。但不要求行为人对枪支被不法分子利用的“严重后果”有故意

危害公共安全罪（二）

- ☆交通肇事罪
  - 主体：一般主体。乘客、行人也可构成；具有监督职责者也可构成
  - 单位主管人员、机动车辆所有人、承包人、乘车人指使肇事人逃逸，构成“因逃逸致人死亡”的，指使人才能构成交通肇事罪的“共犯”
- 危险驾驶罪
  - 对象：正在使用的交通工具（火车、汽车、电车、船只、航空器5种）
  - 四种危险驾驶行为：（1）追逐竞驶（飙车），情节恶劣；（2）醉酒驾驶机动车；（3）从事校车业务、旅客运输，严重超载、超速；（4）违规运输危险化学品危及公共安全。注意：前三项行为系抽象危险犯，第四项行为为具体危险犯
  - ☆有危险驾驶行为，同时构成其他犯罪的，依照处罚较重的规定定罪处罚
- 重大责任事故罪
  - 主体：生产、作业人员
  - 罪过形式：过失（对结果），因此需要实害结果
  - 符合其他特别条款的，应当以特别法论处
- 不报、谎报安全事故罪
  - 主体身份：负有报告职责的人员
  - 时间：必须发生在安全事故之后，但不要求发生在安全事故完全结束之后
  - 为情节犯，非结果犯

危害公共安全罪（三）

放火罪

- 故意放火焚烧公私财物，危害公共安全的行为
- 侵犯的客体是公共安全，即不特定多数人的生命、健康或重大公私财产的安全

爆炸罪

- 故意用爆炸的方法，危害公共安全的行为
- 既遂结果：只需具有足以造成爆炸的具体危险，即可构成危险犯（基本犯）的既遂，实害犯是危险犯（基本犯）的结果加重犯

投放危险物质罪

- 故意投放毒害性、放射性、传染病病原体等物质，危害公共安全的行为
- 违反国家规定，排放、倾倒、处置含有毒害性、放射性、传染病病原体等物质的污染物，同时构成污染环境罪、投放危险物质罪的，是想象竞合，择一重罪处断

破坏易燃易爆设备罪

- 故意破坏正在使用中的燃气或者其他易燃易爆设备，危害公共安全的行为
- 在实施盗窃油气等行为过程中，采用切割、打孔、撬砸、拆卸、开关等手段，破坏正在使用中的油气设备，危害公共安全的，触犯本罪，如盗窃数额较大，也触犯盗窃罪，按想象竞合择一重罪处断

危害公共安全罪（四）

- **组织、领导、参加恐怖组织罪**
  - 组织、领导者，积极参加者，一般参加者均处罚
  - 实施组织、领导、参加行为之一的，便成立本罪；行为完成，即为既遂。事实上是否开始实施恐怖活动，不影响本罪的成立
  - 犯本罪并实施杀人、爆炸、绑架等犯罪的，依照数罪并罚的规定处罚
- **帮助恐怖活动罪**
  - 行为主体：自然人、单位
  - 帮助恐怖活动行为：（1）资助组织或个人；（2）资助恐怖活动培训；（3）招募、运送人员
- **准备实施恐怖活动罪**
  - 本罪是“预备行为实行化”的典型
  - 犯本罪，同时触犯其他犯罪的，择一重罪处断
- **劫持航空器罪**
  - 对象：航空器。包括飞机、飞艇、热气球等
  - 劫持：对人暴力以控制航空器。包括：（1）劫夺航空器，犯罪人直接驾驶或者操作航空器；（2）强迫航空器驾驶、操作人员按照自己的意志驾驶、操作
  - 犯本罪，致人重伤、死亡或者使航空器遭受严重破坏的，处死刑
- **劫持船只、汽车罪**
  - 指以暴力、胁迫或者其他压制反抗的方法以实力支配控制船只、汽车的行为
  - 注意：在我国没有“劫持火车罪”，对于劫持火车的行为，可认定为以危险方法危害公共安全罪；如损毁其功能，可构成破坏交通工具罪

生产、销售伪劣商品罪

- ☆生产、销售伪劣产品罪
  - 四种行为：掺杂、掺假，以假充真，以次充好，以不合格产品冒充合格产品
  - 数额犯：销售金额5万元以上（构成既遂）。伪劣产品尚未销售，货值金额达到15万元以上的，以生产、销售伪劣产品罪（未遂）定罪处罚
- 假药、劣药犯罪
  - 假药包括四类：（1）药品所含成分与国家药品标准规定的成分不符；（2）以非药品冒充药品或者以他种药品冒充此种药品；（3）变质的药品；（4）药品所标明的适应症或者功能主治超出规定范围。注意：不再将“未取得药品批准证明文件生产、进口药品”列为“假药”
  - 劣药：“劣药是不合格的药”，大体上指药品成分含量不达标、过期药
- 食品犯罪
  - 生产、销售有毒、有害食品罪中的“有毒、有害的非食品原料”包括禁用物质，非法物质，禁用农药、兽药，其他危害人体健康的物质，地沟油
  - 生产、销售不符合安全标准的食品罪中的不符合安全标准的食品是指不符合《食品安全法》规定的安全标准的食品（超标，死肉、未检疫肉，禁止生产的食品，婴幼儿食品不达标）

- **走私罪**
  - 六种走私行为
    - 直接走私
      - 绕关
      - 通关时不如实申报
    - 变相走私
      - 未经海关许可并且未补缴应纳税额，擅自将批准进口的来料加工、来件装配、补偿贸易的原材料、零件、制成品、设备等保税货物，在境内销售牟利的
      - 未经海关许可并且未补缴应纳税额，擅自将特定减税、免税进口的货物、物品，在境内销售牟利的
    - 间接走私（准走私）
      - 直接向走私人非法收购国家禁止进口物品的，或者直接向走私人非法收购走私进口的其他货物、物品
      - 在内海、领海、界河、界湖运输、收购、贩卖国家禁止进出口物品的，或者运输、收购、贩卖国家限制进出口货物、物品，数额较大，没有合法证明的
  - 走私普通货物、物品罪
    - 违反海关法规，逃避海关监管，运输、携带、邮寄普通货物、物品进出国（边）境，偷逃应缴关税税额较大（10万元以上）的行为
    - 对象
      - 普通货物、物品
      - 走私进口国家允许进口的黄金、文物进境，偷逃关税的
      - 走私进口废物问题。（1）经批准后进口废物进境，偷逃关税的，构成走私普通货物、物品罪；（2）经批准但超量进口，或者未经批准，且偷逃关税的，两罪择一重罪处断
- **妨害对公司、企业的管理秩序罪**
  - ☆非国家工作人员受贿罪；对非国家工作人员行贿罪
    - 身份犯：非国家工作人员。包括：（1）常设组织中的工作人员（不从事公务，但有职务便利）；（2）非国有的、非常设性组织中，有职务的工作人员（不从事公务，但有职务便利）
    - 注意：非国家工作人员受贿罪，收受型、索贿型：客观上均需要承诺为请托人谋取利益，无论利益是否正当；对非国家工作人员行贿罪需要行为人主观上具有谋取不正当利益的目的
  - 为亲友非法牟利罪
    - 与贪污罪的关系：本罪与贪污罪均是利用职权化公为私、损公肥私。（1）本罪是将利益转给亲友，贪污罪是将利益转归本人；（2）本罪的手法是通过实际经营活动而将利润转给亲友，贪污罪的典型情况是“白拿”；（3）对于没有实际经营活动只是借经营为名，套取国有单位已经相对确定可获取的预期利润的行为，应当认定为贪污罪；（4）事实上，为亲友非法牟利罪就是贪污罪的特别法

破坏金融管理秩序罪

- 假币罪：伪造货币罪；变造货币罪；出售、购买、运输假币罪；持有、使用假币罪
  - 假币：（1）正在流通；（2）币种：人民币、境外（港澳台）币、外国货币；（3）存在对应的真币
  - 区分：（1）伪造：全部做假；（2）变造：部分有真，需部分保留原合法货币符号
- 洗钱罪
  - 7种上游犯罪：毒品犯罪、黑社会性质的组织犯罪、恐怖活动犯罪、走私犯罪、贪污贿赂犯罪、破坏金融管理秩序犯罪、金融诈骗犯罪

金融诈骗罪

- ☆信用卡诈骗罪
  - 4种信用卡诈骗行为形式：（1）使用伪造的信用卡，或者使用以虚假的身份证明骗领的信用卡；（2）使用作废的信用卡；（3）冒用他人信用卡；（4）恶意透支：持卡人以非法占有为目的，超过规定限额或者规定期限透支，经发卡银行两次“有效催收”后超过三个月仍不归还
  - 盗窃、抢劫真的、有效的实体信用卡并使用，定盗窃罪、抢劫罪
- 非法吸收公众存款罪；集资诈骗罪
  - 两罪区分：有无非法占有目的。注意：行为人实施非法吸收公众存款行为，但只对其中部分款项具有非法占有目的，则只对具有非法占有目的的部分款项认定为集资诈骗罪
- 骗取贷款罪（高利转贷罪）；贷款诈骗罪
  - 区分：无非法占有目的，但情节严重：骗取贷款罪；无非法占有目的，但骗贷时以转贷牟利为目的：高利转贷罪（是骗取贷款罪的特别法）；有非法占有目的：贷款诈骗罪
  - 主体：（1）骗取贷款罪及高利转贷罪的主体为自然人、单位；（2）贷款诈骗罪只能由自然人构成

逃税罪

- 主体
  - 纳税人和扣缴义务人
- ☆责任阻却事由
  - 纳税人有逃税行为，经税务机关依法下达追缴通知后，补缴应纳税款，缴纳滞纳金，已受行政处罚的不予追究刑事责任；但是，五年内因逃避缴纳税款受过刑事处罚或者被税务机关给予二次以上行政处罚的除外。注意：扣缴义务人不适用此责任阻却事由

侵犯知识产权罪

侵犯著作权罪

- 本罪保护的法益是他人著作权，故他人需要对作品有著作权（包括复制权、发行权、发表权、署名权）
- 四种行为包括：（1）未经著作权人许可，复制发行其文字作品、音乐、电影、电视、录像作品、计算机软件及其他作品。注意：复制发行包括复制或发行，以及既复制又发行。（2）出版他人享有专有出版权的图书。（3）未经录音录像制作者许可，复制发行其制作的录音录像。（4）制作、出售假冒他人署名的美术作品

假冒注册商标罪

- "相同的商标"包括：（1）与被假冒的注册商标完全相同；（2）与被假冒的注册商标在视觉上基本无差别、足以使公众产生误导的商标

侵犯商业秘密罪

- 商业秘密：指不为公众所知悉，能为权利人带来经济利益，具有实用性并经权利人采取保密措施的技术信息和经营信息
- 直接非法获取者（第一手者）构成本罪；知情非法获取而使用、再披露者（第二手者）也构成本罪
- 行为结果：给权利人造成了重大损失。"重大损失"指商业秘密本身的价值，而不一定是行为人的获利价值

扰乱市场秩序罪

合同诈骗罪

- 合同是指经济合同，即合同的内容是通过市场行为获得利润

☆非法经营罪

- 内容：非法经营有四类，包括专营买卖、证照批文、证券期货保险结算、其他，其中"其他"有明文规定，包括金融、传媒、食品药品、博彩
- 注意：未经批准、营利目的、经常性、不特定对象非法发放高利贷，构成非法经营罪

强迫交易罪

- 强迫交易致人轻伤的，仍按强迫交易罪论处；强迫交易罪致人重伤、死亡的，认定为故意伤害罪、故意杀人罪
- 与抢劫罪的区分：交易是否真实、价金是否悬殊

第四章　侵犯公民人身权利、民主权利罪

故意杀人罪

- 不作为故意杀人
  - 客观上符合总论关于不作为犯的成立条件，还要求不作为与作为行为有等价性
  - 行为人对死亡结果的主观心态为故意
- 引起他人自杀的问题
  - 教唆、帮助有认知能力、有意志自由的他人自杀，不能构成犯罪。只有教唆者、帮助者系间接正犯（对自杀者有支配关系）的情况下，才能成立故意杀人罪（间接正犯）

组织出卖人体器官罪

- 含义
  - 组织：组织多人、组织流程
  - 他人：活人（18周岁以上、有处分能力）自愿
  - 出卖：换钱，无需营利
  - ☆人体器官：包括具有特定功能的心脏、肺脏、肝脏、肾脏或者胰腺等器官的全部或者部分。血液、骨髓、脂肪、细胞不是器官
- 与它罪区分
  - 未经同意摘取活人器官，构成故意伤害罪、故意杀人罪
  - 违背意愿摘取死人器官，构成盗窃、侮辱、故意毁坏尸体罪
  - 非法贩卖已经摘取下来的人体器官，构成非法经营罪

性犯罪

- **强奸罪**
  - 主体身份：“奸”的实行者为男性；“强”的实行者可以是女性；妇女可以成为强奸罪的教唆犯、帮助犯；共同正犯、间接正犯
  - 强奸幼女型的强奸罪，要求行为人主观上明知对象是不满14周岁的幼女
  - ☆加重犯：（1）（过失）致使被害人重伤、死亡，或者造成其他严重后果的；（2）二人以上轮奸的；（3）在公共场所当众强奸妇女的
- **强制猥亵、侮辱罪**
  - 对象：妇女、男子（已满14周岁）
  - 罪名的成立不需要行为人出于刺激或者满足性欲的内心倾向（动机）
  - 注意：强制猥亵他人、侮辱妇女侵害他人涉及性尊严的身体权，同时通过该行为贬损他人名誉的，同时触犯强制猥亵、侮辱罪与侮辱罪，系想象竞合，应当择一重罪处断

侵犯人身自由的犯罪

- **非法拘禁罪**
  - 为索取债务非法扣押、拘禁他人的，依照非法拘禁罪定罪处罚，既包括为了索取合法债务，也包括为了索取高利贷、赌债等法律不予保护的债务
  - 犯非法拘禁罪而（过失）致人重伤或者致人死亡的，是非法拘禁罪的结果加重犯；非法拘禁使用暴力（故意）致人伤残、死亡的，以故意伤害罪、故意杀人罪论处
- **☆绑架罪**
  - 绑架罪是单行为犯（拘禁、杀害、偷盗婴幼儿），勒赎（欲图向第三人要钱）只是主观目的；控制人身（包括杀死），即为既遂
  - 共同拘禁，一人勒赎目的（构成绑架罪），一人劫财（构成抢劫罪），一人索债目的（构成非法拘禁罪），可在非法拘禁的范围内成立共同犯罪。对共同拘禁行为导致的结果负责

拐卖妇女、儿童罪

- **实行行为**
  - 拐骗、绑架、收买、贩卖、接送、中转
- **对象**
  - 妇女（已满14周岁的女性）、儿童（不满14周岁的女童、男童）
  - 注意：以盈利为目的出卖（“贩卖”）亲生子女，或者捡拾的婴幼儿，也认定为拐卖儿童罪

- **侵犯人格尊严犯罪**
  - 诬告陷害罪
    - 实行行为是告发，告发内容是虚假犯罪（事实）；告发完成即既遂，过失错告不为罪
    - 区分：诽谤罪行为是散布，虚假事实不限犯罪事实；诬告行为是告发，只能是不法事实
  - 侮辱罪；诽谤罪
    - 侮辱罪中的“公然”，是指采用不特定或者多数人可能知悉的方式对他人进行侮辱；只要求可能知悉，不要求事实上知悉
    - 诽谤罪中诽谤行为的真正实行行为是“散布”，“捏造”并非必要行为，而是散布的内容
  - 刑讯逼供罪
    - 主体：司法工作人员；时空：刑事诉讼中；对象：犯罪嫌疑人、被告人
  - 暴力取证罪
    - 主体：司法工作人员；时空：各种诉讼中；对象：证人（包括被害人）
  - 虐待被监管人罪
    - 主体：监管机构的监管人员；时空：监管时；对象：被监管人（刑事、行政监管）

虐待罪；虐待被监护、看护人罪；遗弃罪

- 虐待罪
  - 主体：家庭成员；对象：共同生活的家庭成员
  - 行为：肉体或精神虐待（长期性、轻伤以下）
- 虐待被监护、看护人罪
  - 主体：负有监护、看护职责的人（包括自然人和单位）；对象：被监护、看护的未成年人、老年人、患病的人、残疾人等
  - 行为：肉体或精神虐待
- 遗弃罪
  - 主体：负有扶养义务的人；对象：年老、年幼、患病或者其他没有独立生活能力的家庭成员，以及其他被扶养人员，如养老院、孤儿院等
  - 行为：不作为：负有扶养义务而拒绝扶养

侵犯公民个人信息罪

- 公民个人信息
  - （1）指以电子或者其他方式记录的能够单独或者与其他信息结合识别特定自然人身份或者反映特定自然人活动情况的各种信息；（2）要求是有效的信息；（3）权利人不愿意公开的信息
- 违反国家有关规定
  - 指违反法律、行政法规、部门规章有关公民个人信息保护的规定
- 行为
  - （1）非法获取；（2）非法提供

过失致人死亡罪

- **概念**：由于过失而引起他人死亡的行为。行为人实施了致人死亡的行为，并且已经造成死亡结果
- **罪过**：过失。行为人对自己的行为造成他人的死亡结果具有预见义务和预见可能性，或者已经预见而轻信能够避免。如果没有预见义务和预见可能性，则应认定为意外事件，不构成犯罪

故意伤害罪

- **构成特征**
  - 伤害行为：非法损害他人身体健康、致轻伤以上结果（既遂结果）的行为
  - 行为对象：他人身体
  - 结果（既遂的结果）：轻伤（基本犯结果）、重伤（加重结果之一）、伤害致人死亡（加重结果之二）三种情形
  - 罪过形式：伤害故意
  - 责任年龄：年满14周岁的人，对故意伤害致人重伤、死亡承担刑事责任。年满16周岁的人，对故意伤害致人轻伤、重伤、死亡都承担刑事责任
  - 被害人承诺的问题：一般轻伤承诺有效，重伤、致死承诺无效
- **结果加重犯**：故意伤害致人（重伤）死亡

第五章　侵犯财产罪

☆抢劫罪

- 犯罪构成
  - 手段行为：抢（当场、原占有人、人身暴力或威胁）；结果行为：劫（当场强取财物）
  - 已满14周岁不满16周岁的人盗窃、诈骗、抢夺他人财物，为窝藏赃物、抗拒抓捕或者毁灭罪证，当场使用暴力，故意伤害致人重伤或者死亡，或者故意杀人的，应当分别以故意伤害罪或者故意杀人罪定罪处罚
- 转化型抢劫（事后抢劫）
  - 盗窃罪、诈骗罪、抢夺罪+暴力=抢劫罪
  - 包括上述三罪的特别法条，但不包括不针对财物的盗、骗、抢行为
- 加重犯
  - ☆入户抢劫。注意：（1）户：家庭住所；（2）为了违法犯罪而入户（目的）；（3）暴力、威胁等强制行为发生在户内；（4）对在户外为入户抢劫的正犯望风的共犯，也属于入户抢劫
  - ☆在公共交通工具上抢劫。注意：（1）不含小型出租车；（2）交通工具处于运营状态
  - 抢劫银行或者其他金融机构
  - 抢劫（故意、过失）致人重伤、死亡
  - 冒充军警人员抢劫
  - 持枪抢劫。注意：枪，系真枪（可以无子弹）
  - 抢劫军用物资或者抢险、救灾、救济物资

盗窃罪

- 构成特征
  - 盗窃对象：他人占有的财物。包括所有权人偷回被他人合法占有、控制下的本人所有财物
  - 盗窃行为。通常为秘密窃取，但有时也存在“公然盗窃”的行为
- ☆五种盗窃形式
  - 数额较大。以1000元至3000元为起点。有“曾因盗窃受过刑事处罚的”等八种恶劣情节的，“数额较大”的标准折半
  - 多次盗窃。指二年内盗窃三次以上
  - 入户盗窃。非法进入供他人家庭生活、与外界相对隔离的住所盗窃
  - 携带凶器盗窃
  - 扒窃。注意：（1）发生在公共场所；（2）他人随身携带的财物（触手可及）
- 既遂标准
  - （1）小宗物品，行为人将该财物握在手里、放入口袋、藏入怀中、夹在腋下，即为既遂；（2）大宗物品，移出特定控制范围即为既遂，如搬出商店、带出工厂、挪到门外等

诈骗罪

- 构成要件要点
  - 行为人实施欺骗行为：虚构事实、隐瞒真相
  - 被骗人（有处分权限、能力的人）因行为人的欺骗，而产生认识错误
  - ☆被骗人基于认识错误，而处分（转移占有）财物。注意：仅仅只转移“持有”而没有放弃占有、没有使行为人独立占有该财物的意思的，不认为被骗人有处分行为
- 与盗窃罪的区分
  - 有骗不一定构成诈骗罪，被骗人（有处分权限的人）有处分（转移占有的行为和意识）才构成诈骗罪

侵占罪

- 构成特征要点
  - 侵占罪的对象：脱离他人占有、归行为人独立占有、他人所有的财物
  - 侵占行为：非法所有，据为己有
- 与盗窃罪的区分
  - 客观对象上，判断财物是脱离他人占有（归行为人本人独立占有）还是归他人占有，其中，归“他人占有”，为盗窃罪的对象
  - 主观故意上，判断是盗窃故意（认为财物归他人占有）还是侵占故意（认为财物脱离去他人占有）

抢夺罪

- 构成特征要点
  - 本质特征：公然夺取。“公然”是相对于被害人而言，而并不要求“当众”
  - 成罪要素：数额较大，或者多次
- “飞车抢夺”认定为抢劫罪的情形
  - 夺取他人财物时因被害人不放手而强行夺取的
  - 驾驶车辆逼挤、撞击或者强行逼倒他人夺取财物的
  - 明知会致人伤亡仍然强行夺取并放任造成财物持有人轻伤以上后果的
  - 其他符合抢劫罪要件的：（1）携带凶器飞车抢夺；（2）飞车抢夺中，为窝藏赃物、抗拒抓捕、毁灭罪证，而使用暴力或暴力威胁

敲诈勒索罪

- 构成特征要点
  - 敲诈手段需非法（暴力威胁、非暴力要挟）。注意：以揭发犯罪、隐私来要钱的，也是敲诈；存在真实纠纷，要挟内容是合法手段，不构成敲诈勒索
  - 勒索对象是财物
- 与抢劫罪的区分
  - 当场暴力、当场取财，构成抢劫；一个当场，或者都不当场，构成敲诈
  - 非暴力要挟，无论当场，构成敲诈

拒不支付劳动报酬罪

- 构成要件
  - 主体：负有支付劳动报酬义务的自然人或单位
  - 两种不作为行为（不履行支付劳动报酬的义务）：逃避支付；有能力支付而不支付
  - 数额较大
  - 程序前置条件：经政府有关部门责令支付仍不支付

第六章　妨害社会管理秩序罪

扰乱公共秩序罪（一）

- **妨害公务罪**
  - 指以暴力、威胁方法阻碍国家机关工作人员依法执行职务，阻碍人大代表依法执行代表职务，阻碍红十字会工作人员依法履行职责的行为，以及故意阻碍国家安全机关、公安机关依法执行国家安全工作任务，未使用暴力、威胁方法，造成严重后果的行为
- **招摇撞骗罪**
  - 冒充国家机关工作人员的身份
  - 冒充国家工作人员诈骗财物：冒充国家机关工作人员进行诈骗，同时构成诈骗罪（数额较大）和招摇撞骗罪的，依照处罚较重的规定定罪处罚
- **伪造、变造、买卖公文、证件、印章类犯罪**
  - 注意："伪造"出的公文、证件、印章，并不要求一定存在对应的真的公文、证件、印章，只要足以使他人误信为真的公文、证件、印章，侵害公共信用即可
  - 注意：普通机动车号牌不属国家机关证件，但可认为是财物；而军车号牌也不属国家机关证件，而属于武装部队专用标志
- **寻衅滋事罪；聚众斗殴罪**
  - 四种寻衅滋事的行为：（1）随意殴打；（2）追逐、拦截、辱骂、恐吓；（3）强拿硬要或者任意损毁、占用公私财物；（4）在公共场所起哄闹事
  - 聚众斗殴的形式：一方三人以上。注意：致人重伤、死亡的，转化为故意伤害罪、故意杀人罪。能查明重伤、死亡具体由谁造成时，对首要分子以及直接造成重伤、死亡的斗殴者认定为故意伤害罪、故意杀人罪；其他积极参加者认定为聚众斗殴罪
- **信息网络类犯罪**
  - ☆非法侵入计算机信息系统罪。注意：侵入的是国家事务、国防建设、尖端科学技术领域的计算机信息系统
  - 帮助信息网络犯罪活动罪。为信息网络犯罪提供互联网接入等技术支持，或提供广告推广、支付结算等帮助（帮助行为正犯化）

扰乱公共秩序罪（二）

- **虚假信息类犯罪**
  - 为结果犯，需“严重扰乱社会秩序”
- **组织、领导、参加黑社会性质组织罪**
  - 首要分子（组织、领导者）责任：对集团所犯全部罪行处罚，无论是否知情
  - 犯本罪又有其他犯罪行为的，需数罪并罚
- **赌博罪；开设赌场罪**
  - 赌博罪指以营利为目的，聚众赌博或以赌博为业；开设赌场包括网络赌场（赌博网站），注意：设置赌博机是开设赌场，生产赌博机是非法经营
- **传授犯罪方法罪**
  - 对同一犯罪内容既传授又教唆，系想象竞合，应择一重罪处断
  - 对不同人、不同内容分别传授、教唆，则构成教唆的罪与传授犯罪方法罪，数罪并罚
- **考试作弊犯罪**
  - ☆“考试”指“国家规定的考试”，仅限于全国人大及常委会制定的法律所规定的考试

妨害司法罪

妨害证据类犯罪

- ☆伪证罪。刑事诉讼中，主体包括证人、鉴定人、记录人、翻译人
- ☆妨害作证罪。所有诉讼中，针对证人
- ☆帮助毁灭、伪造证据罪。所有诉讼中，针对实体证据
- 虚假诉讼罪。以捏造的事实提起民事诉讼

藏犯人、窝赃类犯罪

- ☆窝藏、包庇罪。第一种行为：窝藏、包庇犯罪的人；第二种行为：特种行业人员为卖淫嫖娼违法犯罪分子通风报信
- ☆掩饰、隐瞒犯罪所得、犯罪所得收益罪。对象：犯罪所得、犯罪所得收益。注意：上游犯罪只需不法（事实），下游罪名可以成立

破坏监管秩序类犯罪

- 脱逃罪。主体身份（身份犯）：依法被关押的罪犯、被告人、犯罪嫌疑人；脱逃：脱离监管、控制

干扰执行、查扣类犯罪

- 拒不执行判决、裁定罪。注意：（1）调解书、仲裁裁决、公证文书本身不属“判决、裁定”，人民法院针对其作出的裁定，才属“判决、裁定”；（2）暴力拒不执行判决、裁定罪，致人轻伤仍定本罪，致人重伤、死亡定伤害、杀人
- 非法处置查封、扣押、冻结的财产罪。对象：已被司法机关查封、扣押、冻结的财产

组织他人偷越国（边）境罪

一罪

- 只定组织他人偷越国（边）境罪一罪，系加重犯：造成被组织人重伤、死亡的（过失致人重伤、死亡罪），剥夺或者限制被组织人人身自由的（非法拘禁罪），以暴力、威胁方法抗拒检查的（妨害公务罪）
- 牵连犯：实施组织他人偷越国（边）境犯罪，同时构成骗取出境证件罪、提供伪造、变造的出入境证件罪、出售出入境证件罪、运送他人偷越国（边）境罪的，依照处罚较重的规定定罪处罚

数罪并罚

- 杀害、伤害、强奸、拐卖

- **妨害文物管理罪**
  - **盗掘古文化遗址、古墓葬罪**
    - 该罪可包括：盗窃（盗窃罪）、盗掘中毁坏（故意毁损文物罪、过失损毁文物罪）。“盗”的意思是未经许可，既遂标准是损害价值（已损害其历史、艺术、科学价值）
  - **倒卖文物罪**
    - 指以牟利为目的，倒卖（出售或者为出售而收购、运输、储存）国家禁止经营的文物，情节严重的行为
  - **故意损毁文物罪；过失损毁文物罪**
    - 对象：（1）国家保护的珍贵文物；（2）被确定为全国重点文物保护单位、省级文物保护单位的文物；（3）具有科学价值的古脊椎化石、古人类化石
  - **抢夺、窃取国有档案罪**
    - 对于抢劫国有档案的行为，可认定为抢夺国有档案罪
- **危害公共卫生罪**
  - **非法行医罪**
    - 构成特征要件
      - 主体身份（身份犯）：未取得医生职业资格的人（是一种消极的身份）
      - 行医行为：（1）从事专业诊疗活动（医疗业务，包括美容手术）；（2）职业犯（专职、兼职均可）
    - 注意
      - 被害人承诺无效，仍构成非法行医罪
      - “行医”行为，指技术性诊疗，一般的帮忙喂药、按摩行为，不属行医，过失致人死亡的，可定为过失致人死亡罪
  - **医疗事故罪**
    - 主体身份（身份犯）：医务人员
    - 注意：取得医生执业资格、未取得《医疗机构执业许可证》，开办医疗机构的，不再构成非法行医罪；过失造成事故的，可涉嫌医疗事故罪
  - **非法组织卖血罪；强迫卖血罪**
    - 非法组织卖血罪客观上是组织行为，被组织者是自愿卖血而非被迫卖血；强迫卖血罪客观上是强迫行为，即以暴力、威胁方法迫使他人卖血的行为

盗伐林木罪；滥伐林木罪

- 构成特征要件
  - 对象：林木，指活的树木、成片（大面积、小面积，成规模）的树林
  - 盗伐林木罪：盗伐行为；滥伐林木罪：滥伐行为
- 责任要素
  - 盗伐林木行为：要求具有非法占有目的
  - 滥伐林木行为：要求不具有非法占有目的
- 注意
  - 盗伐林木罪与盗窃罪的关系：盗伐林木，达到“数量较大”（以2至5立方米或者幼树100至200株为起点），构成盗伐林木罪；未达到“数量较大”，但价值达到数额较大的，构成盗窃罪
  - 盗伐林木，为抗拒抓捕、窝藏赃物、隐匿罪证，当场使用暴力或以暴力相威胁的，可构成转化型抢劫罪

走私、贩卖、运输、制造毒品罪

- 构成特征要件
  - 对象：毒品。注意：无论数量多少，均应当追究刑事责任
  - 行为：走私、贩卖（换钱，无需“赚钱”）、运输、制造。注意：为便于隐蔽运输、销售欺骗购买者，或者为了增重，对毒品掺杂使假，添加或者去除其他非毒品物质，不属于制造毒品的行为

组织、强迫、引诱、容留、介绍卖淫罪

- 卖淫概念
  - 卖淫既包括异性之间的性交易，也包括同性之间的性交易。☆卖淫者既包括女性，也包括男性
  - 性行为内容一般为性交，也包括类似性交行为
  - 卖淫是与不特定的人发生性关系
  - 卖淫要求以营利为目的
- 罪数
  - 组织卖淫中强迫、引诱、容留、介绍卖淫。（1）在组织他人卖淫的活动中，对被组织者实施强迫、引诱、容留、介绍行为的，择一重罪处断；（2）对被组织卖淫的人以外的其他人有引诱、容留、介绍卖淫行为的，应当分别定罪，实行数罪并罚
  - 数罪并罚。（1）组织卖淫罪、强迫卖淫罪中有杀害、伤害、强奸、绑架等犯罪行为的，依照数罪并罚的规定处罚；（2）协助组织卖淫行为人，参与实施杀害、伤害、强奸、绑架等犯罪行为的，以触犯这些罪名的共同犯罪论处，也是数罪并罚

制作、复制、出版、贩卖、传播淫秽物品牟利罪

- 犯罪构成特征
  - 以牟利为目的。牟利的意思不是“赚钱”而是“换钱”，亦即有偿转让、提供等
- 罪数
  - 与网络犯罪想象竞合，定相应的网络犯罪罪名
  - 先走私后传播，数罪并罚

第七章　危害国防利益罪

- 危害国防利益罪
  - 阻碍军人执行职务罪
    - 指以暴力、威胁方法阻碍军人依法执行职务的行为
    - 该罪与妨害公务罪是特别法与一般法的法条竞合关系
  - 冒充军人招摇撞骗罪
    - 指冒充军人身份进行招摇撞骗的行为
    - 该罪与招摇撞骗罪是特别法与一般法的法条竞合关系
    - 该罪与诈骗罪是重法与轻法的法条竞合关系，应当择一重罪处断
  - 盗窃、抢夺武装部队公文、证件、印章罪
    - 指盗窃、抢夺武装部队的公文、证件、印章的行为
    - 该罪与盗窃、抢夺国家机关公文、证件、印章罪是特别法与一般法的法条竞合关系
  - 破坏武器装备、军事设施、军事通信罪
    - 指故意破坏部队的武器装备、军事设施、军事通信的行为
    - 既可以表现为作为，又可以表现为不作为

第八章　贪污贿赂罪

☆贪污贿赂罪（一）

- 贪污罪
  - 主体：两类人员（国家工作人员；受国家机关、国有公司、企业、事业单位、人民团体委托管理、经营国有财产的人员）
  - 注意：利用熟悉环境（以及劳务便利）是盗窃、诈骗、侵占，利用一般职务便利是职务侵占，利用公务便利是贪污
  - 与受贿区分：对方给予的财物应归公有，是贪污；给予个人换取职务行为的对价，是受贿
- 挪用公款罪
  - 挪作私用有三种：（1）去向私人；（2）去向单位、私人名义；（3）去向单位、单位名义、为谋私利
  - 成罪条件有三类：（1）非法活动无需数额时间；（2）营利活动需要数额无需时间；（3）其他（生活消费）既需数额又需时间（3个月）
  - 教唆、帮助挪用：不法层面（挪作私用）上是共犯；共犯各怀鬼胎，各自主观确定用途（主观责任）
- 受贿罪
  - 索贿无需谋利，收贿需要谋利；客观承诺即可，无需实际行动，无需真想谋利
  - 出卖职位便利条件，通过其他国家工作人员，谋取不当利益，构成斡旋受贿
  - 在职时谋利、约定（以约定时为行为时）离职后收钱，也构成受贿
  - 贿赂（财物）包括货币、物品和财产性利益，只要可折算为货币，均为贿赂

☆贪污贿赂罪（二）

- 利用影响力受贿罪
  - 主体解读：（1）近亲属，指夫、妻、父、母、子、女、同胞兄弟姐妹；（2）关系密切的人，指与国家工作人员、离职的国家工作人员人身关系密切的人，或者具有其他方面的利益的人
  - 两种利用职务的方式：（1）通过国家工作人员职务上的行为，即直接利用国家工作人员职务；（2）利用国家工作人员、离职的国家工作人员职权或者地位形成的便利条件
  - 与受贿罪共犯的区分：有通谋为受贿罪共犯，无通谋为利用影响力受贿罪
  - 注意：须为请托人谋取不正当利益，才构成利用影响力受贿罪。谋取正当利益的，不能构成本罪
- 行贿罪
  - “不正当利益”的内容：（1）内容违法；（2）程序违法；（3）不当竞争
  - 违法阻却事由：因被勒索给予国家工作人员以财物，没有获得不正当利益的，不是行贿
- 介绍贿赂罪
  - 介绍贿赂指居中介绍，提供信息
- 巨额财产来源不明罪
  - 是不作为犯，差额巨大以家庭计，国家工作人员有说明义务

第九章　渎职罪

滥用职权罪；玩忽职守罪

- **主体身份**：主体身份：国家机关工作人员
- **行为**：滥用职权行为、玩忽职守行为既可以是作为，也可以是不作为，不能以作为与不作为来区分两个罪名，二者的关键区分在于故意和过失
- **注意**：两罪均以“重大损失”为必要构成要素：致使公共财产、国家和人民利益遭受重大损失

徇私枉法罪

- **主体身份**：刑事诉讼中负有侦查、检察、审判、监管职责的司法工作人员
- **时空环境**：在刑事诉讼活动中，包括刑事附带民事诉讼之中。区分：民事诉讼、行政诉讼中的司法工作人员故意乱判案，构成民事、行政枉法裁判罪
- **罪数**：受贿后徇私枉法，按处罚较重的规定定罪处罚

执行判决、裁定滥用职权罪

- **主体身份**：司法工作人员
- **结果**：本罪需遭受重大损失的实害结果，才能成立犯罪

私放在押人员罪

- **主体身份**：司法工作人员，指对犯罪嫌疑人、被告人或罪犯负有监管职责的司法工作人员
- **对象**：在押（包括在羁押场所和押解途中）的犯罪嫌疑人、被告人或罪犯
- **与徇私枉法罪的关系**：一定程度上是特别法与一般法的法条竞合关系。私放行为是一种更加特别的徇私枉法。监管人员利用监管职责私放在押人员的，同时触犯二罪的，应当以特别法即私放在押人员罪论处

第十章　军人违反职责罪

军人违反职责罪

- **为境外窃取、刺探、收买、非法提供军事秘密罪**
  - 主体：军人
  - 行为对象：军事秘密
- **战时自伤罪**
  - 主体身份：军人。包括解放军人员、武警部队人员、具有军籍的学员、执行军事任务的预备役人员和其他人员
  - 时间：战时，指国家宣布进入战争状态、部队受领作战任务或者遭敌突然袭击时。部队执行戒严任务或者处置突发性暴力事件时，以战时论
  - 自伤：包括亲手伤害自己；利用他人的故意或过失行为伤害自己；将原轻微伤害故意加重
    注意：对于自伤没有程度的要求（不要求轻伤以上），只要达到足以逃避军事义务的程度即可
  - 责任：故意，目的是为逃避军事义务

民事诉讼法

第一章 民事诉讼与民事诉讼法

民事纠纷解决方式

- **和解**
  - 纠纷当事人自行协商并达成协议，从而解决纠纷的方式。是一种基于当事人合意的私力救济方式
  - 和解协议不具有强制执行力
- **诉讼外调解**
  - 在第三方介入下，当事人就纠纷的解决协商一致，达成调解协议的纠纷解决方式，是一种基于当事人合意的社会救济方式
  - 法院调解书、仲裁调解书具有强制执行力，其他的调解协议没有强制执行力，只能依赖于当事人的自愿履行，但经过人民法院确认有效的调解协议具有强制执行力
- **仲裁**
  - 平等主体之间就财产关系的纠纷达成协议，将纠纷提交仲裁机构予以解决，并受其生效的法律文书约束的纠纷解决方式
  - 仲裁法律文书具有强制执行力
- **诉讼**
  - 人民法院介入平等主体之间的财产关系或人身关系的争议，从而解决纠纷的纠纷解决方式
  - 法院的生效法律文书具有强制执行力

民事诉讼法

- 概念
  - 是国家制定的规范民事诉讼活动，调整民事诉讼法律关系的法律规范
- 属性
  - 基本法：根据其在法律体系中的地位
  - 部门法：根据其调整的社会关系
  - 程序法：根据其规定的内容
  - 公法：根据公法与私法的划分标准
- 效力
  - ☆强制适用：在中国法院进行民事诉讼，必须适用中国的民事诉讼法
- 体系
  - 总论
  - 分论
    - 审判程序
      - 争讼程序
        - 一审
        - 二审
        - 再审
      - 非讼程序
        - 特别程序
        - 督促程序
        - 公示催告程序
    - 执行程序
    - 涉外程序

第二章　民事诉讼法的基本原则与基本制度

民事诉讼法的基本原则（一）

- **辩论原则**
  - 主体：只有当事人
  - 内容：实体问题+程序问题+证据问题
  - ☆形式：口头+书面
- **处分原则**
  - 主体：只有当事人
  - 处分的内容：实体权利+诉讼权利
  - 与审判权的关系
    - ☆判决内容不能超出当事人的请求范围
    - 审判权对处分权有约束
- **☆法院调解原则**
  - 适用范围
    - 适用于争讼程序：（1）一审普通和简易程序；（2）二审程序；（3）再审程序
    - 不适用的情形：（1）非讼程序；（2）执行程序；（3）婚姻关系、身份关系的确认案件
  - 先行调解
    - 离婚案件
    - 简易程序审理的6类案件：婚姻家庭纠纷和继承纠纷、劳务合同纠纷、交通事故和工伤事故引起的权利义务关系较为明确的损害赔偿纠纷、宅基地和相邻关系纠纷、合伙协议纠纷、诉讼标的额较小的纠纷
  - 调解书
    - 调解结案不得制作判决书，但有两个例外
    - ☆签收生效：不可上诉，可再审
    - 调解不公开

民事诉讼法的基本原则（二）

- **检察监督原则**
  - 主体：检察院监督法院
  - ☆方式：（1）抗诉；（2）检察建议
- **平等原则**
  - 民事诉讼当事人诉讼地位平等。国内涉外均适用
  - 含义
    - 诉讼权利的相同性
    - 诉讼权利的对应性
- **同等原则和对等原则**
  - 涉外民事诉讼专用
  - 同等原则：外国人和中国人享有相同的权利
  - 对等原则：外国法院限制我国主体权利，我国对等限制
- **支持起诉原则**
  - 支持起诉的主体只能是机关、社会团体、企业事业单位，不能是自然人
  - 支持起诉的前提是自然人或法人有损害国家、集体或者个人民事权益的行为
  - 支持起诉的场合必须是受损的个人或单位不能、不敢或者不便诉诸法院
- **诚实信用原则**
  - 主体：当事人+法官+其他诉讼参与人
  - ☆内涵：诉讼应诚实、善意

民事诉讼法的基本制度

- 合议制度
  - ☆适用：争讼程序+部分非讼程序
  - 少数服从多数
  - ☆审判长：院长、庭长担任或指定审判员担任
- 回避制度
  - 对象：审判人员（包括审判人员和人民陪审员）、执行员、检察人员、书记员、翻译人员、鉴定人、勘验人
  - ☆回避的情形重点注意以下几种：（1）是本案当事人或者当事人、诉讼代理人近亲属的；（2）与本案有利害关系的；（3）与本案当事人、诉讼代理人有其他关系，可能影响对案件公正审理的；（4）本人或者其近亲属持有本案非上市公司当事人的股份或者股权的；（5）担任过本案的证人、鉴定人、辩护人、诉讼代理人、翻译人员的；（6）审判人员接受当事人、诉讼代理人请客送礼，或者违反规定会见当事人、诉讼代理人的；（7）在一个审判程序中参与过本案审判工作的审判人员，不得再参与该案其他程序的审判
  - ☆回避的决定
    - （1）院长担任审判长—审判委员会；（2）审判人员—院长；（3）其他人员—审判长；（4）检察长—检察委员会；（5）检察人员和其他人员—检察长
  - ☆回避的方式：自行+申请+指令
  - 救济：复议
- 公开审判制度
  - 审判过程的公开+审判结果一律公开
  - ☆不公开审理的案件
    - 应当不公开：涉及国家秘密、个人隐私或法律另有规定
    - 可以不公开：涉及商业秘密、离婚案件，经当事人申请
  - 裁判文书的公开
- 两审终审制度
  - 一审终审的案件

第三章　主管与管辖

法定管辖（一）

- 级别管辖
  - 概念：指按照一定的标准，划分上下级法院之间受理第一审民事案件的分工和权限
  - 最高人民法院
    - 在全国有重大影响的案件
    - 认为应当由其管辖的案件
    - 发明专利、实用新型专利、植物新品种、集成电路布图设计、技术秘密、计算机软件、垄断等专业技术性较强的知识产权民事案件的二审案件及上述案件一审生效裁判的再审案件
  - 高级人民法院
    - 在本辖区内有重大影响的案件
  - 中级人民法院
    - ☆重大涉外案件
      - 标的额大或案情复杂或一方当事人人数众多的涉外案件
      - 重大的涉港、澳、台民事案件
    - 在本辖区内有重大影响的案件：诉讼标的额大或诉讼单位为省、自治区、直辖市以上
    - ☆最高院指定由其管辖的案件
      - 海事、海商案件
      - 认定仲裁协议效力的案件
      - 撤销仲裁裁决的案件
      - 仲裁裁决的执行与不予执行
      - 涉外仲裁中的证据保全与财产保全
  - 基层人民法院
    - 无特殊规定都由其管辖

法定管辖（二）

- 地域管辖
  - 概念：指同级人民法院之间按照各法院的辖区和民事案件的隶属关系受理第一审民事案件的分工和权限
  - ☆一般地域管辖
    - 确定标准：当事人的所在地与法院辖区的关系
    - 原则：被告所在地法院管辖（原被告条件相当）
    - 例外：原告所在地法院管辖（原告条件优于被告）
    - 多地均有管辖权
  - 特殊地域管辖（确定规则）
    - ☆被告住所地法院均有管辖权，海难救助、共同海损、公司诉讼、保全侵权引起的纠纷除外
    - 密切联系地法院有管辖权
  - ☆协议管辖
    - 概念：又称合意管辖或约定管辖，指双方当事人在纠纷发生之前或之后以书面方式约定特定案件的管辖法院
    - ☆财产权益纠纷 → 有实际联系地点的法院
    - 书面形式 → 不违反级别管辖与专属管辖
    - 一审
  - 专属管辖
    - 概念：指法律规定某些特殊类型的案件专门由特定的法院管辖
    - ☆不动产：不动产所在地
    - 港口作业：港口所在地
    - 遗产继承：被继承人死亡时住所地+主要财产所在地

裁定管辖

- 本质
  - 裁定管辖是以级别管辖和地域管辖为代表的法定管辖的必要补充，法定管辖体现的是管辖的原则性，裁定管辖体现的是管辖的灵活性
- ☆移送管辖
  - 无管辖权法院→有管辖权法院
- 管辖权转移
  - 有管辖权法院→无管辖权法院
    - 下对上转移
    - ☆上对下转移：确有必要 +上级法院批准
- ☆指定管辖
  - 受移送法院认为对案件没有管辖权的，报自己的上级法院指定管辖
  - 有管辖权的人民法院由于特殊原因，不能行使管辖权的，报自己的上级法院指定管辖
  - 法院之间发生管辖权争议，协商解决不了的，报请它们的共同上级人民法院指定管辖

第四章　诉

- 诉
  - 诉的概念
    - 当事人向法院提出的确认或者改变某种法律关系以及维护其合法权益的请求
  - 诉的要素
    - 诉的主体：即诉的当事人，是指因民事权利受到侵犯或者发生争议，因而以自己的名义在人民法院参加诉讼程序的人
    - ☆诉讼标的：当事人间争议的民事实体法律关系
    - 诉的理由：即原告提出诉讼请求的事实与法律依据
  - 诉的分离与合并
    - 诉的合并
      - 概念：指法院将两个或两个以上有牵连的诉合并到一个诉讼程序中审理和裁判
      - 分类
        - 诉的主体合并：将数个当事人合并到同一个诉讼程序中审理和裁判。包括必要共同诉讼和普通共同诉讼
        - 诉的客体合并：指将同一原告针对同一被告提起的两个以上的诉合并到同一诉讼程序中审理，或者将本诉和反诉合并到同一诉讼程序中审理
    - 诉的分离：法院将原先合并审理的几个诉，分开进行审理

- 诉的种类
  - 确认之诉
    - 积极：确认与被告间存在法律关系。例如，请求法院确认与对方当事人之间存在合同关系
    - 消极：确认与被告间不存在法律关系。例如，请求法院确认合同无效
  - ☆给付之诉
    - 财产
    - 行为
      - 作为。例如，赔礼道歉
      - 不作为。例如，停止侵害
  - 变更之诉
    - 改变或消灭既存的法律关系。最典型的变更之诉如离婚之诉、解除收养关系的诉讼、解除合同的诉讼

反诉

- **概念**
  - 在诉讼进行过程中，本诉的被告以原告为被告，向受理本诉的人民法院提出的、与本诉具有牵连关系，目的在于抵消或者吞并本诉原告诉讼请求的独立的反请求
  - 注意：其性质是与本诉相对应的独立的诉
- **条件**
  - 主体：本诉被告针对本诉原告
  - 时间：法庭辩论终结前
  - ☆牵连关系：同一法律关系、同一事实+因果关系+等
  - 对象：受理本诉的法院
  - 程序：与本诉适用同一诉讼程序
- **处理**
  - 一审：和本诉合并处理
  - ☆二审：先调解；调解不成，告知另行起诉
  - 再审：直接告知另行起诉
- **与反驳的区别**
  - 根本区别：是否提出了独立的诉讼请求
  - 反驳是一方当事人针对对方提出的诉讼请求和理由，从实体和程序上、事实和法律上予以否认，并非向原告提出独立的诉讼请求；反诉则是本诉被告向原告提出了一个独立的诉讼请求，是一个独立的诉

第五章　当事人与诉讼代理人

当事人（一）

- ☆诉讼权利能力
  - 与民事权利能力的关系
    - 有民事权利能力，必定有诉讼权利能力
    - 但是有诉讼权利能力，不一定有民事权利能力
  - 与诉讼行为能力的关系
    - 有诉讼权利能力，不一定有诉讼行为能力
    - 有诉讼行为能力，一定有诉讼权利能力
- 正当当事人
  - 判断标准：民事法律关系的权利义务主体
  - ☆例外：非民事法律关系主体可以自己名义起诉
    - 诉讼担当
      - 侵害死者遗体、遗骨以及姓名、肖像、名誉、荣誉、隐私等行为提起诉讼的，死者的近亲属为当事人
      - 为保护胎儿的继承利益而起诉的胎儿的母亲
      - 依法宣告失踪者的财产代管人
      - 未经依法清算即被注销的
      - 遗嘱执行人、遗产管理人
      - 经著作权人授权，为保护著作权人权利而起诉的著作权集体管理组织
    - 诉讼承担
      - 自然人死亡
      - 法人合并分立
    - 诉讼中权利义务转移
      - ☆原则不变，作第三人

当事人（二）

- **共同诉讼**
  - 可分之诉 → 普通共同诉讼：同种类诉讼标的
  - 不可分之诉 → ☆必要共同诉讼：同一诉讼标的
- **代表人诉讼**
  - 人数确定（必要+普通）
  - 人数不确定：普通
- **第三人**
  - 有独立请求权的第三人
  - ☆无独立请求权的第三人 → 虽然对本诉的诉讼标的没有独立的请求权，但与本诉的处理结果有法律上的利害关系而参加诉讼的人
  - ☆第三人撤销之诉
    - 主体条件：有独三+无独三
    - 程序条件：第三人因不能归责于自己的事由未参加诉讼
    - 实体条件：有证据证明发生法律效力的判决、裁定、调解书部分或者全部内容错误
    - 结果条件：损害其民事权益
    - 时间条件：自知道或者应当知道其民事权益受到损害之日起6个月
    - 管辖法院：向作出生效判决、裁定、调解书的法院起诉

第六章 民事诉讼证据与证明

- 证据
  - 种类
    - 书证
    - 物证
    - ☆证人证言
      - 分类：单位证人+自然人
      - 作证方式：出庭+书面证言+视听传播技术+视听资料等
      - 启动：当事人申请+法院依职权通知
      - 费用承担：败诉方负担+程序启动者垫付
      - 保证书制度：必须签署；无、限制民事行为能力人除外
    - 当事人陈述
    - 视听资料
    - ☆电子数据
      - 形成或者存储在电子介质中的信息
    - 勘验笔录
    - ☆鉴定意见
      - 启动方式：当事人申请+法院委托
      - 出庭：有异议或有必要
      - ☆有专门知识的人
  - ☆分类
    - 与举证责任的关系：本证与反证
    - 证据的来源：原始证据与派生证据
    - 与待证事实之间的关系：直接证据与间接证据

证明（一）

- 证明对象
  - 需要由证据加以证明的案件事实
  - ☆免证事实
    - 自然规律和定理
    - 推定
    - 众所周知的事实
    - 生效文书确认的事实
    - 自认
      - 形式：明示+默示+代理人承认
      - 效力
        - 涉及国家利益、社会公共利益、他人合法权益的事实不自认
        - 调解和解无自认，双方同意除外
        - 身份关系不自认
- ☆证明责任
  - 谁主张，谁举证
    - 合同
    - 侵权：受害方证明侵权责任构成要件；加害方证明有免责事由
- ☆证明标准
  - 一般：高度盖然性的标准
  - 特殊：排除合理怀疑（欺诈、胁迫、恶意串通事实+口头遗嘱或者赠与事实）

证明（二）

- 证明过程
  - ☆证据的收集
    - 收集方式
      - 当事人收集
      - 法院收集
    - 证据的保全
      - 诉前保全
      - 诉讼保全
  - ☆举证期限
    - 确定方式：法院指定或当事人协商
    - 效力：申请延长举证期限、申请鉴定、申请法院调查取证、申请证人出庭作证
    - 逾期：不予采纳；采纳但训诫、罚款
  - ☆质证
    - 主体：当事人
    - 时间：法庭+审理前的准备阶段
    - 不公开质证：涉及国家秘密、商业秘密和个人隐私
  - 认证
    - 非法证据排除规则
      - 排除：（1）违反法律禁止性规定；（2）严重违背公序良俗的方法形成或者获取的证据；（3）严重侵害他人合法权益
    - 补强证据规则
      - 某些证据由于自身的缺陷，不能单独作为认定案件事实的依据，只有在其他证据加以佐证的情况下，才能作为认定案件的根据
    - 证明妨碍规则
      - 有证据证明一方持有证据无正当理由拒不提供，如果对方当事人主张该证据的内容不利于证据持有人，可以推定该主张成立
    - 最佳证据规则
      - 原始证据的证明力一般大于传来证据；直接证据的证明力一般大于间接证据

第七章　诉讼保障制度

- 保全财产+行为
  - 诉讼保全
    - ☆诉前
      - 管辖：被保全财产所在地、被申请人住所地、对案件有管辖权的法院
      - 启动：依申请
      - 担保：应当
      - 裁定：48小时内
      - 解除
        - 30日内未起诉
        - （财产纠纷）被申请人担保
      - 错误：申请人赔偿
    - ☆诉中
      - 管辖：受理案件的法院
      - 启动：依申请+依职权
      - 担保：可以
      - 裁定
        - 紧急：48小时内
        - 不紧急：48小时外
      - 解除：（财产纠纷）被申请人担保
      - 错误：申请人赔偿+国家赔偿
  - ☆执行前保全
    - 时间：法律文书生效后，进入执行程序前
    - 管辖：执行法院
    - 启动：依申请
    - 解除：法律文书指定的履行期间届满5日内不申请执行

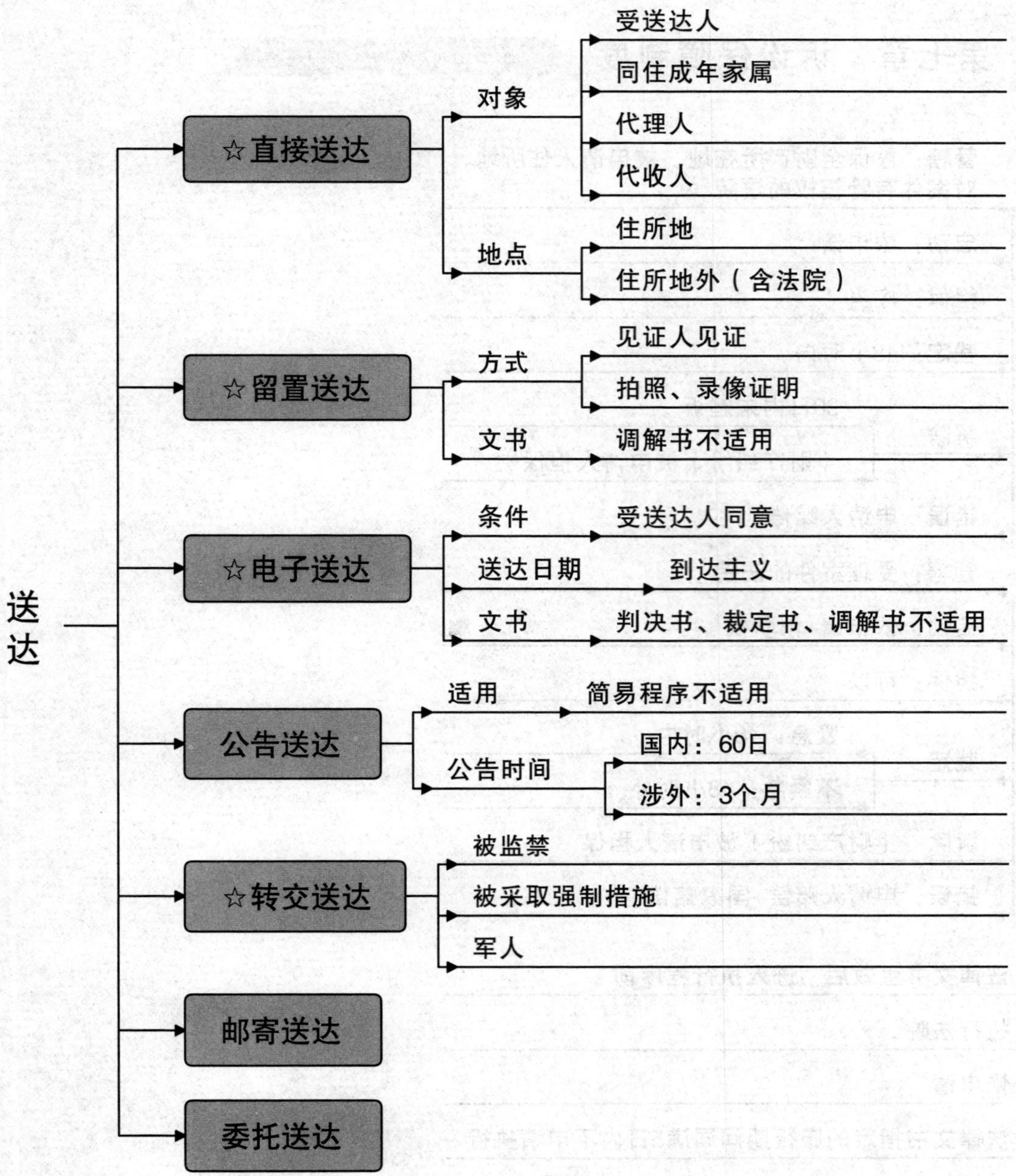
送达
☆直接送达
对象
受送达人
同住成年家属
代理人
代收人
地点
住所地
住所地外（含法院）
☆留置送达
方式
见证人见证
拍照、录像证明
文书
调解书不适用
☆电子送达
条件
受送达人同意
送达日期
到达主义
文书
判决书、裁定书、调解书不适用
公告送达
适用
简易程序不适用
公告时间
国内：60日
涉外：3个月
☆转交送达
被监禁
被采取强制措施
军人
邮寄送达
委托送达

第八章 一审普通程序

- 一审普通程序（一）
  - ☆起诉
    - 原告必须是与本案有直接利害关系的公民、法人或者其他组织
    - 有明确的被告
    - 有具体的诉讼请求、事实和理由
    - 属于人民法院受理民事诉讼的范围和受诉法院管辖
  - ☆受理
    - 已经法院处理过的同一案件，当事人又起诉的，不予受理
    - 当事人没有争议，符合督促程序规定条件的，可以转入督促程序
    - 开庭前可以调解的，采取调解方式及时解决纠纷
    - 根据案件情况，确定适用简易程序或者普通程序
    - 需要开庭审理的，通过要求当事人交换证据等方式，明确争议焦点
  - 审理前的准备
    - 在法定期间内送达诉讼文书
    - 被告答辩
    - 管辖权异议
    - 告知当事人诉讼权利义务及合议庭组成人员
    - 确定举证期限
    - 庭前会议
    - 审阅诉讼材料
    - 调查收集必要的证据
    - 追加当事人
    - 选择审理案件适用的程序

一审普通程序（二）

- 庭审
  - ☆撤诉
    - 申请撤诉
      - 主体：原告及其法定代理人
      - 时间：在人民法院受理案件后，宣告判决之前
      - 申请撤诉是否准许，由人民法院作出裁定
    - 按撤诉处理
      - 原告、有独立请求权的第三人、法定代理人经人民法院传票传唤，无正当理由拒不到庭或未经法庭许可中途退庭
      - 原告接到人民法院预交案件受理费的通知后，无特殊情况不交费的
    - 效果
      - 一审撤诉的，当事人向法院再起诉的，法院应当受理
      - 二审程序和再审程序中一审原告在审理程序中撤回起诉后重复起诉的，人民法院不予受理
  - ☆缺席判决
    - 被告、反诉中的被告、被上诉人、无独立请求权的第三人及其法定代理人经传票传唤无正当理由拒不到庭或者未经法庭许可中途退庭
    - 原告申请撤诉，人民法院裁定不准许撤诉的，原告经传票传唤，无正当理由拒不到庭的，可以缺席审判
  - ☆延期审理
    - 必须到庭的当事人和其他诉讼参与人有正当理由没有到庭的
    - 当事人临时提出回避申请的
    - 需要通知新的证人到庭，调取新的证据，重新鉴定、勘验，或者需要补充调查的
    - 其他

一审普通程序（三）

- 庭审
  - ☆诉讼中止
    - 一方当事人死亡，需要等待继承人表明是否参加诉讼的
    - 一方当事人丧失诉讼行为能力，尚未确定法定代理人的
    - 作为一方当事人的法人或者其他组织终止，尚未确定权利义务承受人的
    - 一方当事人因不可抗拒的事由，不能参加诉讼的
    - 本案必须以另一案的审理结果为依据，而另一案尚未审结的
    - 其他
  - ☆诉讼终结
    - 原告死亡，没有继承人，或者继承人放弃诉讼权利的
    - 被告死亡，没有遗产，也没有应当承担义务的人的
    - 离婚案件一方当事人死亡的
    - 追索赡养费、扶养费、抚育费以及解除收养关系案件的一方当事人死亡的

民事裁判

- 民事判决
  - 民事裁决的内容 → 事实认定+法律适用+诉讼费用的分担
  - 救济
    - 一审上诉的判决：按二审程序处理
    - 一审不上诉的判决和二审判决：按审判监督程序处理
  - 补正 → 文字误写、误算、诉讼费用漏写和其他笔误的，用裁定书补正
- 民事裁定
  - 不予受理
  - 管辖权异议
  - 驳回起诉
  - 其他
- 民事决定
  - 适用范围
    - 处理有关回避和妨害民事诉讼行为的强制措施方面的问题
    - 处理法院内部工作关系方面的问题
  - 救济
    - 重要的决定可以复议：回避决定，向作出决定的法院申请复议；罚款和拘留的决定，向上一级法院申请复议
    - 绝大多数作出即生效，无救济方式

公益诉讼

- 起诉条件
  - 有明确的被告
  - 有具体的诉讼请求
  - 有社会公共利益受到损害的初步证据
  - 属于人民法院受理民事诉讼的范围和受诉人民法院管辖
- ☆主体
  - 环境
    - 在设区的市级以上政府民政部门登记
    - 专门从事环保活动连续5年以上，且无违法记录
    - 行使海洋环境监督管理权的部门
  - 消费者
    - 中国消协
    - 省级消协
- ☆管辖
  - 侵权行为地或被告住所地
  - 中院
- ☆程序
  - 和解、调解
    - 必须公告
  - 撤诉
    - 法庭辩论终结后不允许
  - 与私益诉讼
    - 可同时提起
  - 效力
    - 审理中：其他组织起诉，列共同原告
    - 生效后：不受理

执行异议之诉

- 条件
  - 符合一般起诉条件
  - 案外人执行异议申请被驳回或支持
  - 诉讼请求与原判决无关
  - 自执行导议裁定送达之日起15日内提起
- 程序
  - 审查：15日内立案
  - 普通程序审理
- ☆当事人
  - 原告：案外人→被告：申请执行人+被执行人
  - 原告：申请执行人→被告：案外人+被执行人
- ☆裁判
  - 案外人
    - 不得执行
    - 驳回诉讼请求
  - 申请执行人
    - 准许执行
    - 驳回诉讼请求

第九章 简易程序

简易程序（一）

- ☆法院
  - 基层法院和派出法庭
- 案件
  - 条件
    - 法定：事实清楚、权利义务关系明确、争议不大的简单民事案件
    - 约定：应当在开庭前提出
  - 不适用的7类案件
    - 起诉时被告下落不明的
    - 发回重审的
    - 当事人一方人数众多的
    - 适用审判监督程序的
    - 涉及国家利益、社会公共利益的
    - 第三人起诉请求改变或者撤销生效判决、裁定、调解书的
    - 其他
- ☆特点
  - 起诉方式简便：可以口头起诉
  - 受理方式简便
  - 传唤、送达方式简便
  - 审判组织简便：审判员一人独任审理
  - 审理程序简便
  - 审限短：应当在立案之日起3个月内审结
  - 开庭方式简便：经当事人双方同意，可以采用视听传输技术等方式开庭

简易程序（二）

- 程序转化
  - 简易程序转化为普通程序
    - 当事人就适用简易程序提出异议，人民法院认为异议成立的
    - 人民法院在审理过程中发现不宜适用简易程序的
    - 原告提供了被告的准确送达地址，人民法院无法向被告直接送达或留置送达的
  - 普通程序转化为简易程序
    - 法院不得违反当事人自愿原则自行将普通程序转化为简易程序
    - 例外：基层人民法院适用第一审普通程序审理的民事案件，当事人各方自愿选择适用简易程序，经人民法院审查同意的可以适用简易程序进行审理
- 裁判
  - 裁判文书的制作，必须加盖基层人民法院的印章
  - 宣判：（1）当庭宣判；（2）不宜当庭宣判的，可以定期宣判
  - 可对认定事实或者判决理由部分适当简化的情形
    - 达成调解
    - 明确承认
    - 涉及秘密
    - 双方同意

小额诉讼程序

- 法院
  - 只能是基层人民法院和它的派出法庭
  - 海事法院可以审理海事、海商小额诉讼案件
- 适用条件
  - 适用于事实清楚、权利义务关系明确、争议不大的简单的民事案件
  - 标的额为各省、自治区、直辖市上年度城镇单位就业人员年平均工资30%以下的简单的民事案件
- 适用范围
  - 适用范围 → 9类
  - 不适用范围 → 5类
- 特点
  - 一审终审
  - 可以再审

第十章 二审程序

二审程序（一）

- 上诉条件
  - 上诉的对象
    - 允许上诉的判决
    - 允许上诉的裁定：即不予受理、驳回起诉、管辖权异议、驳回财产申请的裁定
  - 上诉的主体：一审当事人
  - 上诉的期间
    - 判决书 15日
    - 裁定书 10日
    - 在中华人民共和国领域内没有住所的当事人，不服第一审人民法院判决、裁定的，有权在判决书、裁定书送达之日起30日内提起上诉
  - 上诉的形式：应当提交上诉状（书面）
- ☆上诉的撤回
  - 在上诉期内上诉人撤回上诉的，不得再次上诉
  - 在二审审理过程中，上诉人撤回上诉，法院裁定准许后，一审判决即生效

二审程序（二）

- 二审审理
  - 范围
    - 应限定在上诉人的上诉请求范围内
    - 例外：如果发现在上诉请求以外原判决违反法律禁止性规定、侵害社会公共利益或者他人利益的，也应予以纠正
    - 不予审查的范围：被上诉人在答辩中要求变更或者补充第一审判决内容的，第二审人民法院可以不予审查
  - ☆审理方式
    - 开庭审理（一般情况）
    - 不开庭审理
      - 经过阅卷、调查和询问当事人
      - 没有提出新的事实、证据或者理由
      - 合议庭认为不需要开庭审理的
- 二审调解
  - 新请求：调解不成，告知另诉
  - 应离未离：调解不成，发回重审
  - 漏老请求：调解不成，发回重审
  - 漏当事人：调解不成，发回重审
- 二审裁判
  - 对“判决”上诉的处理
    - 判决驳回上诉，维持原判
    - 判决、裁定：依法改判、撤销或变更
    - 裁定：发回重审
    - 裁定：撤销原判，驳回起诉
  - 对“裁定”上诉的处理
    - 一律裁定
    - 错误
      - 不予受理 → 撤销，指定受理
      - 驳回起诉 → 撤销，继续审理

第十一章　审判监督程序

启动主体（一）

- 法院
  - 自己纠错
  - 上级纠错
    - 提审
    - 指令下级法院再审
- 检察院
  - 主体
    - 上抗下
  - 情形
    - 裁判
      - 13种情形
    - 调解
      - 损害国家利益、社会公共利益
  - 效力
    - 法院必须再审
  - 再审法院
    - 通常：接受抗诉的法院
    - 可以交下一级人民法院
      - 有新的证据，足以推翻原判决、裁定的
      - 原判决、裁定认定的基本事实缺乏证据证明的
      - 原判决、裁定认定的主要证据是伪造的
      - 原判决、裁定认定事实的主要证据未经质证的
      - 对审理案件需要的主要证据，当事人因客观原因不能自行收集，书面申请人民法院调查收集，人民法院未调查收集的

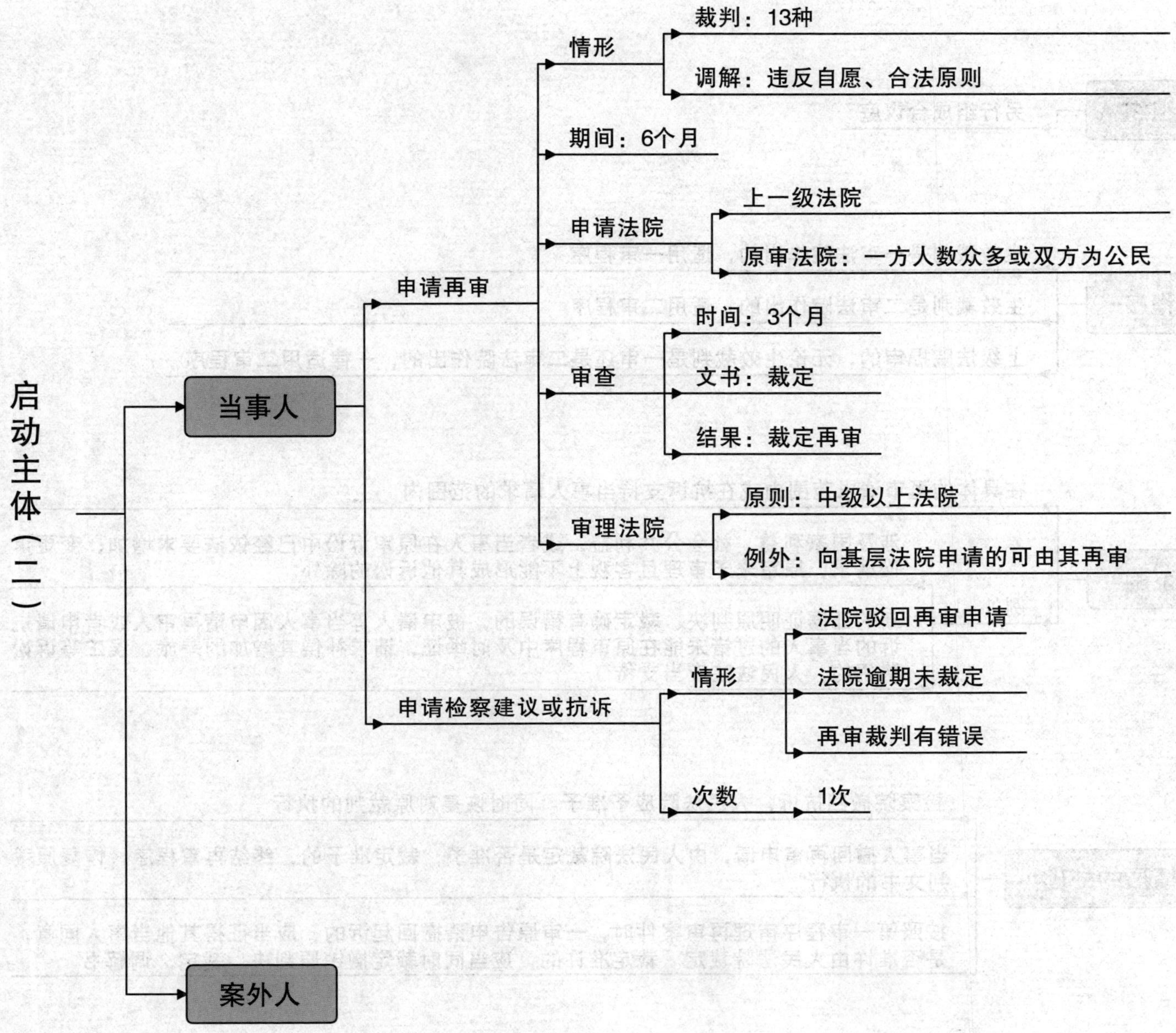

启动主体（二）
当事人
申请再审
情形
裁判：13种
调解：违反自愿、合法原则
期间：6个月
申请法院
上一级法院
原审法院：一方人数众多或双方为公民
审查
时间：3个月
文书：裁定
结果：裁定再审
审理法院
原则：中级以上法院
例外：向基层法院申请的可由其再审
申请检察建议或抗诉
情形
法院驳回再审申请
法院逾期未裁定
再审裁判有错误
次数
1次
案外人

再审案件的审判程序

- **审理组织**
  - 另行组成合议庭
- **审判程序**
  - 生效裁判是一审法院作出的，适用一审程序
  - 生效裁判是二审法院作出的，适用二审程序
  - 上级法院提审的，无论生效裁判是一审还是二审法院作出的，一律适用二审程序
- **审理范围**
  - 在具体的再审请求范围内或在抗诉支持当事人请求的范围内
  - 例外
    - 涉及国家利益、社会公共利益，或者当事人在原审诉讼中已经依法要求增加、变更诉讼请求，原审未予审理且客观上不能形成其他诉讼的除外
    - 新的证据证明原判决、裁定确有错误的，被申请人等当事人因申请再审人或者申请抗诉的当事人的过错未能在原审程序中及时举证，请求补偿其增加的差旅、误工等诉讼费用的，人民法院应当支持
- **特殊情形的处理**
  - 检察院撤回抗诉，人民法院应予准予。同时恢复对原裁判的执行
  - 当事人撤回再审申请，由人民法院裁定是否准予；裁定准予的，终结再审程序，恢复原裁判文书的执行
  - 按照第一审程序审理再审案件时，一审原告申请撤回起诉的，应当征得其他当事人同意，是否准许由人民法院裁定。裁定准许的，应当同时裁定撤销原判决、裁定、调解书

第十二章　特别程序

特别程序

- ☆特点
  - 管辖：基层法院
  - 审判组织：独任审理。但选民资格案件、重大疑难案件、担保财产标的额超过基层法院管辖范围的实现担保物权案件，由审判员组成合议庭审理
  - 审级：一审终审
  - 当事人：除选民资格案件外，其他案件都没有对立的双方当事人
  - 审理期限：应当在立案之日起30日内或者公告期满30日内审结
  - 救济：向原审法院提出异议
  - 文书：确认调解协议和实现担保物权案件用裁定，其他均为判决

案件类型

- ☆选民资格案件
- 宣告公民失踪、死亡案件
- 认定公民无民事、限制民事行为能力案件
- 认定财产无主案件
- ☆确认调解协议案件
  - 启动：双方
  - 时间：调解协议生效之日起30日内
  - 管辖：调解组织所在地
  - 处理
    - 裁定有效
    - 裁定驳回申请
      - 申请执行
      - 另诉
      - 另行调解
- ☆实现担保物权案件
  - 申请人：有权请求实现担保物权的人
  - 管辖
    - 基层法院
    - 海事法院
  - 审理组织
    - 独任
    - 合议：担保财产标的额超过基层法院管辖范围
  - 处理
    - 裁定拍卖、变卖
    - 裁定驳回→另诉

第十三章 督促程序

- 督促程序
  - 管辖
    - 债务人住所地基层法院
  - 适用条件
    - 给付金钱或有价证券
    - 已到期且数额确定
    - 无其他债务纠纷
    - 支付令能送达债务人
  - ☆支付令效力
    - 限制履行：支付令一经制作发出，即具有限期（15日内）债务人履行或提出书面异议的效力
    - 强制执行：15日异议期满债务人无人提出异议或提出异议被驳回，则支付令方具有强制执行的效力
  - ☆异议
    - 期限：自收到支付令之日起15日内
    - 方式：书面
    - 内容：实体上拒绝
    - 可撤回：撤回后不可反悔
    - 对象：发出支付令的法院
  - ☆程序转化
    - 异议成立
      - 转入诉讼程序
      - 申请人不同意的（7日内）→另诉
    - 诉讼
      - 可转入督促程序

第十四章　公示催告程序

公示催告程序

- **适用范围**
  - 可背书转让的票据或其他事项
- **特点**
  - 程序的非讼性：无答辩程序
  - 适用范围的特定性
    - 可以背书转让的票据被盗、遗失或灭失的
    - 依照法律规定可以申请公示催告的其他事项，包括记名股票、提单、仓单等提货凭证
  - 管辖的特殊性：基层人民法院管辖
  - 审理程序简略：只有公示催告和除权判决两个阶段，采用书面审查方式
  - 审判组织的特殊性：公示催告阶段—（可以）独任制；除权判决阶段—（必须）合议制
  - 审理的形式特殊：不开庭
  - 实行一审终审，且不得申请再审
- **流程**
  - （申请人）申请
  - ☆（法院）发公告（独任）
    - 不少于60日内，且催告期间届满日不早于票据付款日后15日
    - 同时发停止支付通知
  - ☆（利害关系人）申报权利
    - 符合形式条件：终结公示催告程序
    - 不符合：继续
  - （申请人）再申请
  - ☆（法院）除权判决
  - （利害关系）救济：1年内起诉

第十五章　执行程序

执行程序（一）

- 根据
  - 法院文书：一审法院或同级财产地法院
  - 其他文书（仲裁+公证债权文书）：被执行人住所地或财产所在地
- 管辖异议
  - 裁定：上一级法院复议
- 启动
  - 依申请
    - 申请执行的法律文书已经生效
    - 申请执行人是法律文书确定的权利人或其继承人、权利承受人
    - 申请执行人在法定期限2年内提出申请
  - 依职权
- ☆执行行为异议
  - 异议主体：当事人、利害关系人
  - 异议理由：执行行为违反法律规定
  - 异议形式：书面异议
  - 异议审查：人民法院应当自收到异议之日起15日内进行审查
  - 对审查结果的救济：上一级法院救济

执行程序（二）

- ☆执行标的异议
  - 裁定 → 不服
    - 与原裁判有关：再审
    - 与原裁判无关：另诉（执行异议之诉）
- ☆执行和解
  - 当事人双方，法院不参与
  - 反悔 → 申请恢复对原生效法律文书的执行
- ☆执行担保
  - 当事人 → 法院三方同意
  - 效力 → 暂缓执行（最多） → 暂缓执行的期限应与担保期一致，但最长不超过1年
  - 期满 → 执行担保人财产或担保财产
- 代位执行
  - 双方均可申请
  - 异议：15日
  - 对第三人的异议不进行实质审查
  - 次数：1次
- ☆参与分配
  - 被执行人：公民或其他组织
  - 分配方案：异议 → 通知其他人
    - 反对：异议人起诉
    - 不反对：修正后分配

第十六章 涉外民事诉讼程序

- 涉外民事诉讼
  - ☆管辖
    - 牵连管辖
      - 范围
        - 财产权益纠纷
      - 条件
        - 被告：中国境内无住所
        - 下列地点在中国：合同签订地、合同履行地、可供扣押财产所在地、侵权行为地或者代表机构住所地
  - 期间
    - 上诉、答辩：30日
    - 公告、邮寄送达：3个月
    - 审理期限：无限制
  - 司法协助
    - ☆一般
      - 律师聘请：中国律师
      - 送达、调查取证：使领馆对本国人
    - 特殊
      - 生效判决
        - 当事人申请
        - 法院请求
      - 生效仲裁裁决
        - 当事人申请

第十七章 仲裁与仲裁法概述

仲裁与仲裁法概述

- ☆仲裁法的适用范围
  - 适用
    - 平等主体间的财产权益争议
  - 不适用
    - 婚姻、收养、监护、扶养、继承纠纷
    - 行政争议
    - 劳动争议、农村集体经济组织内部的农业承包合同纠纷
- ☆仲裁的基本制度
  - 协议仲裁
  - 或裁或审
  - 一裁终局
- 诉讼与仲裁的区别
  - 审理组织：仲裁为民间性机构，合议庭或独任制当事人可选择；诉讼的人民法院代表国家进行审判，诉讼形式当事人不能选择
  - 自愿性：仲裁以双方当事人的自愿为前提；诉讼不以自愿为前提，任何一方都可以起诉
  - 公开审理：仲裁以不公开为原则；诉讼一般公开审理
  - 审理方式：仲裁开庭为原则，例外书面审理；诉讼开庭为原则，二审可以不开庭审理
  - 法律效力：仲裁一裁终局；诉讼两审终审

第十八章　仲裁协议

- 仲裁协议
  - 类型
    - 仲裁协议书
    - 仲裁条款
  - 内容
    - 请求仲裁的意思表示
    - 有明确约定的可仲裁的仲裁事项
    - 选定有明确、具体的仲裁委员会
  - 效力
    - ☆仲裁协议的独立性原则
    - ☆效力的确认机构
      - 法院（优先）
      - 仲裁委员会
    - 效力的确定方式
      - 单独要求确认
      - 解决争议的同时确认
  - ☆无效情形
    - 口头仲裁协议
    - 仲裁事项无约定、不明确、超出法律仲裁范围
    - 无民事、限制民事行为能力人制定的
    - 胁迫手段制定的
    - 仲裁机构无约定、不明确或不存在
    - 仲裁终局性不确定；或裁或诉的约定

第十九章 仲裁程序

- 仲裁程序
  - ☆仲裁保全
    - 仲裁前
      - 向法院申请
    - 仲裁中
      - 向仲裁机构申请→提交法院
  - ☆仲裁庭
    - 仲裁庭组成
      - 合议
      - 独任
    - 仲裁员回避
      - 情形
        - 是本案当事人或当事人、代理人的近亲属
        - 与本案有利害关系
        - 与本案当事人、代理人有其他关系，可能影响公正仲裁的
        - 私自会见当事人、代理人，或者接受当事人、代理人的请客送礼的
      - 决定权
        - 仲裁员：主任决定
        - 主任：仲裁委员会决定
  - ☆审理
    - 审理方式
      - 不公开
      - 开庭
    - 结案方式
      - 和解
        - 裁决书
        - 撤回仲裁申请
      - 调解
        - 裁决书
        - 调解书
      - 裁决
        - 裁决书

第二十章　仲裁裁决的撤销与不予执行

仲裁监督

- 撤销
  - 主体：双方当事人
  - 时间：6个月内
  - 情形
    - 没有仲裁协议
    - 裁决的事项不属于仲裁协议的范围或者仲裁委员会无权仲裁
    - 仲裁庭的组成或者仲裁的程序违反法定程序
    - 仲裁裁决所依据的证据是伪造的
    - 对方当事人隐瞒了足以影响公正裁决的证据
    - 仲裁员在仲裁该案时有索贿受贿、徇私舞弊、枉法裁决的行为
    - 仲裁裁决违背了社会公共利益
  - ☆结果
    - 撤销
    - 指令重新仲裁
    - 驳回申请
  - ☆效力
    - 另诉
    - 另达成仲裁协议
- 不予执行
  - 主体：被申请执行人
  - 时间：申请执行后
  - 情形：7种（同撤销情形）
  - 结果
    - 不予执行
    - 驳回申请
  - ☆效力
    - 另诉
    - 另达成仲裁协议

刑事诉讼法

第一章　刑事诉讼的概述

刑事诉讼的概述

- 概念
  - 广义：一切与刑事诉讼有关的法律规范
  - 狭义：国家立法机关制定的刑事诉讼法典，在我国指《中华人民共和国刑事诉讼法》
- 渊源
  - 宪法
  - 刑事诉讼法典
  - 有关法律规定
  - 有关法律解释和规定
  - 地方性法规
  - 国际公约、国际条约
- 基本理念
  - 惩罚犯罪与保障人权
  - 实体公正与程序公正
  - 诉讼效率
- 诉讼目的和价值
  - 目的
    - 根本目的：维护社会秩序
    - 直接目的：惩罚犯罪、保障人权
    - 其他
  - 价值
    - 公正
    - 秩序
    - 效益

第二章　刑事诉讼主体

- 刑事诉讼主体
  - 专门机关
    - 公安机关与其他侦查机关（国安、监狱、军队保卫部门、中国海警局）
    - 人民检察院
    - 人民法院
  - 诉讼参与人
    - 当事人
      - 公诉案件
        - 犯罪嫌疑人、被告人
        - 被害人
      - 自诉案件
        - 自诉人
        - 被告人
      - 附带民事诉讼
        - 原告人
        - 被告人
    - 其他诉讼参与人
      - 法定代理人：父母、养父母、监护人和负有保护责任的机关、团体的代表
      - 诉讼代理人：基于被代理人的委托而代表被代理人参与刑事诉讼的人
      - 辩护人
      - 证人：（1）了解案情，且诉讼之外了解案情；（2）当事人以外的其他人；（3）必须是自然人，不能是法人；（4）证人不适用回避
      - 鉴定人：受公安司法机关的指派或聘请，具有专门知识或技能的人
      - 翻译人（翻译人员适用回避的相关规定）

刑事诉讼职能

- 概念
  - 是指根据法律规定，国家专门机关和诉讼参与人在刑事诉讼中所承担的职责、具有的作用和功能
- 职能
  - 控诉职能
    - 是指提出控诉，要求追究犯罪嫌疑人、被告人的刑事责任
    - 主要由侦查机关、检察机关、自诉人和被害人及其法定代理人、诉讼代理人等行使
  - 辩护职能
    - 相对于控诉职能，指提出对被控诉人有利的事实和理由，维护被控诉人的合法权益
    - 由犯罪嫌疑人、被告人和辩护人等行使
  - 审判职能
    - 是指通过审理确定被告人是否犯有被指控的罪行和应否处以刑罚以及处以何种刑罚
    - 由人民法院行使

第三章　刑事诉讼的基本原则

刑事诉讼的基本原则

- 基本原则的要求
  - 体现刑事诉讼活动的基本规律
  - 贯穿刑事诉讼全过程（普遍指导意义，不是仅限于某个阶段）
  - 由法律明确规定（具有法律约束力）
- ☆基本原则的内容
  - 侦查权、检察权、审判权由专门机关依法行使原则
  - 严格遵守法律程序原则
  - 人民法院、人民检察院依法独立行使职权原则
  - 分工负责，互相配合，互相制约原则
  - 人民检察院依法对刑事诉讼实行法律监督
  - 各民族公民有权使用本民族语言文字进行诉讼
  - 未经人民法院依法判决对任何人都不得确定有罪
  - 具有法定情形不予追究刑事责任原则
  - 犯罪嫌疑人、被告人有权获得辩护原则
  - 自愿认罪认罚从宽处理原则

第四章 管辖

立案管辖

- 公安机关
  - 一般刑事案件，除法律另有规定的除外
  - 注意
    - 国安：间谍、危害国家安全犯罪
    - 军队保卫部门：对军队内部发生的案件
    - 监狱：罪犯在监狱内犯罪
    - ☆中国海警局：履行海上维权执法职责，对海上发生的刑事案件行使侦查权
- 人民检察院
  - 具体罪名：司法工作人员利用职权实施的非法拘禁、刑讯逼供、非法搜查等侵犯公民权利、损害司法公正的犯罪
  - 立案的检察院：设区的市级人民检察院、基层人民检察院、最高人民检察院、省级人民检察院
  - 指定管辖的案件范围：（1）管辖有争议的案件；（2）需要改变管辖的案件；（3）需要集中管辖的特定类型的案件；（4）其他
- 人民法院自诉案件范围
  - 【亲告案件】告诉才处理的案件
    - 侮辱、诽谤案
    - 暴力干涉婚姻自由案
    - 虐待案
    - 侵占案
  - 【可公可自】人民检察院没有提起公诉，被害人有证据证明的轻微刑事案件
    - 属于刑法分则第四章、第五章规定的，对被告人可能判处3年有期徒刑以下的刑罚的案件
    - 重婚案；遗弃案；侵犯通信自由案；生产、销售伪劣商品案；侵犯知识产权案；非法侵入住宅案；故意伤害案
  - 【公转自】条件
    - 被害人有证据证明
    - 侵犯自己人身、财产权利
    - 行为应当依法追究刑事责任
    - 有证据证明曾经提出控告，而公安或检察院不予追究被告人刑事责任的案件

审判管辖

- **级别管辖**
  - 基层人民法院：绝大多数刑事案件实际上都是由基层人民法院进行第一审
  - 中级人民法院
    - 危害国家安全方面的犯罪
    - 恐怖活动案件
    - 可能判处无期徒刑、死刑的案件
    - 违法所得没收案件、第一类缺席审判（仅指贪污受贿、经最高检批准的危恐犯罪人在境外）
  - 高级人民法院：全省（自治区、直辖市）性的重大刑事案件
  - 最高人民法院：全国范围内具有重大影响的，性质、情节都特别严重的刑事案件
- **地域管辖**
  - 犯罪地管辖为主：包括犯罪行为发生地和犯罪结果发生地
  - 被告人居住地为辅
    - 被告人：户籍地（户籍地与经常居住地不一致，经常居住地为其居住地，就医除外）
    - 被告单位：登记住所地（为主）、主要营业地、主要办事机构所在地
  - 地域管辖争议解决
    - 优先管辖：几个同级人民法院均有管辖权，由最初受理的人民法院管辖
    - 移送管辖：必要时可将案件移送主要犯罪地的法院
    - 指定管辖：协商，协商不成报共同上级法院指定

第五章 回避制度

- 回避（一）
  - 回避的概念
    - 指根据刑事诉讼法和有关法律的规定，侦查人员、检察人员、审判人员以及书记员、翻译人员和鉴定人等同案件有法定利害关系或其他可能影响案件公正处理的关系，因而不得参与该案诉讼活动的一项诉讼制度
  - 回避适用人员
    - 审判人员、检察人员、侦查人员
    - 书记员、翻译人员、鉴定人
    - 其他人员
  - 回避理由
    - 身份不当
    - 任职不当
    - 跨诉讼阶段
    - 违法违规
  - 回避种类
    - 自行回避：主动自己退出
    - 申请回避：案件当事人及其法定代理人、诉讼代理人、辩护人申请，要求回避
    - 指令回避：公检法领导责令决定其回避

回避（二）

- 回避程序
  - 回避的申请
    - 主体：当事人及其法定代理人、辩护人、诉讼代理人
    - 方式：书面或口头
  - 回避的决定权人
    - 法院：审判委员会—法院院长—审判人员
    - 检察院
      - 同级检察委员会—检察长—检察人员
      - 同级检察委员会—公安机关负责人—侦查人员
    - 公安机关
      - 公安机关负责人：由同级检察委员会决定
      - 其他人员：均由公安机关的负责人决定
  - 回避的审查决定
  - 回避的效果
    - 对侦查人员的回避在作出回避决定以前，侦查人员不能停止工作
    - 在审查起诉和法院审判时发现有回避的理由一定要停止审查起诉和审判
    - 申请人在对回避决定不服的申请复议期间，侦查人员、审查起诉和法院审判人员都不停止工作
  - 对驳回回避申请的复议
    - 自行回避和指令回避，回避决定的作出不需要告知当事人
    - 申请回避的，当事人及其法定代理人、辩护人、诉讼代理人对驳回回避申请的决定不服，有权申请复议

第六章　辩护与代理

辩护（一）

- 辩护人的概念和人数
  - 辩护概念：是指辩方（犯罪嫌疑人、被告人及其辩护人）针对控方（公诉机关或者自诉人）对犯罪嫌疑人、被告人的指控，从实体和程序上提出有利于犯罪嫌疑人、被告人的事实和理由，以辨明犯罪嫌疑人、被告人无罪、罪轻或者应当减轻、免除刑事处罚，以及犯罪嫌疑人、被告人的程序权利受到侵犯，维护犯罪嫌疑人、被告人诉讼权利的诉讼活动
  - 人数：一名被告人委托辩护人不得超过两人
- 辩护人的范围
  - 正面范围：（1）律师；（2）人民团体或者犯罪嫌疑人、被告人所在单位推荐的人；（3）监护人、亲友
  - 禁止范围
    - 绝对禁止
      - 正在被执行刑罚或者处于缓刑、假释考验期间的人
      - 依法被剥夺、限制人身自由的人
      - 无行为能力或者限制行为能力的人
    - 相对禁止
      - 人民法院、人民检察院、公安机关、国家安全机关、监狱的现职人员
      - 人民陪审员
      - 与本案审理结果有利害关系的人
      - 外国人或者无国籍人
      - 被开除公职和被吊销律师、公证员职业证书的人
      - 注意：此时相关人员如果是犯罪嫌疑人、被告人的监护人、近亲属，由被告人委托担任辩护人的，人民法院可以准许

辩护（二）

- 辩护人的地位和义务
  - 地位：是犯罪嫌疑人、被告人合法权益的专门维护者
  - 义务
    - 证据开示义务
    - 保密义务
    - 追究辩护人犯罪
- 辩护人的权利
  - 法律帮助，代理申诉、控告
  - 阅卷权
  - 会见、通信权
  - 调查取证权、申请取证、检察院自行调取
  - 申请取保候审的权利
  - 申请解除超期强制措施的权利
  - 申请回避权
  - 申诉、控告权
  - 提出意见权
  - 获得通知的权利

辩护（三）

- 拒绝辩护
  - 被告人拒绝辩护
    - 对法律援助中“应当指定辩护”
      - 如果是指派的：要理由+1次机会+必须有人辩护
      - 如果是委托的：不要理由+1次机会+必须有人辩护
    - 对法律援助中“可以指定辩护”，不管是否指派：不用理由+2次机会+最终只能自辩
  - 辩护人拒绝辩护
    - 委托事项违法
    - 委托人利用律师提供的服务从事违法活动
    - 委托人故意隐瞒与案件有关的重要事实
- 辩护的种类
  - 自行辩护：贯穿于整个诉讼始终
  - 委托辩护
  - 法律援助辩护
- 法律援助
  - 条件
    - 前提：没有辩护人
    - 适用于侦、检、审
    - 只能是律师来担任
    - 应通知法律援助机构指派律师
  - 应当指定情形
    - 盲、聋、哑
    - 尚未完全丧失辨认或者控制自己行为能力的精神病人
    - 未满18周岁的未成年人
    - 可能判处无期、死刑的
    - 其他

第七章　刑事证据与证明

刑事证据与证明（一）

- 刑事证据的概念
  - 指以法律规定的形式表现出来的能够证明案件真实情况的一切事实
  - 基本特征
    - 客观性
    - 关联性（证明力）
    - 合法性（证据能力）
- 刑事证据的种类
  - 物证：以其外部特征、存在位置、物理属性来证明案件真实情况的一切物品和痕迹
  - 书证：以其记载的内容和表达的思想来证明
  - ☆证人证言
  - 被害人陈述
  - 犯罪嫌疑人、被告人供述和辩解
  - 鉴定意见
  - 勘验、检查、辨认、侦查实验等笔录
  - 视听资料、电子数据
- 刑事证据的理论分类
  - 言词证据、实物证据：根据证据的表现形式分类
  - 有罪证据、无罪证据：根据证据的证明作用不同分类
  - 原始证据、传来证据：根据证据的来源不同分类
  - 直接证据、间接证据：根据证据与案件主要事实的证明关系不同分类
- 证据规则
  - ☆非法证据排除规则
  - 自白任意规则
  - 传闻证据规则
  - 意见证据规则
  - 补强证据规则
  - 最佳证据规则

刑事证据与证明（二）

- 刑事诉讼证明
  - 证明对象
    - 需要证明的事项
      - 实体法事实：定罪与量刑
      - 程序法事实
    - 具体证明内容
      - 有关犯罪构成要件的事实
      - 有关罪行轻重的量刑情节的事实
      - 排除某些行为违法性、可罚性的事实
      - 免除刑事责任的事实
      - 程序法事实
    - 免证事项
      - 众所周知的事实
      - 司法认知的事实
      - 法律规定的推定事实
      - 在法庭审理中不存在异议的程序事实
  - 证明责任
    - 特征
      - 与诉讼主张相关联
      - 提供证据责任与说服责任统一
      - 和不利后果相关联
    - 分担
      - 公诉案件：检察院证明有罪
      - 自诉案件：自诉人证明有罪
  - 定罪标准
    - 立案：有犯罪事实发生
    - 逮捕：有证据证明有犯罪事实
    - 侦查终结：犯罪事实清楚，证据确实、充分
    - 审查起诉：犯罪事实清楚，证据确实、充分
    - 有罪判决：犯罪事实清楚，证据确实、充分

第八章　强制措施

强制措施（一）

- **拘传**
  - 主体：人民法院、人民检察院和公安机关都可决定和执行
  - 对象：未被逮捕、拘留的犯罪嫌疑人、被告人
  - 时间：一次拘传持续的最长时间不得超过12小时，案情重大复杂，需要拘留逮捕的不超过24小时
- **☆取保候审**
  - 主体：人民法院、人民检察院和公安机关决定，由公安机关执行
  - 对象：无需逮捕的犯罪嫌疑人、被告人
  - 适用
    - 可能判处管制、拘役或者独立适用附加刑的
    - 可能判处有期徒刑以上刑罚，采取取保候审不致发生社会危险性的
    - 严重疾病、生活不能自理，怀孕或者正在哺乳自己婴儿，不致发生社会危险性的
    - 羁押期限届满，案件尚未办结，需要采取取保候审的
- **☆监视居住**
  - 适用情形
    - 患有严重疾病、生活不能自理的
    - 怀孕或者正在哺乳自己婴儿的妇女
    - 系生活不能自理的人的唯一扶养人
    - 对于符合取保候审条件，但犯罪嫌疑人、被告人不能提出保证人，也不交纳保证金的，也可以监视居住
    - 羁押期限届满，案件尚未办结，需要采取监视居住措施的
  - 监视居住的程序
    - 执行：监视居住由公安机关执行
    - 期限：监视居住的期限最长不超过6个月
- **拘留**
  - 决定：检察院和公安决定，公安机关执行
  - 对象：现行犯或重大嫌疑分子

强制措施（二）

- ☆逮捕
  - 任何公民，非经人民检察院批准或者决定或者人民法院决定，由公安机关执行，不受逮捕
  - 逮捕条件
    - 一般应当逮捕条件
      - 证据因素
        - 有证据证明发生了犯罪事实
        - 有证据证明该犯罪事实是犯嫌疑人实施的
        - 犯罪嫌疑人实施犯罪行为的证据已有查证属实的
      - 刑罚因素：可能判处有期徒刑以上刑罚
      - 危险因素
        - 采取取保候审不足以防止下列危险发生的：（1）可能实施新的犯罪的；（2）有危害国家安全、公共安全或者社会秩序的现实危险的；（3）可能毁灭、伪造证据，干扰证人作证或者串供的；（4）可能对被害人、举报人、控告人实施打击报复的；（5）企图自杀或者逃跑的
        - 批准或者决定逮捕，应当将犯罪嫌疑人、被告人涉嫌犯罪的性质、情节，认罪认罚等情况，作为是否可能发生社会危险性的考虑因素
    - 法定应当逮捕
      - 对有证据证明有犯罪事实，可能判处10年有期徒刑以上刑罚
      - 有证据证明有犯罪事实，可能判处徒刑以上刑罚，曾经故意犯罪
      - 有证据证明有犯罪事实，可能判处徒刑以上刑罚，不讲真实姓名、住址，身份不明的

第九章 附带民事诉讼

附带民事诉讼（一）

- 概念
  - 是由刑事诉讼所追究的涉嫌犯罪的行为引起的，是在追究被告人刑事责任的同时，附带解决其应承担的民事赔偿责任问题
  - 注意：附带民事诉讼必须以刑事诉讼的成立为前提，如果刑事诉讼不能成立，附带民事诉讼也不能成立，但可以另行提起独立的民事诉讼
- 成立条件
  - 提起时间
    - 在刑事案件立案后及时提起
    - 一审未提起附带民诉，在二审期间提起的，二审法院可以依法进行调解；调解不成的，告知另行提起民事诉讼
  - 以刑事诉讼为前提
    - 如果刑事部分作出撤销案件、不起诉的处理，附带民事诉讼不能继续进行，而应当另行提起民事诉讼
    - 人民法院认定公诉案件被告人的行为不构成犯罪的，对已经提起的附带民事诉讼，经调解不能达成协议的，应当一并作出刑事附带民事判决
      检察院撤回起诉的公诉案件，对已经提起的附带民事诉讼，可以进行调解；不宜调解或者经调解不能达成协议的，应当裁定驳回起诉，并告知附带民事诉讼原告人可以另行提起民事诉讼
  - 被害人遭受的必须是物质损失
    - 被害人的损失是由被告人“犯罪行为”造成
    - 因人身权利受到犯罪侵犯或者财物被犯罪分子毁坏而遭受物质损失

附带民事诉讼（二）

- 当事人
  - 附带民事诉讼原告人
    - 因犯罪行为遭受物质损失的公民、企业、事业单位、机关、团体
    - 当被害人是未成年人或精神病患者等无行为能力人或者限制行为能力人时，他们的法定代理人可以提起附带民事诉讼
    - 当被害人死亡时，其近亲属可以提起附带民事诉讼
    - 国家财产、集体财产遭受损失，被害单位没有提起附带民诉时，检察院可以提起
  - 附带民事诉讼被告人
    - 刑事被告人的监护人
    - 死刑罪犯的遗产继承人
    - 共同犯罪案件中，案件审结前死亡的被告人的遗产继承人
    - 对被害人的物质损失依法应当承担民事赔偿责任的其他单位和个人
    - 刑事案件的被告人及未被追究刑事责任的其他共同侵害人
    - 不应当列为附带民事诉讼被告人：（1）附带民事诉讼被告人的亲友自愿代为赔偿的，应当准许；（2）共同犯罪案件，同案犯在逃的，不应当列为附带民事诉讼被告人。逃跑的同案犯到案后，对其提起附带民事诉讼，但已经从其他共同犯罪人处获得足额赔偿的除外
- 审判
  - 受理：人民法院应当在7日内决定是否立案
  - 证明责任分配：附带民事诉讼当事人对自己提出的主张，有责任提供证据
  - 财产保全
    - 诉前财产保全
    - 诉讼中的财产保全

第十章　期间与送达

期间与送达（一）

- 重点期间规定
  - 公安侦查羁押期限
    - 一般 2个月 无需批准
    - 案情复杂、期限届满不能终结延长1个月上一级人民检察院批准
    - “交流广集”且重大复杂 延长2个月 省、自治区、直辖市人民检察院批准或决定
    - 可能判处10年有期徒刑以上 延长2个月 省、自治区、直辖市人民检察院批准或决定
  - 审查起诉
    - 一般 1个月
    - 重大复杂的案件，可延长半个月
    - 对于补充侦查的案件，应当在1个月以内补充侦查完毕，补充侦查以2次为限
  - 公诉案件审理期间：2+1+3+X
  - 自诉
    - 被羁押：同公诉案件审理期间
    - 未被羁押：应当在立案后6个月内宣判
  - 简易程序：应当在受理后20日以内审结；可能判处的有期徒刑超过3年的，可以延长至一个半月

期间与送达（二）

- 送达
  - 直接送达
    - 指公安司法机关派员将诉讼文件直接交给收件人。而不是通过中介人或中间环节
    - 如果收件人本人不在，由他的成年家属或所在单位的负责收件人代收，代收人也应当在送达回证上记明收到日期，并且签名或者盖章。签收的日期为送达的日期
  - 留置送达
    - 本人或者代收人拒绝接受诉讼文件或者拒绝签名、盖章时，送达人员将诉讼文件放置在收件人或代收人的住处
    - 收件人本人或者代收人拒绝接收或者拒绝签名、盖章的时候，送达人员邀请他的邻居或者其他见证人到场，说明情况，在送达回证上记明拒收的事由和日期，即视为送达
    - 诉讼文件的留置送达与交给收件人或代收人具有同样的法律效力
    - 收件人或者代收件人拒绝签收的，也可以把诉讼文书留在受达人的住处，并采用拍照、录像等方式记录送达过程，即视为送达
  - 委托送达
    - 指承办案件的公安司法机关委托收件人所在地的公安司法机关代为送达的一种方式
    - 委托送达的前提是，收件人所在地与送达主体的所在地不一致，直接送达有困难
  - 邮寄送达
    - 通过邮局以挂号信的方式将需送达文书邮寄给受送达人。挂号回执上注明日期为送达的日期
    - 人民法院向域外居住的当事人送达文书的，受送达人所在国法律允许的，可以邮寄送达。自邮寄之日起满3个月，送达回证未退回，但根据各种情况可以认定已经送达的，视为送达
  - 转交送达
    - 军人：通过所在部队团级以上单位的政治部门转交
    - 服刑人员：通过所在监狱或者其他执行机关转交
    - 强制性教育：收件人正在被采取强制性教育措施的，应当通过强制性教育机构转交

第十一章 立案程序

立案（一）

- **概念**
  - 指公安机关、人民检察院发现犯罪事实或者犯罪嫌疑人，或者公安机关、人民检察院、人民法院对于报案、控告、举报和自首的材料，以及自诉人起诉的材料，按照各自的管辖范围进行审查后，决定作为刑事案件进行侦查或者审判的一种诉讼活动
- **材料来源**
  - 公安检察机关直接发现犯罪事实或犯罪嫌疑人
  - 单位或个人的报案或举报
  - 被害人的报案和控告
  - 犯罪人的自首
- **条件**
  - 公诉案件
    - 有犯罪事实
    - 需要追究刑事责任
  - 自诉案件
    - 属于刑事自诉案件的范围
    - 属于该人民法院管辖
    - 刑事案件的被害人告诉的
    - 有明确的被告人、具体的诉讼请求和能证明被告人犯罪事实的证据

立案（二）

- 程序
  - 对立案材料的接受
    - 接受
      - 公安、检察院或法院对于报案、控告、举报、自首，都应当接受
      - 不属于自己管辖的，应当移送主管机关处理
      - 不属于自己管辖而又必须采取紧急措施的，应当先采取紧急措施，然后移送主管机关
    - 公安、检察院调查核实
      - 应当按照管辖范围，迅速进行调查核实
    - 自诉法院立案审查
      - 法院审查过程中，如果认为自诉人提出的证据不充分，可以要求自诉人提出补充证实有关犯罪事实的材料，但在立案前法院不得进行调查
  - 对立案材料的处理
    - 立案
      - 认为有犯罪事实需要追究刑事责任的时候，应当立案
    - 不立案
- 监督
  - 概念
    - 指有监督权的机关和公民依法对立案活动进行监视、督促或者审核的诉讼活动
  - 范围
    - 控告人的监督
      - 对公安机关不立案的监督
      - 对人民检察院不立案的监督
    - 人民检察院的监督
      - 公安无需说明理由的情形4种
      - 公安需说明理由情形4种
      - 公安对检察院立案监督的复议复核
      - 对检察院自侦案件立案监督

第十二章 侦查程序

侦查（一）

- 概述
  - 指公安机关、人民检察院在办理案件过程中，依照法律进行的专门调查工作和有关的强制性措施
- 行为
  - 讯问犯罪嫌疑人
  - 询问证人、被害人
  - 勘验、检查
  - 搜查
  - 查封、扣押、查询、冻结
  - 辨认
  - 技术侦查措施
  - 通缉
  - 鉴定
- 终结
  - 是侦查机关对于自己立案侦查的案件，经过一系列的侦查活动，根据已经查明的事实、证据，依照法律规定，足以对案件作出起诉、不起诉或者撤销案件的结论，决定不再进行侦查，并对犯罪嫌疑人作出处理的一种诉讼活动

侦查（二）

☆补充侦查

- 概念
  - 是指公安机关或者人民检察院依照法定程序，在原有侦查工作的基础上进行补充收集证据的一种侦查活动
  - 注意：补充侦查并不是每个案件都必须进行的活动，它只适用于事实不清、证据不足或者遗漏罪行、遗漏同案犯罪嫌疑人的案件
  - 由人民检察院决定，公安机关或人民检察院实施
- 内容
  - 批准逮捕时的补充侦查
    - 人民检察院对于公安机关提请批准逮捕的案件进行审查后，应当根据情况分别作出批准逮捕或者不批准逮捕的决定。对于批准逮捕的决定，公安机关应当立即执行，并且将执行情况及时通知人民检察院。对于不批准逮捕的，人民检察院应当说明理由，需要补充侦查的，应当同时通知公安机关
  - 审查起诉时的补充侦查
    - 公安侦查移送
      - 检察院可以退回公安机关补充侦查（一次一个月，两次为限）
      - 检察院也可以自行侦查（审查起诉期限内完成，没有次数限制）
    - 检察院自侦移送
      - 人民检察院负责捕诉的部门对本院负责侦查的部门移送起诉的案件进行审查后，认为犯罪事实不清、证据不足或者存在遗漏罪行、遗漏同案犯罪嫌疑人等情形需要补充侦查的，应当制作补充侦查提纲，连同案卷材料一并退回负责侦查的部门补充侦查（一次一个月，两次为限）。必要时，也可以自行侦查（审查起诉期限内完成，没有次数限制），可以要求负责侦查的部门予以协助
  - 法庭审理时的补充侦查
    - 检察院主动提出补充侦查
    - 法院建议补充侦查

第十三章　起诉

起诉

- **概念**
  - 刑事起诉，是指享有控诉权的国家机关和公民依法向法院提起诉讼，请求法院对指控的内容进行审判，以确定被告人刑事责任并依法予以刑事制裁的诉讼活动
- **分类**
  - 自诉：是指刑事被害人及其法定代理人、近亲属等，以个人的名义向法院起诉，要求保护被害人的合法权益，追究被告人刑事责任的诉讼活动
  - 公诉：依法享有刑事起诉权的国家专门机关代表国家向法院提起诉讼，要求法院通过审判确定被告人犯有被指控的罪行并给予相应的刑事制裁的诉讼活动
- **起诉方式**
  - 现代公诉主要分为两种类型：（1）公诉独占主义；（2）公诉兼自诉
  - 我国刑事诉讼实行以公诉为主、自诉为辅的犯罪追诉机制
- **提起公诉**
  - 实质条件
    - 犯罪嫌疑人的犯罪事实已经查清
    - 证据确实、充分
    - 依法应当追究刑事责任
  - 形式要求
    - 应当向人民法院移送起诉书
    - 应当依法按照审判管辖的规定，向同级人民法院提出，不允许越级起诉

三类不起诉

- 法定不起诉
  - 犯罪嫌疑人没有犯罪事实的
  - 情节显著轻微、危害不大，不认为是犯罪的
  - 犯罪已过追诉时效期限的
  - 经特赦令免除刑罚的
  - 依照刑法告诉才处理的犯罪，没有告诉或者撤回告诉的
  - 犯罪嫌疑人、被告人死亡的
  - 其他法律规定免予追究刑事责任的
- 酌定不起诉（对于犯罪情节轻微不需要判处刑罚的，可以免予刑事处罚）
  - 在中华人民共和国领域外犯罪，依照我国刑法规定应当负刑事责任，但在外国已经受过刑事处罚的
  - 犯罪嫌疑人又聋又哑，或者是盲人的
  - 犯罪嫌疑人因防卫过当或紧急避险超过必要限度，并造成不应有危害而犯罪的
  - 为犯罪准备工具、制造条件的
  - 在犯罪过程中自动终止或自动有效防止犯罪结果发生的
  - 在共同犯罪中，起次要或辅助作用的
  - 被胁迫、被诱骗参加犯罪的
  - 犯罪嫌疑人自首或自首后立功的
  - 犯罪轻微又自首的或犯罪较重而有立功表现的
- 证据不足不起诉
  - 退回补充侦查知证据不足
  - 排除非法证据后知证据显然不足

第十四章　刑事审判概述

- 刑事审判概述
  - 刑事审判模式
    - 弹劾、纠问式
    - 职权、当事人
    - 混合模式
  - 审判公开原则
    - 应当不公开的案件
      - 国家秘密
      - 个人隐私
      - 审判时被告不满18周岁
    - 可以不公开的案件
      - 涉及商业秘密，当事人申请不公开审理
  - 直接言词原则
    - 直接交流
    - 言语交流
  - 辩论原则
    - 辩论的主体是控辩双方和其他当事人
    - 辩论的内容是证据问题、事实问题、程序问题和法律适用问题
    - 法院裁判的作出应以充分的辩论为必经程序
  - 集中审理原则
    - 不换人、不换庭、不中断
  - 两审终审制度
    - 含义
      - 一个案件至多经过两级法院审判即告终结
      - 一审的裁判不立即生效；上诉期内无上诉和抗诉，方能生效
      - 二审的裁判是终审的裁判，立即生效；不得上诉和提出二审抗诉
    - 特殊
      - 一审终审：最高人民法院审理的第一审案件
      - 两审不终审：死刑案件和法定刑以下判处刑罚的案件

第十五章　第一审程序

第一审程序

- ☆公诉案件第一审程序
  - 庭前审查
  - 开庭前的准备（庭前会议）
  - 法庭审判
    - 开庭—法庭调查—法庭辩论—被告人最后陈述—评议和宣判
  - ☆审判障碍
    - 延期审理
      - 需要通知新的证人到庭，调取新的物证，重新鉴定或者勘验的
      - 检察人员发现提起公诉的案件需要补充侦查，提出建议的
      - 由于申请回避而不能进行审判的
    - 中止审理
      - 被告人患有严重疾病，无法出庭的
      - 被告人脱逃的
      - 自诉人患有严重疾病，无法出庭，未委托诉讼代理人出庭的
      - 由于不能抗拒的原因
    - 终止审理
      - 犯罪已过追诉时效期限的
      - 经特赦令免除刑罚的
      - 依照刑法告诉才处理的犯罪，没有告诉或者撤回告诉的
      - 犯罪嫌疑人、被告人死亡的
      - 其他法律规定免于追究刑事责任的
  - 审理期限
    - 应当在受理后2个月以内宣判，至迟不超过3个月
    - 对于可能判处死刑的案件或者附带民事诉讼的案件，以及有《刑诉法》第158条规定的情形之一的，经上一级人民法院批准，可以再延长3个月。因特殊情况还需要延长的，报请最高人民法院批准

☆简易程序

- 特点
  - 只适用于第一审程序
  - 只适用于基层人民法院
  - 简易程序的具体内容是对第一审普通程序的相对简化
  - 审理期限短
- 适用条件
  - 案件事实清楚、证据充分的
  - 被告人承认自己所犯罪行，对指控的犯罪事实没有异议的
  - 被告人对适用简易程序没有异议的
- 不适用情形
  - 被告人是盲聋哑人
  - 被告人是尚未完全丧失辨认或者控制自己行为能力的精神病人
  - 有重大社会影响的
  - 共同犯罪案件中部分被告人不认罪或者对适用简易程序有异议的
  - 辩护人作无罪辩护的
  - 被告人认罪但经审查认为可能不构成犯罪的
  - 其他
- 特点
  - 审判组织形式的简化
  - 公诉案件中，人民检察院应当派员出庭
  - 简化法庭调查和法庭辩论程序
  - 简易程序在必要时得变更为普通程序

☆速裁程序

- 特点
  - 只适用于第一审程序
  - 只适用于基层人民法院
  - 速裁程序的具体内容是对第一审简易程序的进一步简化
  - 审理期限短
- 适用条件
  - 可能判处3年有期徒刑以下刑罚的案件
  - 案件事实清楚，证据确实、充分
  - 被告人认罪认罚并同意适用速裁程序的
- 不适用情形
  - 被告人是盲聋哑人，或者是尚未完全丧失辨认或者控制自己行为能力的精神病人
  - 被告人是未成年人的
  - 有重大社会影响的
  - 共同犯罪案件中部分被告人对指控的犯罪事实、罪名、量刑建议或者适用速裁程序有异议的
  - 被告人与被害人或者其他法定代理人没有就附带民事诉讼赔偿等事项达成调解或者和解协议的
  - 其他

第十六章 第二审程序

- 第二审程序
  - 上诉
    - 主体
      - 自诉人、被告人或者他们法定代理人
      - 经被告同意的辩护人、近亲属，还有附带民事诉讼当事人及其法定代理人
    - 理由：无需理由
    - 形式：可以口头，可以书面
  - 抗诉
    - 主体
      - 申请抗诉的主体：公诉案件的被害人及其法定代理人有申请抗诉权
      - 抗诉主体：提起公诉的检察机关
    - 理由：一审判决确有错误
    - 形式：书面
  - 开庭审理的案件范围
    - 当事人对一审事实、证据提出异议，可能影响定罪量刑的上诉案件
    - 被告人被判处死刑的上诉案件
    - 人民检察院抗诉的案件
    - 应当开庭审理的其他案件
  - 二审程序的重要原则
    - 全面审查原则
    - 上诉不加刑原则

第十七章 死刑复核程序

- 死刑复核程序
  - 死刑复核程序
    - 概念：是我国刑事诉讼法规定的一种独立于普通审判程序之外的特别审查核准程序
    - 意义：从程序上保证死刑案件的质量，统一死刑适用标准，贯彻少杀、慎杀、防止错杀的方针
  - 死刑立即执行
    - 报请复核的材料及要求
      - “一案一核”制度
      - “层层复核”制度
    - 复核程序
      - 讯问被告人
      - 审查核实案卷材料
      - 听取辩护律师意见
      - 最高人民检察院提出意见
      - 制作复核审理报告
      - 复核结果通报最高人民检察院
  - 缓期两年执行
    - 核准法院：高级人民法院和解放军军事法院

第十八章　审判监督程序

审判监督程序

- 启动主体
  - 申诉：当事人及其法定代理人、近亲属
  - 提起审判监督程序的主体
    - 法院：（1）针对本院生效判决，作出生效裁判的法院院长和审委会可提起；（2）最高人民法院、上级人民法院有权提审或者指令下级再审
    - 各级检察院和其他上级检察院
- ☆再审不开庭的情形
  - 原判决、裁定认定事实清楚，证据确实、充分，但适用法律错误，量刑畸重的
  - 1979年《刑诉法》施行以前裁判的
  - 原审被告人（原审上诉人）、原审自诉人已经死亡或者丧失刑事责任能力的
  - 原审被告人（原审上诉人）在交通十分不便的边远地区监狱服刑，提押到庭确实有困难的；但是人民检察院提出抗诉的，人民法院应征得人民检察院的同意
  - 人民法院依法通知人民检察院派员到庭，经两次通知，人民检察院不派员出庭的

第十九章　执行

- 执行
  - 法律依据
    - 一审法院判决被告人无罪、免除刑事处罚，如被告人在押，在宣判后应当立即释放
    - 由交付执行法院在判决生效后10日内将有关的法律文书送达执行机关
  - 执行主体
    - 公安机关
      - 法律规定交付执行前余刑在3个月以下的，由看守所代为执行
      - 拘役、剥夺政治权利的执行，以及驱逐出境罪犯的刑罚执行，由公安执行
    - 人民法院
      - 罚金、没收财产、无罪、死刑立即执行、免除刑罚的判决的执行
    - 监狱
      - 对于被判处死刑缓期二年执行、无期徒刑、有期徒刑罪犯，由公安机关送交监狱执行刑罚
    - 未成年犯管教所
      - 对于已满14周岁不满18周岁的未成年犯，应当在未成年犯管教所执行刑罚
    - 社区矫正机构
      - 对被判处管制、宣告缓刑、假释或者暂予监外执行的罪犯，依法实行社区矫正
      - 如果被执行人在社区矫正时逃跑，应当通知公安，由公安追逃

第二十章　未成年人刑事案件诉讼程序

未成年人刑事案件诉讼程序

- 特有原则
  - 教育为主，处罚为辅
  - 分案处理原则：为了防止交叉影响，对被拘留、逮捕和执行刑罚的未成年人与成年人应当分别关押、分别管理、分别教育
  - 和缓原则
  - 不公开审理原则
  - 全面调查原则
  - 及时原则
  - ☆审理原则
    - 一律不公开审理，经未成年被告人及其法定代理人同意，未成年被告人所在学校和未成年人保护组织可以派代表到场
    - 一般应当通知其近亲属到庭
    - 对于公开审理的案件又需要封存犯罪记录的，在公开审判和宣判时，不得组织旁听，有旁听人员的应当告知旁听人员不得传播案件
  - 保密原则
- ☆附条件不起诉
  - 适用情形：未成年人涉嫌刑法分则第四章、第五章、第六章规定的犯罪，可能判处1年以下刑罚，事实清楚、证据确实充分，符合起诉条件，但有悔罪表现的，检察院可以作出附条件不起诉的决定

第二十一章 当事人和解的公诉案件诉讼程序

当事人和解的公诉案件诉讼程序（一）

- ☆适用范围和条件
  - 犯罪嫌疑人、被告人真诚悔罪
  - 案件事实基本查清
  - 犯罪嫌疑人、被告人获得被害人谅解且被害人自愿和解
  - 犯罪嫌疑人、被告人在5年内未曾故意犯罪
  - 民间纠纷引起，涉嫌刑法分则第四章、第五章规定的犯罪案件，可能判处3年有期徒刑以下刑罚
  - 除渎职犯罪以外的可能判处7年有期徒刑以下刑罚的过失犯罪案件
- 和解主体
  - 被害人
    - 被害人死亡的，其近亲属可以与被告人和解
    - 被害人系无行为能力或限制行为能力人的，其法定代理人、近亲属可以代为和解
  - 犯罪嫌疑人、被告人
    - 被告人的近亲属经被告人同意，可以代为和解
    - 犯罪嫌疑人或被告人系限制行为能力人的，其法定代理人可以代为和解
    - 犯罪嫌疑人在押的，经犯罪嫌疑人同意，其法定代理人、近亲属可以代为和解

当事人和解的公诉案件诉讼程序（二）

和解对象

【可协商内容】双方当事人可以就赔偿损失、赔礼道歉等民事责任事项进行和解，并且可以就被害人及其法定代理人或者近亲属是否要求或者同意公安机关、人民检察院、人民法院对犯罪嫌疑人依法从宽处理进行协商

【不可协商内容】但不得对案件的事实认定、证据采信、法律适用和定罪量刑等依法属于公安机关、人民检察院、人民法院职权范围的事项进行协商

和解程序

注意：对达成和解协议的案件，人民法院应当对被告人从轻处罚；符合非监禁刑适用条件的，应当适用非监禁刑；判处法定最低刑仍然过重的，可以减轻处罚；综合全案认为犯罪情节轻微不需要判处刑罚的，可以免除刑事处罚。共同犯罪案件，部分被告人与被害人达成和解协议的，可以依法对该部分被告人从宽处罚

☆和解协议

公安机关主持签订的：和解协议应当及时履行

检察院主持签订的：应当在双方签署协议后立即履行，至迟在人民检察院作出从宽处理决定前履行。确实难以一次性履行的，在被害人同意并提供有效担保的情况下，也可以分期履行

法院主持签订的：被告人应当在协议签署后即时履行

第二十二章 缺席审判程序

缺席审判程序

- ☆适用范围
  - 对于贪污贿赂犯罪案件，以及需要及时进行审判，经最高人民检察院核准的严重危害国家安全犯罪、恐怖活动犯罪案件，犯罪嫌疑人、被告人在境外，监察机关、公安机关移送起诉，人民检察院认为犯罪事实已经查清，证据确实、充分，依法应当追究刑事责任的，可以向人民法院提起公诉。人民法院进行审查后，对于起诉书中有明确的指控犯罪事实，符合缺席审判程序适用条件的，应当决定开庭审判
  - 因被告人患有严重疾病无法出庭，中止审理超过6个月，被告人仍无法出庭，被告人及其法定代理人、近亲属申请或者同意恢复审理的，人民法院可以在被告人不出庭的情况下缺席审理，依法作出判决
  - 被告人死亡的，人民法院应当裁定终止审理，但有证据证明被告人无罪，人民法院经缺席审理确认无罪的，应当依法作出判决。人民法院按照审判监督程序重新审判的案件，被告人死亡的，人民法院可以缺席审理，依法作出判决
- 检察院审批流程
  - 层报最高检+提出核准或者不予核准意见+载明
- 判决书送达及其救济权
  - 被告人及其近亲属有独立的上诉权。辩护人经被告人或者其近亲属同意，可以提出上诉
- 被告人归案后的处理
  - 审理中到案的应当重新审理，判决生效后到案的，有异议才应当重新审理

第二十三章 犯罪嫌疑人、被告人逃匿、死亡案件违法所得的没收程序

犯罪嫌疑人、被告人逃匿、死亡案件违法所得的没收程序

- **适用条件**
  - 对于贪污贿赂犯罪、恐怖活动犯罪等重大犯罪案件
  - 犯罪嫌疑人、被告人逃匿通缉一年后不能到案，或者犯罪嫌疑人、被告人死亡
  - 应当追缴其违法所得及其他涉案财产，检察院可以（不是应当）向法院提出没收违法所得申请
- **没收对象**
  - “违法所得及其他涉案财产”是犯罪嫌疑人实施犯罪行为所取得的财物及其孳息以及犯罪嫌疑人非法持有的违禁品、供犯罪所用的本人财物，应当认定为违法所得及其他涉案财产
  - “违法所得”包括通过实施犯罪直接或者间接产生、获得的任何财产；违法所得部分或者全部转变、转化后的其他财产；来自违法所得转变、转化后的财产收益，或者来自已经与违法所得相混合财产中违法所得相应部分的收益
- **审理方式**
  - 开庭：利害关系人参加诉讼的，人民法院应当开庭审理
  - 不开庭
- **救济**
  - 没收违法所得裁定生效后，犯罪嫌疑人、被告人到案并对没收裁定提出异议，人民检察院向原作出裁定的人民法院提起公诉的，可以由同一审判组织审理。人民法院经审理，应当按照下列情形分别处理
    - 原裁定正确的，予以维持，不再对涉案财产作出判决
    - 原裁定确有错误的，应当撤销原裁定，并在判决中对有关涉案财产一并作出处理
  - 人民法院生效的没收裁定确有错误的，除前种情形外，应当依照审判监督程序予以纠正。已经没收的财产，应当及时返还；财产已经上缴国库的，由原没收机关从财政机关申请退库，予以返还；原物已经出卖、拍卖的，应当退还价款；造成犯罪嫌疑人、被告人以及利害关系人财产损失的，应当依法赔偿

第二十四章　依法不负刑事责任的精神病人的强制医疗程序

- **依法不负刑事责任的精神病人强制医疗程序**
  - **适用范围**
    - 事实暴力行为，危害公共安全或者严重危害公民人身安全
    - 经法定程序鉴定为依法不负刑事责任的精神病人
    - 继续危害社会的可能
  - **审理程序（注意事项）**
    - 应当组成合议庭，开庭审理
    - 审理人民检察院申请强制医疗的案件，应当会见被申请人
  - **审理结果**
    - 符合法律规定的强制医疗条件的，应当作出对被申请人强制医疗的决定
    - 被申请人属于依法不负刑事责任的精神病人，但不符合强制医疗条件的，应当作出驳回强制医疗申请的决定；被申请人已经造成危害结果的，应当同时责令其家属或者监护人严加看管和医疗
    - 被申请人具有完全或者部分刑事责任能力，依法应当追究刑事责任的，应当作出驳回强制医疗申请的决定，并退回检察院依法处理
  - **执行**
    - 人民法院决定强制医疗的，应当在作出决定后5日内，向公安机关送达强制医疗决定书和强制医疗执行通知书，由公安机关将被决定强制医疗的人送交强制医疗

第二十五章　涉外刑事诉讼程序与司法协助制度

涉外刑事诉讼程序与司法协助制度

- 案件范围
  - 中国公民在中华人民共和国领域内对外国公民、无国籍人及外国法人犯罪的案件
  - 外国公民、无国籍人或外国法人在中华人民共和国领域内对中国国家、组织或者公民实施犯罪的案件
  - 外国公民、无国籍人或者外国法人在中华人民共和国领域内侵犯外国公民、无国籍人或者外国法人的合法权利、触犯中国刑法，构成犯罪的案件
  - 中华人民共和国缔结和参加的国际条约所规定的，中国有义务管辖的国际犯罪行为
  - 外国人、无国籍人、外国法人在中华人民共和国领域外对中国国家或公民实施按照中国《刑法》规定最低刑为3年以上有期徒刑的犯罪案件，但按照犯罪地法律不受处罚的除外
- 适用的法律
  - 适用中国的法律以及中国参加或者缔结的国际条约或者国际公约
  - 对于享有外交特权和豁免权的外国人犯罪应当追究刑事责任的，通过外交途径解决

行政法与行政诉讼法

第一章　行政法概述

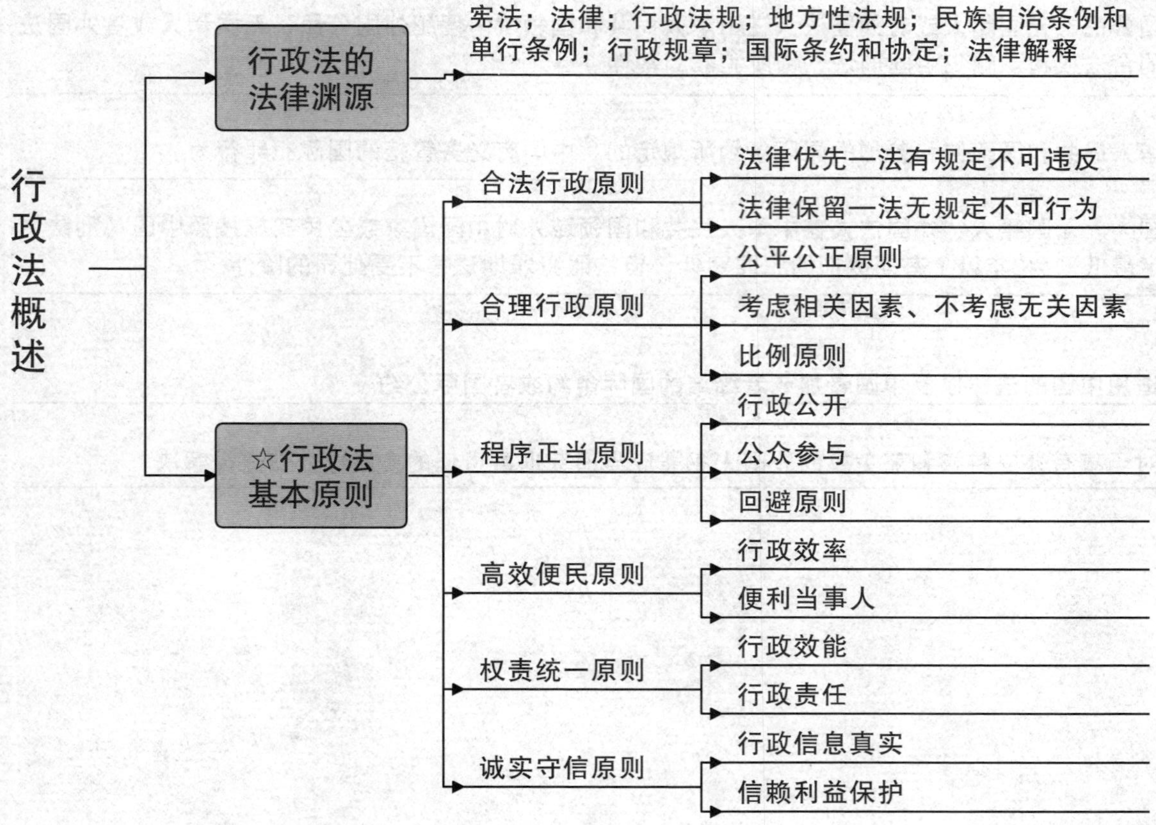

第二章　行政组织和公务员法

- 行政组织
  - 行政主体构成要件
    - 必须享有某种特定的行政权力
    - 必须以自己的名义行使行政权力
    - 能够独立对外承担法律责任
  - 中央行政机关
    - 层级结构
      - 第一层级：国务院
      - 第二层级：国务院工作部门
      - 第三层级：国务院工作部门的内设机构和派出机构
    - 设置的基本规则
      - 机构设置原则：以职能的科学配置为基础，做到职能明确、分工合理、机构精简，有利于提高行政效能
      - 不得干涉下级
      - 保持相对稳定
      - 事先评估论证
      - 严格控制议事协调机构
  - 地方行政机关
    - 性质
      - 地方行政机关组织上的双重性
      - 地方行政机关活动内容的执行性
    - 层级结构
      - 第一层级：地方各级政府
      - 第二层级：地方政府工作部门和地方政府派出机关
      - 第三层级：地方行政机关的内设机构和派出机构

公务员法（一）

- 职位、职务、职级、级别
  - 职位类别：综合管理类；专业技术类；行政执法类
  - 职务：特指领导职务，层次分为国家级、省部级、厅局级、县处级和乡科级
  - 职级：厅局级以下设置
  - 级别：根据公务员所任职务、职级及其德才表现、工作实绩和资历确定
  - 职务、职级变动方式：（1）选任制；（2）委任制；（3）聘任制
- 公务员的进入途径
  - 考试录用
  - 公开选拔
  - 职位聘任
- 公务员的监督和惩戒制度
  - 处分的种类
    - 警告、记过、记大过、降级、开除
  - 处分的影响
    - 公务员受行政处分期间不得晋升职务、职级和级别，其中记过、记大过、降级、撤职期间还不得晋升工资档次，撤职处分的同时应当按照规定降低级别
    - 开除处分自决定生效之日起被处分人不再是公务员，其他处分在处分期有悔改表现且没有新的违法违纪行为，则处分期满后自动解除
    - 解除行政处分后，晋升工资档次、级别、职务、职级不再受原处分的影响，但是解除降级、撤职处分后，原级别、原职务、原职级不能视为恢复

公务员法（二）

- 回避制度
  - 任职回避：（1）亲属回避；（2）地域回避
  - 公务回避：（1）该项公务与本人有利害关系；（2）该项公务与本人的亲属有利害关系；（3）该项公务涉及其他可能影响公正执行公务的情况
  - 离职回避：公务员辞去公职或者退休的，原系领导成员、县处级以上领导职务的公务员在离职3年内，其他公务员在离职2年内，不得到与原工作业务直接相关的企业或者其他营利性组织任职，不得从事与原工作业务直接相关的营利性活动
- 公务员的交流制度
  - 调任：国有企业、高等院校和科研院所和其他不参照《公务员法》管理的事业单位中从事公务的人员，调入机关担任领导职务或者四级调研员以上及其他相当层次的职级。调任是从公务员队伍外向公务员队伍内交流
  - 转任：公务员在不同职位、不同地区、不同部门之间的职务变动。转任是在公务员队伍内进行交流，并且公务员在不同职位之间转任应当具备拟任职位所要求的资格条件，在规定的编制限额和职数内进行
- 公务员的退出途径
  - 辞职：（1）辞去公职；（2）辞去领导职务
  - 辞退
    - 可以辞退的5种情形
    - 不得辞退的4种情形

第三章　抽象行政行为

抽象行政行为（一）

- 法律文件的效力等级
  - 高低级效力关系
    - 同一机关制定的具有高低级效力关系的法律文件
      - 主要指有权制定行政法规和行政规章的主体所制定的行政法规和行政规章的效力，要高于同机关制定的具有普遍约束力的决定、命令
    - 不同机关制定的具有高低级效力关系的法律文件
      - 宪法的效力最高，它是根本法，因此宪法的效力高于其他一切法律文件的效力
      - 法律的效力低于宪法，但高于其他法律文件的效力
      - 行政法规的效力低于宪法与法律，但高于其他所有法律文件的效力
      - 地方性法规的效力低于宪法、法律和行政法规，但要高于同级政府以及下级政府制定的地方政府规章的效力。同时上级人大及其常委会制定的地方性法规的效力要高于下级人大及其常委会制定的地方性法规的效力
  - 同级效力关系
    - 同一机关制定的具有同级效力关系的法律文件
      - 具有同级的效力关系
    - 不同机关制定的具有同级效力关系的法律文件
      - 不同机关制定的部门规章之间效力相等
      - 部门规章与地方政府规章之间的效力相等
      - 部门规章与地方性法规的效力相等
      - 国务院经过全国人大及其常委会授权制定的行政法规与法律的效力相等

抽象行政行为（二）

- 法律文件的适用规则
  - 具有高低级效力关系的法律文件冲突时的适用规则
    - 按照“下位法服从上位法”的规则，直接适用上位法的规定
  - 具有同级效力关系的法律文件冲突时的适用规则
    - 同一机关制定的具有同级效力关系的法律文件冲突
      - 特别规定优于一般规定
      - 新的规定优于旧的规定
      - 如果新的一般规定与旧的特殊规定相矛盾，由制定机关裁决
    - 不同机关制定的具有同级效力关系的法律文件冲突
      - 部门规章与部门规章间、部门规章与地方政府规章间发生冲突，由国务院裁决
      - 部门规章与地方性法规之间发生冲突，向国务院提出意见，国务院可直接决定适用地方性法规。但是如果国务院决定适用部门规章的，应提请全国人民代表大会常委会裁决
      - 国务院依据全国人民代表大会或其常委会授权制定的行政法规与法律的规定相冲突，由全国人民代表大会常务委员会裁决

第四章 具体行政行为——理论考点

具体行政行为概述

- 概念
  - 国家行政机关在行政管理活动中，针对特定的公民、法人或者其他组织作出的影响其权利义务的单方行政职权行为
- 特征
  - 法律性：指具体行政行为属于行政机关对社会主体作出的行政意思表示，这种意思表示的目的是要产生一定的法律后果，对社会主体在行政法上的权利义务进行处分，使其发生变动
  - 特定性：指具体行政行为是针对特定对象作出的、不可反复适用的行政行为
  - 单方性：指具体行政行为是行政机关依法以命令形式单方面设定社会主体的权利义务，不需要事先征得社会主体的同意即可成立生效，并对社会主体产生实际的影响
- 分类
  - 依职权具体行政行为和依申请具体行政行为
  - 羁束性具体行政行为和裁量性具体行政行为
  - 授益性具体行政行为和负担性具体行政行为
  - 要式性具体行政行为与不要式性具体行政行为
- 具体行政行为的成立
  - 行为主体要件：作出具体行政行为的应是享有行政职权的行政机关
  - 行为内容要件：必须向对方当事人作出具有效果意思的表示
  - 行为程序要件：必须按照法律规定的时间和方式进行送达

第五章　具体行政行为——行政处罚

行政处罚（一）

- 种类
  - 警告
  - 罚款
  - 没收违法所得或非法财物
  - 责令停产停业
  - 暂扣、吊销许可证或执照
  - 行政拘留
  - 法律、行政法规规定的其他行政处罚
- ☆设定
  - 创设权（狭义上的设定）
    - 对“受罚行为”的创设
    - 对“处罚种类”的创设
    - 不同的法律文件对行政处罚的创设权不同，注意只有法律可以创设限制人身自由的行政处罚种类
  - 细化权（规定）
    - 受罚行为的细化
    - 处罚种类的细化
    - 处罚幅度范围的细化

行政处罚（二）

- 适用规则
  - 不处罚规则
    - 不满14周岁的人有违法行为
    - 精神病人在不能辨认或者不能控制自己行为时有违法行为
    - 违法行为轻微并及时纠正，没有造成危害后果
    - 违法行为如果在2年内未被发现的，则不给予行政处罚
  - 从轻或减轻处罚规则
    - 已满14周岁不满18周岁的人有违法行为
    - 违法行为人主动消除或者减轻违法行为危害后果
    - 违法行为人受他人胁迫而实施违法行为
    - 违法行为人配合行政机关查处违法行为有立功表现
    - 其他依法从轻或者减轻处罚的情况
  - 不再罚规则
    - 罚刑相抵不再罚
      - 已经执行的行政拘留与已经判处的刑事拘役或有期徒刑相互折抵
      - 已经执行的行政罚款与已经判处的刑事罚金相互折抵
    - 一事不再罚
- 决定程序与执行程序
  - 决定程序
    - 简易程序
      - 适用条件：（1）违法事实确凿并有法定依据；（2）对公民处以50元以下、对法人或者其他组织处以1000元以下罚款或者警告的行政处罚
    - 一般程序
    - 听证程序
      - 行政机关在作出责令停产停业、吊销许可证或者执照、较大数额罚款等行政处罚决定之前，应当告知当事人有申请听证的权利，当事人要求听证的应当在收到行政机关的告知后3日内提出
  - 执行程序

第六章　具体行政行为——行政许可

行政许可（一）

- 特征
  - （1）是一种授益性行政行为；（2）是一种依申请行政行为；（3）是一种外部性行政行为
- 分类
  - 根据行政许可的性质分类
    - （1）普通许可；（2）特许；（3）认可；（4）核准；（5）登记
  - 根据行政许可的实施期限分类
    - （1）经常性许可；（2）非经常性许可（临时性许可）
- ☆设定
  - 创设（狭义设定）
    - 经常性许可的创设
      - 行政法规和地方性法规只有在上位法没有对某一事项创设行政许可时，才能自行创设行政许可。如果上位法已经创设了行政许可，它们就只能在上位法创设的许可权限范围内进行细化
      - 任何其他的法律文件都不具有创设经常性许可的权限，包括部门规章、地方政府规章、规章效力以下的规范性文件等
    - 非经常性许可的创设
      - 国务院有权以“决定”的方式创设非经常性许可
      - 省级政府（省、自治区和直辖市人民政府）可以创设非经常性行政许可
  - 细化（规定）
    - 不得增设行政许可
    - 对行政许可条件作出具体规定时，不得增设违反上位法的其他条件
  - 设定程序
- 实施
  - 实施主体
    - 注意行政许可的实施主体一般是具有相应许可职权的行政机关
  - 一般程序
    - 申请与受理阶段
    - 审查与决定阶段
    - 变更与延续阶段
  - 特殊程序

行政许可（二）

监督检查

- 一般规定
  - 根据《行政许可法》的规定，上级行政机关对下级行政机关实施行政许可的情况，以及行政机关对被许可人从事许可事项的活动可以进行日常的监督检查。行政机关应当将监督检查的情况记录在案，公众有权进行查询
  - 行政机关对被许可人生产经营的产品可以抽样检查、检验、检测，对生产经营场所可以实地检查。对关系重大的重要设备、设施应该进行定期检验，如果检验合格则发给证明文件。如果被许可人在许可机关管辖领域外违法从事许可事项，违法行为发生地行政机关处理后要将违法事实、处理结果抄送作出许可的行政机关
- 特殊规定
  - 责令改正
    - 对资源使用相关的特许类型许可的责令改正
    - 对市场准入相关的特许类型许可的责令改正
    - 对重要核准类型许可的责令改正
  - 撤销许可
    - 条件
      - 因行政机关违法导致撤销行政许可
      - 因申请人违法导致撤销行政许可
    - 主体
      - 主要包括作出行政许可决定的行政机关及其上级行政机关
  - 撤回（变更）许可
    - 当行政许可所依据的法律、法规、规章被修改或废止，或者准予行政许可所依据的客观情况发生重大变化时，为了公共利益的需要，行政机关废止（或变更）已经生效的行政许可
  - 注销许可
    - 条件
      - （1）行政许可有效期届满之后，被许可人没有申请延续，或申请延续但未被准许的。（2）被许可人如果是公民，则其死亡或丧失行为能力的；被许可人如果是法人或其他组织，则其主体资格依法终止的。（3）行政许可依法被行政机关撤销、撤回或者吊销的。（4）行政许可因不可抗力导致被许可事项客观上无法实施的

第七章　具体行政行为——行政强制

行政强制（一）

- 概述
  - 行政强制概念
    - 为了实施行政管理或达成行政管理目的，对公民、法人或其他组织的人身、财产、行为等采取强制性措施的制度
  - 行政强制分类
    - 行政强制措施
    - 行政强制执行
    - 两者区别：对行政相对人权利义务进行处分时，行政强制措施具有暂时性，行政强制执行则具有终局性
- 行政强制措施
  - 措施种类
    - 限制公民人身自由
    - 查封场所、设施或者财物
    - 扣押财物
    - 冻结存款、汇款
  - ☆设定权限
    - 创设权限
      - 法律：有权针对任何违法行为，创设任何种类的行政强制措施
      - 行政法规：有权创设除以下3种强制措施以外的行政强制措施：（1）限制公民人身自由；（2）冻结存款和汇款；（3）应当由法律规定的其他行政强制措施
      - 地方性法规：地方性法规对行政强制措施的创设权限被严格限制在查封和扣押两种类型之上
      - 其他规范性法律文件：不能创设任何行政强制措施
    - 细化权限
      - 下位法不得通过扩大行政强制措施的对象、放宽采取行政强制措施的条件、增加行政强制措施的种类来扩大行政强制措施的适用
      - 法律对国务院进行原则性授权时，行政法规有权进行细化规定，但是在细化时不得规定以下3种行政强制措施：（1）限制人身自由；（2）冻结存款汇款；（3）应有法律规定的行政强制措施以外的行政强制措施

行政强制（二）

- **行政强制执行**
  - 种类和设定
    - 种类
      - 间接强制执行：包括加处罚款或者滞纳金；代履行
      - 直接强制执行：包括划拨存款、汇款；拍卖或者依法处理查封、扣押的场所、设施或者财务；排除妨碍、恢复原状
    - 设定：只能由法律设定
  - 行政机关自己强制执行的程序
    - 一般规定
      - 适用条件：行政机关依法作出行政决定后，当事人在行政机关决定的期限内不履行义务、不申请复议、不提起诉讼时，具有行政强制执行权的行政机关可以依据《行政强制法》规定的程序实施强制执行
    - 金钱给付义务的强制执行程序
      - 加处罚款或滞纳金—催告程序—直接强制执行
    - 代履行程序
      - 适用条件：（1）行政机关作出要求当事人履行排除妨碍、恢复原状等义务的行政决定；（2）当事人逾期不履行，经催告仍不履行；（3）当事人不履行义务的行为后果已经或者将危害公共安全、造成环境污染或者破坏自然资源
  - 行政机关申请法院强制执行程序
    - 当事人在法定期限内不申请行政复议或者提起行政诉讼，又不履行行政决定的，没有行政强制执行权的行政机关可以自当事人法定起诉期限届满之日起3个月内，申请法院强制执行。逾期申请的，除有正当理由外，法院不予受理

第八章　具体行政行为——行政公开

行政公开（一）

- 行政程序
  - 行政程序是行政机关实现其行政职能的方式方法的总称
  - 基本制度
    - （1）听证制度；（2）说明理由制度；（3）行政案卷制度
- 政府信息公开
  - 基本原则
    - 公正、公平、合作、便民
  - 组织机构
    - 信息公开的主管部门
    - 信息公开的工作机构
  - 义务主体
    - ☆行政机关
      - “谁制作、谁公开”
      - “谁保存、谁公开”
      - “谁最初掌握、谁公开”
      - 行政机关设立的派出机构、内设机构依照法律、法规对外以自己名义履行行政管理职能的，可以由该派出机构、内设机构负责与履行行政管理职能有关的政府信息公开工作
      - 两个以上行政机关共同制作的政府信息，由牵头制作的行政机关负责公开
    - 法律、法规授权的具有管理公共事务职能的组织

行政公开（二）

- 政府信息公开
  - ☆公开范围
    - 绝对不公开
      - 依法确定为国家秘密的政府信息
      - 法律、行政法规禁止公开的政府信息
      - 公开后可能危及国家安全、公共安全、经济安全、社会稳定的政府信息
    - 相对不公开
      - 涉及商业秘密、个人隐私的信息
      - 原则上不公开，在特定条件下公开
    - 可以不公开
      - 行政机关的内部事务信息
      - 行政机关在履行行政管理职能过程中形成的讨论记录、过程稿、磋商信函、请示报告等过程性信息
      - 行政执法案卷信息
  - 主动公开
    - 范围：对涉及公共利益调整、需要公众广泛知晓或者需要公众参与决策的政府信息
    - 期限：应当自该政府信息形成或变更之日起20个工作日内及时公开
    - 途径
      - 政府信息发布机制
        - 行政机关应当建立健全政府信息发布机制，将主动公开的政府信息通过政府公报、政府网站或者其他互联网政务媒体、新闻发布会以及报刊、广播、电视等途径予以公开
      - 政府信息公开平台
        - 各级政府应当加强依托政府门户网站公开政府信息的工作，利用统一的政府信息公开平台集中发布主动公开的政府信息。政府信息公开平台应当具备信息检索、查阅、下载等功能
      - 政府信息公开场所
        - 各级政府应当在国家档案馆、公共图书馆、政务服务场所设置政府信息查阅场所，并配备相应的设施、设备，为公民、法人和其他组织获取政府信息提供便利。行政机关可以根据需要设立公共查阅室、资料索取点、信息公告栏、电子信息屏等场所、设施，公开政府信息。同时，行政机关应当及时向国家档案馆、公共图书馆提供主动公开的政府信息

行政公开（三）

- 政府信息公开
  - 依申请公开
    - 范围：只要不是法定不予公开的政府信息
    - 期限
      - 行政机关收到政府信息公开申请，能够当场答复的，应当当场予以答复
      - 行政机关不能当场答复的，应当自“收到申请之日”起20个工作日内予以答复。需要延长答复期限的，应当经政府信息公开工作机构负责人同意并告知申请人，延长的期限最长不得超过20个工作日，也就是说最长的期限为40个工作日
  - 监督保障
    - 各级政府的考核、评议制度建设
    - 政府信息公开主管部门的日常指导、监督检查
    - 社会主体监督
    - 编制政府信息公开工作年度报告
    - 编制政府信息公开指南和政府信息公开目录

第九章　行政复议

☆受案范围

- 原则性标准
  - 行政行为标准
  - 合法权益标准
  - 审查深度标准
- 肯定性列举
  - 行政处罚行为
  - 行政强制行为
  - 行政许可行为
  - 行政确权行为
  - 侵犯经营自主权行为
  - 行政协议行为
  - 违法要求履行义务行为
  - 行政不作为
  - 认为行政机关的其他具体行政行为侵犯其合法权益而申请复议的
- 否定性列举
  - 内部行政行为
  - 民事调处行为
  - 抽象行政行为
- 附带审查制度
  - 依申请的附带审查：（1）国务院部门的规定；（2）县级以上政府及工作部门的规定；（3）乡、镇政府的规定
  - 依职权的附带审查

参与主体

- **复议申请人**
  - 一般
    - 依法申请行政复议的公民、法人或其他组织。主要有行政相对人和行政相关人
  - 特殊
    - 合伙企业申请行政复议的，应当以核准登记的企业为申请人，由执行合伙事务的合伙人代表该企业参加行政复议。其他合伙组织申请行政复议的，由合伙人共同申请行政复议。其他不具备法人资格的其他组织申请行政复议的，由该组织的主要负责人代表该组织参加行政复议。没有主要负责人的，由共同推选的其他成员代表该组织参加行政复议
    - 股份制企业的股东大会、股东代表大会、董事会认为行政机关作出的具体行政行为侵犯企业合法权益的，可以以企业的名义申请行政复议
- **☆复议被申请人**
  - 行政机关作为被申请人
    - 地方各级政府作为被申请人
    - 地方各级政府工作部门作为被申请人
    - 省级政府与国务院工作部门作为被申请人
    - 派出机关作为被申请人
    - 注意上述机关作为被申请人时对应的行政复议机关
  - 行政机构作为被申请人
    - 有授权的行政机构
    - 无授权的行政机构
  - 特殊情形
    - 注意被授权组织作为被申请人、委托行政行为、共同行政行为、经批准的行政行为、行政机关被撤销5种情形

特殊制度

- 行政复议与行政诉讼的衔接制度
  - 自由选择型
    - 大多数行政争议
  - ☆复议前置型
    - 纳税争议案件的复议前置：此处的纳税争议主要指纳税本身产生的争议
    - 侵犯自然资源权属案件的复议前置：必须是针对确认自然资源所有权或使用权的具体行政行为
    - 反垄断案件中的复议前置：针对不服垄断执法机构禁止或限制经营者集中的行为
  - 只能复议型
    - 出入境处罚争议案件
    - 特殊自然资源权属争议案件
- 和解制度
  - 当事人对行政机关依据法律、法规规定的自由裁量权作出的具体行政行为不服申请行政复议，申请人与被申请人在复议决定作出前可以自愿达成和解。达成和解后应当向复议机关提交书面和解协议。如果和解协议内容不损害社会公共利益和他人合法权益的，复议机构应当准许
- 调解制度
  - 适用情形
    - 当事人对行政机关依据法律、法规规定的自由裁量权作出的具体行政行为不服申请行政复议的
    - 行政赔偿或行政补偿纠纷
  - 后果
    - 当事人经调解达成协议的，复议机关应当制作行政复议调解书，行政复议调解书经双方当事人签字，即具有法律效力。调解未达成协议或调解书生效前一方反悔的，复议机关应当及时作出行政复议决定

第十章　行政诉讼与行政诉讼法概述

行政诉讼

- 行政诉讼
  - 概念
    - 法院应公民、法人或其他组织的请求，通过审查行政行为合法性的方式，解决特定范围内行政争议的活动
  - 特征
    - 行政诉讼中法院通过审判方式来解决行政争议
    - 行政诉讼中法院只解决特定范围内的行政争议
    - 行政诉讼中法院原则上只审查被诉行政行为的合法性
    - 行政诉讼中原告与被告的身份具有恒定性
- 行政诉讼法
  - 渊源
    - 宪法、组织法、各类法律法规、司法解释、国际条约中有关行政诉讼的所有内容
  - 立法目的
    - 保证法院公正、及时审理行政案件
    - 解决行政争议
    - 保护公民、法人和其他组织的合法权益
    - 监督行政机关依法行使行政职权

第十一章　行政诉讼的受案范围

☆ 行政诉讼的受案范围

- 肯定式列举
  - 行政诉讼法明确列举
    - （1）行政处罚；（2）行政强制；（3）行政许可；（4）行政确认；（5）行政征收、征用及其补偿；（6）行政不作为；（7）侵犯经营自主权；（8）排除或限制竞争行为；（9）违法要求履行义务；（10）行政给付；（11）行政协议；（12）行政机关侵犯其他人身权、财产权等合法权益
  - 政府信息公开受案范围
    - 不公开政府信息
    - 公开政府信息不符合要求
    - 拒绝更正相关政府信息
    - 公开了涉密的政府信息
- 否定式列举
  - 国家机关实施的非行政行为
    - 国家行为
    - 刑事司法行为
  - 无“特定性”的行政行为
  - 无“处分性”的行政行为
    - 行政调解行为
    - 行政指导行为
    - 行政仲裁行为
    - 行政过程行为
    - 重复处理行为
  - 无“单方性”的行政行为
  - 无“外部性”的行政行为

☆行政诉讼的管辖（一）

- 级别管辖
  - 基层法院的管辖权
    - 一审原则上都在基层法院
  - 中级法院的管辖权
    - 特殊被告类型的案件
      - 被告为国务院部门
      - 被告为县级以上政府
      - 被告为各级海关
      - 被告为证券交易所
    - 特殊影响的案件
      - 社会影响重大的共同诉讼案件
      - 涉外案件或者涉及香港、澳门、台湾的案件
      - 其他重大、复杂案件
  - 高级法院的管辖权
    - 本辖区内重大、复杂
  - 最高法院的管辖权
    - 全国范围内重大、复杂
  - 复议维持后起诉案件的级别管辖
    - 复议维持后起诉案件的级别管辖根据原行政机关的性质确定。根据《行政诉讼法》的规定，如果行政复议机关维持了原行政行为，那么当事人起诉时应当以复议机关和原行政机关作为共同被告。此时确定级别管辖时应当根据原行政机关的性质来确定，这主要是为了避免政府作为行政复议机关时，复议后起诉的案件过多进入中级法院审查

☆行政诉讼的管辖（二）

- 地域管辖
  - 普通类型案件
    - 原则由最初作出行政行为的行政机关所在地法院管辖
  - 不动产类型案件
    - 如果被诉行政行为导致了不动产物权的变动，那么就属于不动产类型案件，由不动产所在地法院专属管辖
    - “不动产所在地法院”，在不动产已经登记的情形中，指不动产登记簿记载的所在地。而在不动产未登记的情形中，指不动产实际所在地
  - 经复议的案件
    - 如果当事人经过了行政复议，对复议结果不满向法院提起行政诉讼的，由复议机关所在地法院和最初作出行政行为的行政机关所在地法院管辖
    - 注意：经过复议的案件包括复议机关作出维持原行政行为的决定和改变原行政行为的决定两种情况
  - 限制人身自由的案件
    - 限制人身自由案件的管辖法院：限制人身自由案件的管辖法院共有四个，即被告所在地法院、原告的户籍地法院、原告的经常居住地法院、原告的被限制人身自由地法院
    - 限制人身自由案件的被诉行为：根据《行政诉讼法》的规定，限制人身自由案件是指对行政机关实施的限制人身自由的“行政强制措施”不服提起的行政诉讼案件
    - 限制人身自由案件的原告限定：限制人身自由案件的原告必须是被限制人身自由的公民，如果是限制人身自由行为的利害关系人起诉，则不属于限制人身自由案件
  - 跨行政区域管辖
    - 实施跨行政区域管辖的批准权由最高法院掌握
    - 高级法院要根据审判工作的实际情况来确定跨行政区域管辖
    - 跨行政区域管辖并没有限定法院的级别

☆行政诉讼的管辖（三）

- 其他管辖
  - 移送管辖
    - 发生于案件已经被受理，但没有审结时
    - 移送案件的法院本身必须对相关案件没有管辖权
    - 受移送的法院必须要受理，如果发现自己也没有管辖权，应报上级法院指定管辖，不得再自行移送
    - 移送管辖可以由法院主动作出，也可以通过当事人的管辖权异议来启动
  - 指定管辖
    - 原本有管辖权的法院在特殊情况下不能行使管辖权
    - 法院之间对案件的管辖权产生争议又无法自行协商解决，此时可以报请上级法院指定管辖
  - 提级管辖
    - 条件
      - 进行提级管辖的法院之间在审级上具有上下级关系
      - 下级法院对案件的管辖权归属没有争议
      - 提级管辖的方向只能是从下级法院移转到上级法院
    - 启动方式
      - 上级法院主动提级管辖下级法院管辖的案件
      - 下级法院报请上级法院决定提级管辖
  - 管辖权异议制度
    - 法院受理案件后，被告提出管辖权异议的，应当在收到起诉状副本后15日内提出
    - 法院经过审查认为异议成立的，裁定将案件移送给有管辖权的法院
    - 法院不审查管辖权异议的情形：（1）法院发回重审或按第一审程序再审的案件；（2）当事人在一审程序中未依法提出管辖权异议，在二审中提出的

第十三章 行政诉讼的参加人

- **原告**
  - **原告资格的一般规定**
    - 应当是与被诉行政行为具有“利害关系”
    - “利害关系”是指被诉行政行为对于该社会主体的权利义务产生或者必然产生变动性的实际影响，有可能增加其义务或者减少其利益
  - **原告资格的特殊类型**
    - ☆检察院作为行政诉讼的原告
      - 目前限定于四个领域：生态环境和资源保护、食品药品安全、国有财产保护、国有土地使用权出让
      - 检察院发现了适用行政公益诉讼的案件后，首先应当向行政机关提出检察建议
    - 相邻权人作为行政诉讼的原告
      - 相邻权主要包括通行权、排水权、通风权、采光权等，与民法中相邻权概念一致
    - 行政行为被撤销或变更时的原告
      - 当行政机关作出的行政行为被撤销或者变更时，合法权益受到影响的公民、法人和其他组织具有行政诉讼的原告资格
  - **原告资格的转移**
    - 条件
      - 原本具有原告资格的主体在法律上不复存在
      - 原告资格转移时并未超出行政诉讼的起诉期限，也就是说行政诉讼的诉权仍然存在
      - 原告资格转移的对象与原告之间具有特定的利害关系
    - 种类
      - 自然人
        - 指有权提起诉讼的公民死亡的，其近亲属有权以自己的名义提起行政诉讼
      - 法人
        - 指有权提起诉讼的法人或其他组织终止的，其权利义务的承受者可以自己的名义提起行政诉讼

被告

- **被告资格的一般规定**
  - 条件：（1）拥有某种行政职权；（2）以自己的名义行使该种行政职权；（3）能够独立承担由此引发的法律责任
  - 主要包括行政机关和被授权的组织
- **☆被告资格的特殊类型**
  - 行政复议后起诉时的被告确定
    - 复议机关维持原机关作出的行政行为，应以复议机关和原机关作为共同被告
    - 复议机关改变原机关作出的行政行为，应以复议机关为被告
    - 复议不作为时，当事人对原行政行为不服以原机关为被告，对复议机关的不作为不服以复议机关为被告
  - 经批准行政行为的被告确定 → “谁署名，谁被告”
  - 委托行政行为的被告确定 → 应由作出委托的行政机关作为行政诉讼的被告
  - 内设机构和派出机构实施行政行为时的被告确定
    - 法律、法规、规章授权的内设机构和派出机构：自身作为被告
    - 行政机关临时组建的内设机构、派出机构：以组建这些临时性机构的行政机关作为被告
    - 行政机关“假授权”时被告的确定：由作出这种“假授权”的行政机关作为行政诉讼的被告
  - 共同行政行为的被告确定 → 以这些行政机关作为共同被告
  - 行政机关被撤销或变更职权时被告确定
    - 如果没有继续行使其职权的行政机关，则以其所属的政府作为被告
    - 如果该行政机关实行垂直领导，以垂直领导的上一级行政机关为被告

第三人

- 特征
  - 与被诉行政行为有利害关系，或者与案件处理结果有利害关系
  - 可以自己申请参加诉讼，也可以由法院通知其参加诉讼
  - 在诉讼中享有的诉讼权利与原、被告类似
  - 未参加诉讼时在符合条件的情况下有申请再审的权利
- 类型
  - 行政处罚诉讼案件中的第三人：如果行政处罚是针对加害人作出的，那么受害人可以作为诉讼的第三人，反之亦然；如果行政机关在一个行政处罚中处罚了两个以上的违法行为人，其中一部分被处罚人起诉，则另一部分没有起诉的被处罚人可以作为第三人参加诉讼
  - 行政裁决诉讼案件中的第三人：行政裁决是行政机关对平等民事主体之间民事纠纷的处理活动，如果民事纠纷的一方当事人对行政裁决的结论不服，提起行政诉讼，则另一方当事人可以作为第三人参加诉讼
  - 行政许可诉讼案件中的第三人：如果有两个以上的行政许可申请人申请许可，没有获得行政许可的申请人提起诉讼状告行政许可机关，此时获得行政许可的申请人可以作为第三人参加诉讼
  - 共同行政行为诉讼案件中的第三人：如果两个以上的行政机关共同作出行政行为，当事人对其中一个行政机关提起诉讼，并且拒绝追加另一个行政机关为共同被告，此时另一个行政机关可以作为第三人参加诉讼

第十四章　行政诉讼的一般程序

起诉

- **条件**
  - （1）原告适格；（2）被告明确；（3）有具体的诉讼请求和事实根据；（4）属于法院的受案范围和管辖范围
- **☆期限**
  - 行政作为案件的起诉期限
    - 全知（既知道行政行为的内容，又知道自身所享有的起诉期限），应当自知道之日起6个月内提起行政诉讼
    - 半知（只知道行政行为的内容），应自知道或应知道起诉期限之日起6个月内提起行政诉讼
    - 全不知的情形，应自知道或应知道行政行为内容之日起的6个月内提起行政诉讼
  - 行政不作为案件的起诉期限
    - 法律、法规对行政机关履行职责的期限有规定，可以在履行职责期限届满之日起6个月内提起行政诉讼
    - 法律、法规对行政机关履行职责的期限无规定，行政机关接到申请之日起2个月没有履行行政职责的，社会主体可以在2个月后的6个月内向法院提起行政诉讼
    - 紧急情况下，提起诉讼不受前述起诉期限的限制，可立即起诉
  - 行政复议后起诉案件的起诉期限
    - 行政复议机关作为（包括积极的不作为）
      - 如果行政复议机关作出了复议决定，并且复议决定中告知了当事人复议决定的内容和起诉期限，则当事人应当在收到复议决定书之日起的15天内起诉
      - 如果行政复议机关作出了复议决定，但是没有告知当事人起诉期限，则当事人应当在知道或应知道自身享有的起诉期限之日起6个月内提起行政诉讼，但是最长不得超出知道复议决定之日起的1年
    - 行政复议机关不作为（仅指消极的不作为）
      - 如果当事人向行政复议机关提出复议申请，而行政复议机关在法定期限内没有作出复议决定的，那么当事人应该在复议审查期限（一般为受理后60日，经负责人批准可以延长至90日）届满后15日内起诉

简易程序

- 适用
  - ☆法定适用
    - 对于以下三类法院认为事实清楚、权利义务关系明确、争议不大的案件可以适用简易程序：（1）被诉行政行为依法当场作出；（2）涉案金额在2000元以下；（3）政府信息公开案件
  - 意定适用
    - 除以上三类诉讼，在一审行政诉讼程序中，当事人各方都同意适用简易程序，即可启动简易程序进行审理
  - 不得适用
    - 发回重审和依据审判监督程序进行再审的案件

再审程序

- 启动
  - 当事人申请再审
    - 向上一级法院申请
    - 一般应当在判决书、裁定书、调解书发生法律效力后6个月内提出
    - 如果当事人申请再审无果，还可以通过申请检察院抗诉或检察建议的方式对自身权利进行救济
  - 法院决定再审
    - 本院院长提起
    - 最高法院或上级法院提起
  - 检察院要求再审
    - 抗诉
      - 上级主动抗下级
      - 同级提请上级抗
    - 检察建议
      - 建议启动再审程序
      - 建议进行行政处理

第十五章　行政诉讼的特殊程序

行政诉讼的特殊程序（一）

- 撤诉制度
  - 申请撤诉的条件：（1）申请撤诉的主体必须是原告（一审）、上诉人（二审）、原审原告或原审上诉人；（2）申请撤诉应当是当事人真实的意思表示，出于当事人自愿；（3）撤诉申请必须在法院宣判之前提出
  - 视为撤诉：（1）原告或者上诉人经法院合法传唤，无正当理由拒不到庭；（2）原告或者上诉人在庭审时未经法院许可中途退庭；（3）原告或者上诉人未按规定预交案件受理费，又不提出缓交、减交、免交申请或者申请未获批准的
  - 后果：（1）准予撤诉的，原告再以同一事实和理由重新起诉的，法院不予受理；（2）不准撤诉的，法院继续审理被诉行政行为，并可以缺席判决
- ☆诉讼中被告改变被诉行政行为制度
  - 时间：一审、二审、再审期间
  - 改变被诉行政行为的方式：（1）主动改变；（2）视为改变
  - ☆后果
    - 被告改变被诉行政行为后当事人向法院申请撤诉：符合以下条件时，法院应当裁定准许撤诉：（1）申请撤诉是当事人真实意思表示；（2）被告改变被诉行政行为，不违反法律、法规的禁止性规定，不超越或者放弃职权，不损害公共利益和他人合法权益；（3）被告已经改变或者决定改变被诉行政行为，并书面告知法院；（4）第三人无异议
    - 被告改变被诉行政行为后当事人不向法院申请撤诉：被告改变原违法行政行为（包括作为和不作为）后，原告仍然要求确认原行政行为违法的，法院经过审查认为原行政行为的确违法，则应当依法作出确认违法判决
    - 被告改变被诉行政行为后当事人既不申请撤诉，又对改变后的行政行为起诉：当事人如果对改变后的行政行为不服提起诉讼的，法院应当就改变后的行政行为进行依法审理，法院作出的裁判方式和普通行政诉讼案件一致

行政诉讼的特殊程序（二）

- 调解制度
  - 法定情形
    - 行政赔偿诉讼案件
    - 行政补偿诉讼案件
    - 行政自由裁量权诉讼案件
  - 原则：自愿、合法，不得损害国家利益、社会公共利益和他人合法权益
- 行政机关负责人出庭应诉制度
  - 负责人范围：包括行政机关的正职、副职负责人以及其他参与分管的负责人
  - 行政机关负责人出庭应诉的，可以另行委托一至二名诉讼代理人
  - 必须出庭的情形：涉及重大公共利益、社会高度关注或者可能引发群体性事件等案件，以及法院书面建议行政机关负责人出庭的案件
  - 有正当理由不能出庭应诉的，应当向法院提交情况说明，并加盖行政机关印章，或者由该机关主要负责人签字认可
  - ☆不出庭的处理：法院应当记录在案和在裁判文书中载明，并可以建议有关机关依法作出处理
- ☆复议维持后起诉的特殊诉讼制度
  - 被告确定：复议维持后起诉的案件中，复议机关和原行政机关作为共同被告
  - 管辖确定：级别管辖法院应根据原行政机关的性质来确定，地域管辖法院则是原行政机关所在地或复议机关所在地的法院
  - 司法审查：既审查原行政行为合法性，又审查复议决定的合法性
- 行政附带民事诉讼制度
  - 类型：（1）行政许可附带民事诉讼；（2）行政登记附带民事诉讼；（3）行政征收、征用附带民事诉讼；（4）行政裁决附带民事诉讼
  - 启动方式
    - 当事人一方申请法院在行政诉讼中一并审理民事争议，法院决定启动该程序
    - 当事人双方一致同意民事争议在行政诉讼中一并解决，法院准许启动该程序

行政诉讼的特殊程序（三）

附带审查规范性文件制度

- 审查方式：只有在原告提起行政诉讼状告某一可诉行政行为的同时，要求法院对被诉行政行为所依据的规范性文件进行审查时，法院才能对这部分规范性文件进行审查
- 审查对象：只有权审查效力低于规章的规范性文件
- 在审查过程中，发现规范性文件可能不合法的，应当听取规范性文件制定机关的意见
- “规范性文件不合法”的情形
  - 超越制定机关的法定职权或者超越法律、法规、规章的授权范围的
  - 与法律、法规、规章等上位法的规定相抵触的
  - 没有法律、法规、规章依据，违法增加公民、法人和其他组织义务或者减损公民、法人和其他组织合法权益的
  - 未履行法定批准程序、公开发布程序，严重违反制定程序的
  - 其他违反法律、法规以及规章规定的情形
- 处理
  - 审查认为规范性文件合法，那么应当作为认定被诉行政行为合法的依据
  - 规范性文件不合法，那么该规范性文件不作为认定行政行为合法的依据，并在裁判理由中予以阐明。此外，作出生效裁判的法院应当向规范性文件的制定机关提出处理建议，并可以抄送制定机关的同级政府、上一级行政机关、检察机关以及规范性文件的备案机关

第十六章　行政诉讼的证据规则

行政诉讼的证据规则（一）

- 举证
  - 举证责任
    - 被告的举证责任：由被告承担主要举证责任，被告对其作出的行政行为的合法性承担举证责任
    - ☆原告的举证责任中，注意
      - 在法院审理行政赔偿、行政补偿案件时，原告都应当对被诉行政行为造成自身损害的事实提供证据；但是，如果由于被告的原因原告无法举证，此时应由被告承担举证责任，法院对原告所主张的、不超过市场价值的部分损失予以支持
      - 在政府信息公开案件中：（1）原告起诉被告拒绝更正政府信息记录的，应当提供其向被告提出过更正申请以及政府信息与其自身相关且记录不准确的事实根据；（2）被告主张政府信息不存在，原告能够提供该政府信息系由被告制作或者保存的相关线索的，可以申请法院调取证据
  - 举证期限
    - 被告应当在收到起诉状副本之日起15日内
    - 原告应当在开庭审理前或法院指定的交换证据之日提供证据
  - 证据种类
    - （1）书证（以文字、符号、图形所记载或表示的内容、含义来证明案件事实的证据）；（2）物证（以自身的存在、形状、质量等外部特征和物质属性，证明案件事实的物品）；（3）视听资料；（4）电子数据；（5）证人证言；（6）鉴定意见；（7）当事人陈述；（8）现场笔录
- 取证
  - 法院依职权调取证据
    - 证据相关事实认定涉及国家利益、公共利益或者他人合法权益
    - 证据涉及依职权追加当事人、中止诉讼、终结诉讼、回避等程序性事项
  - 法院依申请调取证据
    - 由国家有关部门保存而须由法院调取的证据材料
    - 涉及国家秘密、商业秘密、个人隐私的证据材料
    - 确因客观原因不能自行收集的其他证据材料

行政诉讼的证据规则（二）

- ☆质证（注意特殊情形）
  - 缺席证据的质证：被告经合法传唤无正当理由拒不到庭，法院决定实行缺席判决的案件，被告所提供的证据原则上不能作为定案依据。但是在庭前交换证据中双方当事人没有争议的证据除外
  - 涉密证据的质证：涉及国家秘密、商业秘密和个人隐私或者法律规定的其他应当保密的证据，不得在开庭时公开质证
  - 调取证据的质证：对于依申请调取的证据，应当由申请调取证据的当事人在庭审中出示并质证。但是对于法院依职权调取的证据只需出示该证据，并就调取该证据的情况进行说明，听取当事人意见即可
  - 二审证据的质证：在二审程序中，对当事人提供的新证据应当质证。当事人对一审认定的证据仍有争议的，也应当进行质证
  - 再审证据的质证：在再审程序中，对当事人提供的新证据应当质证。对因原生效裁判认定事实的证据不足而提起再审所涉及的主要证据，也应当进行质证
- 认证
  - 审核认定的角度
    - 证据的真实性
    - 证据的关联性
    - 证据的合法性

第十七章　行政诉讼的裁判与执行

- 行政诉讼的裁判与执行
  - 行政诉讼判决的分类
    - 一审判决
      - 撤销判决：包括全部撤销判决、部分撤销判决和撤销附带责令重作判决
      - 履行判决：是法院针对行政不作为案件，判决原告胜诉时的基础判决类型
      - 确认违法判决：法院经过对被诉行政行为的司法审查后，发现被诉行政行为违法，但又存在不适宜撤销该行政行为，或者不适宜判决其履行时所作出的的判决类型
      - 确认无效判决：法院经过审查，发现行政行为存在着重大且明显违法情形时，法院判决确认该被诉行政行为在法律上丧失法律效力
      - 变更判决：法院直接判决变更被诉行政行为内容的判决类型
    - 二审判决
      - 驳回上诉、维持原裁判
      - 依法改判、撤销或者变更
      - 发回重审或查清事实后改判
      - 裁定撤销原判并发回重审
  - 行政诉讼裁判的执行
    - 申请期限：当事人申请法院执行的期限为2年，申请执行的期限从法律文书规定的履行期间最后一日起计算
    - 执行机关
      - 法院作为执行机关：原则上由一审法院负责执行，若一审法院认为情况特殊需要由二审法院执行的，可以报请二审法院执行
      - 行政机关作为执行机关：主要适用于法院作出驳回原告诉讼请求判决的情形

第十八章 国家赔偿概述

国家赔偿概述

- 国家赔偿
  - 含义
    - 国家对国家机关及其工作人员违法行使职权或存在过错等原因造成的损害给予受害人赔偿的制度
  - 特征
    - 国家承担名义上的责任，具体履行赔偿义务由法定的赔偿义务机关承担
    - 国家赔偿的范围比民事赔偿的范围要窄
    - 国家赔偿的方式与程序法定化
    - 国家赔偿程序多元化，受害人可以通过多种途径获取国家赔偿
  - 类型
    - 刑事司法赔偿
    - 民事司法赔偿
    - 行政司法赔偿
  - 构成要件
    - 主体要件：包括行使国家行政权与司法权的机关，不包括行使立法权的机关
    - 行为要件：只对侵权主体实施的与执行职务有关的行为承担赔偿责任
    - 结果要件：只有国家侵权行为造成了公民、法人或其他组织的合法权益的损害时，才有可能导致国家承担赔偿责任
    - 因果要件：国家侵权行为与损害结果之间必须存在着因果关系
    - 法律要件：法律规定此类国家侵权行为需要赔偿

第十九章 行政赔偿

- **行政赔偿**
  - **赔偿的范围**
    - 人身权赔偿
      - （1）侵犯人身自由权；（2）侵犯生命健康权
    - 财产权赔偿
    - 精神损害赔偿
    - 排除范围
      - （1）行政机关工作人员实施的个人行为；（2）受害人自身的行为导致的损害；（3）不属于行政赔偿范围的其他情形
  - **赔偿请求人与赔偿义务机关**
    - 行政赔偿请求人
      - 不一定是行政行为的相对人，只要合法权益受到行政行为侵害的主体都具有赔偿请求人资格
    - ☆行政赔偿义务机关
      - 单独的赔偿义务机关
      - 共同的赔偿义务机关：两个以上行政机关共同行使—承担连带赔偿责任
      - 被授权组织作为赔偿义务机关：该组织作为赔偿义务机关
      - 委托行政行为中的赔偿义务机关：应当由作出委托的行政机关作为赔偿义务机关
      - 行政机关被撤销时的赔偿义务机关：由继续行使其职权的或撤销其的行政机关作为赔偿义务机关
      - 行政复议后起诉案件的赔偿义务机关
        - 行政复议减轻时的赔偿义务机关：如果行政复议机关的复议决定减轻了原行政行为，则行政赔偿义务机关是作出原行政行为的机关
        - 行政复议加重时的赔偿义务机关：如果行政复议机关的复议决定加重了原行政行为，则由复议机关对加重部分承担赔偿责任，其余部分由原行政机关承担赔偿责任
        - 行政复议维持时的赔偿义务机关：如果行政复议机关维持了原行政行为，原则上由原行政机关承担赔偿责任，但因复议决定加重的损害则由复议机关承担赔偿责任

第二十章　司法赔偿

司法赔偿（一）

- 赔偿的范围
  - 刑事司法赔偿范围
    - 侵犯人身权的赔偿范围
      - 违法的刑事拘留
      - 错误的刑事逮捕
      - 错误的刑事判决—无罪错判、原刑罚已经执行
      - 刑事司法中的事实行为
    - 侵犯财产权的赔偿范围
      - 违法对财产采取查封、扣押、冻结、追缴等措施
      - 再审改判无罪，原判罚金、没收财产已经执行
  - 民事、行政司法赔偿范围
    - 违法采取对妨害诉讼的强制措施
    - 违法采取保全措施
    - 违法采取先予执行措施
    - 对判决、裁定及其他生效法律文书执行错误
    - 民事、行政诉讼中的事实行为
  - 国家赔偿的排除范围
    - 刑事司法赔偿的排除范围：（1）因自己的行为被羁押或发生伤害；（2）依法不负刑事责任的人被羁押；（3）依法不追究刑事责任的人被羁押；（4）司法机关工作人员的个人行为；（5）其他
    - 民事、行政司法赔偿的排除范围 → 8种情形了解即可

司法赔偿（二）

- 赔偿请求人与赔偿义务机关
  - 赔偿请求人
    - 包括受害的公民、法人或其他组织；受害的公民死亡的，其继承人和其他有抚养关系的亲属有权要求赔偿；受害的法人或其他组织终止的，承受其权利的法人或其他组织有权要求赔偿
  - ☆赔偿义务机关
    - 刑事赔偿义务机关
    - 民事、行政司法赔偿义务机关 → 法院
    - 行政复议后起诉案件的赔偿义务机关
      - 一般原则
        - 行使国家侦查、检察、审判职权的机关、监狱管理机关及其工作人员在行使职权时侵犯公民、法人和其他组织的合法权益造成损害的，该机关为赔偿义务机关。如果是看守所及其工作人员在行使职权时侵犯公民合法权益造成损害的，看守所的主管机关（一般为公安机关）为赔偿义务机关
      - 特殊规则
        - 对公民采取拘留措施，依照国家赔偿法的规定应当赔偿的，作出拘留决定的机关为赔偿义务机关
        - 对公民采取逮捕措施后决定撤销案件、不起诉或者判决宣告无罪的，作出逮捕决定的机关为赔偿义务机关
        - 一审法院作出有罪判决，但在生效之前被纠正，由一审法院作为赔偿义务机关
        - 再审改判无罪的，作出原生效判决的法院为赔偿义务机关

第二十一章　国家赔偿的方式、计算与支付

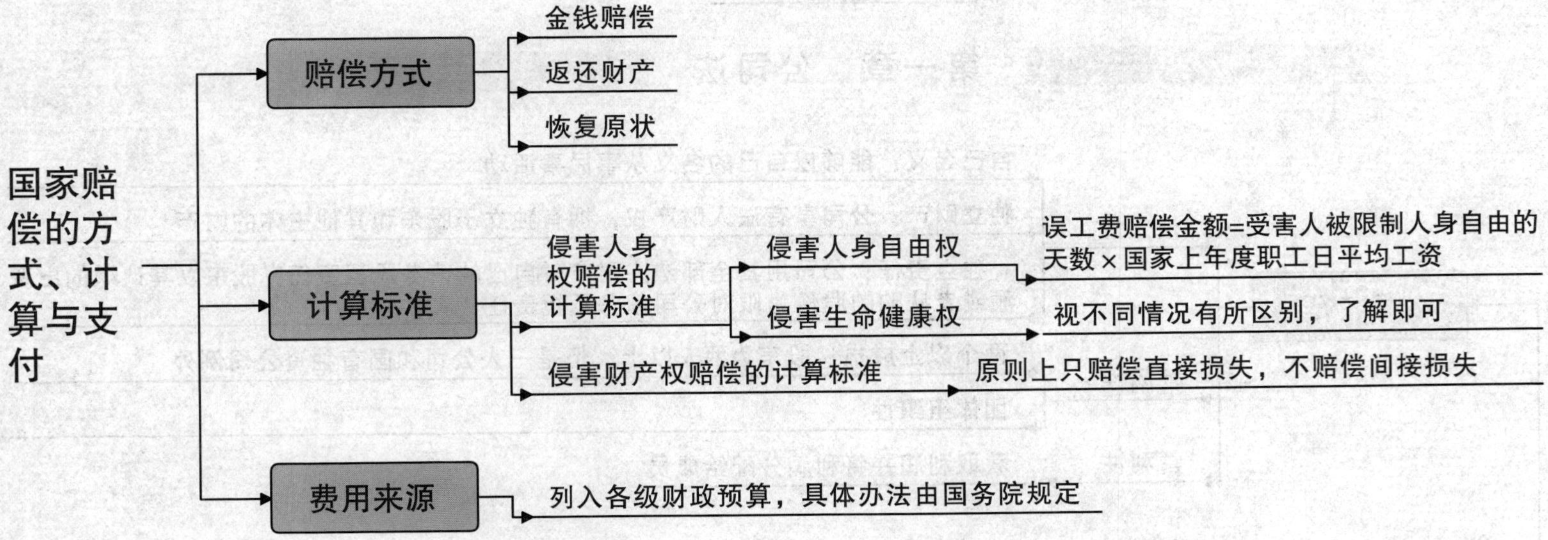

商法

第一章 公司法

公司基本原理

- 公司特征
  - 法人性
    - 自己名义：能够以自己的名义从事民事活动
    - 独立财产：公司享有法人财产权，拥有独立于股东和其他主体的财产
    - ☆独立责任：公司用其全部法人财产对自己的债务承担责任，股东以其认缴的出资额或者认购的股份为限对公司债务承担责任
  - 社团性
    - 两个以上成员：股东为两人以上，但是一人公司和国有独资公司例外
    - 团体组织性
  - 营利性
    - 获取利润并将利润分配给成员
- 公司种类
  - 按股东责任分类：无限责任公司、两合公司、股份两合公司、有限责任公司、股份有限公司
  - 按股份转让分类：封闭式公司、开放式公司
  - 按信用基础：人合公司、资合公司、人合兼资合公司
  - 按公司国籍：本国公司、外国公司、跨国公司
  - 按公司关系
    - 本公司与分公司
    - 母公司与子公司
- 公司章程
  - 制定方式：（1）共同订立；（2）部分订立
  - 应当载明事项：（1）公司名称和住所；（2）公司经营范围；（3）公司注册资本；（4）股东的姓名或者名称；（5）股东的出资方式、出资额和出资时间；（6）公司的机构及其产生办法、职权、议事规则；（7）公司法定代表人；（8）股东会会议认为需要规定的其他事项

公司股东、董事、监事、高级管理人员

- 有限公司股东资格的确认
  - 出资证明书
  - 股东名册
  - 公司登记
  - 公司章程
  - 营业执照
  - 确认规则：（1）对内以股东名册为准，记载于股东名册的股东可以主张行使股东权利；（2）对外以公司登记为准，未经登记或者变更登记的，不得对抗第三人；（3）出资证明书和公司章程因其自身缺陷，仅具有证据效力
- ☆股东代表诉讼
  - 诉因
    - 董事、监事、高级管理人员执行公司职务时违反法律、行政法规或公司章程的规定，给公司造成损失的，应当承担赔偿责任
    - 他人侵犯公司合法权益，给公司造成损失的，应当承担赔偿责任
  - 当事人
    - 原告：股东以自己的名义起诉
    - 被告：造成公司损失的董事、监事、高级管理人员或他人
    - 第三人：法院受理股东代表诉讼的，应当通知公司作为第三人参加诉讼
  - 诉讼效果
    - 原则上，诉讼利益归属于公司，被告应向公司返还财产或者赔偿公司损失
    - 股东全部或者部分胜诉后，公司应当承担股东因参加诉讼支付的合理费用

公司设立、变更、合并、分立、解散、清算（一）

- 设立
  - 概念
    - 公司设立人依照法定的条件和程序，为组建公司并取得法人资格而必须采取和完成的法律行为
  - 方式
    - 发起设立
    - 募集设立
- 变更
  - 增资
    - 股东会或者股东大会作出决议
    - 办理变更登记
  - 减资
    - 股东会或者股东大会作出决议
    - 债权人保护程序：公司应当自作出减少注册资本决议之日起10日内通知债权人，并于30日内在报纸上公告。债权人自接到通知书之日起30日内，未接到通知书的自公告之日起45日内，有权要求公司清偿债务或者提供相应的担保
    - 办理变更登记
- 合并
  - 种类：（1）吸收合并；（2）新设合并
  - 程序：（1）股东（大）会作出决议；（2）签订合并协议；（3）编制资产负债表和财产清单；（4）通知债权人；（5）办理合并登记手续
  - 后果：合并各方的债权、债务，应当由合并后存续的公司或者新设的公司继承
- 分立
  - 种类：（1）派生分立；（2）新设分立
  - 后果：公司分立前的债务由分立后的公司承担连带责任。但是，公司在分立前与债权人就债务清偿达成的书面协议另有约定的除外

公司设立、变更、合并、分立、解散、清算（二）

- 解散
  - 一般解散
    - 公司章程规定的营业期限届满或者公司章程规定的其他解散事由出现时
    - 股东会或股东大会决议解散
    - 因公司合并或者分立需要解散
  - 强制解散
    - 主管机关决定
    - 责令关闭
    - 被吊销营业执照
  - 判决解散
    - ☆条件：公司僵局，即公司经营管理发生严重困难，继续存续会使股东利益受到重大损失，通过其他途径不能解决
    - 原告：单独或者合计持有公司全部股东表决权10%以上的股东
    - 被告：公司
    - 判决：判决解散的，对公司全体股东具有法律约束力
- 清算
  - 强制性：未经清算，公司不得注销，但因合并、分立导致的解散无须清算
  - 程序：（1）成立清算组；（2）通知公告；（3）债权申报；（4）清偿债务；（5）分配剩余财产；（6）清算终结

有限公司、股份公司基本制度

- 有限公司
  - 概念：股东以其认缴的出资额为限对公司承担责任，公司以其全部资产对公司债务承担责任的企业法人
  - 股东人数：1~50个股东出资设立
  - 设立方式：发起设立
  - 股份转让：受到严格限制
  - 开放程度：封闭性（设立程序、经营状况）
  - 法律规制：以任意性规范为主
- 股份公司
  - 概念：全部资本分为等额股份，股东以其认购的股份为限对公司承担责任，公司以其全部资产对公司债务承担责任的企业法人
  - 股东人数：发起人2~200人，股东人数无限制
  - 设立方式：发起设立或募集设立
  - 股份转让：原则上自由转让
  - 开放程度：开放性和社会性
  - 法律规制：以强制性规范为主

- 有限公司的设立
  - 设立条件
    - 50个以下股东出资设立
    - 有符合公司章程规定的全体股东认缴的出资额
    - 股东共同制定公司章程
    - 有公司名称，建立符合有限责任公司要求的组织机构；有公司住所
  - 出资方式
    - 货币、实物、知识产权、土地使用权等可以用货币估价并可以依法转让的非货币财产
    - 对各种出资方式所占数额的具体比例无限制
  - 出资程序
    - 期限 → 根据章程规定在公司成立时一次缴清或在公司成立后分次缴清
    - 货币出资 → 足额存入有限责任公司在银行开设的账户
    - 非货币出资 → 评估—依法办理其财产权的转移手续
    - 不动产或知识产权出资 → 交付+登记
    - 验资 → 取消了法定验资程序，但是不禁止章程规定验资

- 股份有限公司的设立
  - 设立条件
    - 发起人2~200人，其中须有半数以上在中国境内有住所
    - 有符合公司章程规定的全体发起人认购的股本总额或者募集的实收股本总额
    - 股份发行、筹办事项符合法律规定
    - 发起人制订公司章程，采取募集方式设立的经创立大会通过
    - 有公司名称，建立符合股份有限公司要求的组织机构；有公司住所

第二章　合伙企业法

合伙企业的概念和特征

- 概念
  - 是指自然人、法人和其他组织依法在中国境内设立的普通合伙企业和有限合伙企业
- 与公司的区别
  - 主体资格：合伙企业为非法人组织；公司是法人
  - 成立基础：合伙企业是合伙协议，公司是公司章程
  - 共同出资：合伙企业在出资方式、数额和期限上灵活多样；公司在出资方式、数额和期限上受一定限制
  - 共同经营：普通合伙人直接参与经营，公司股东不以股东身份参与经营
  - 对外责任：普通合伙人对外承担无限连带责任；公司股东承担有限责任
  - 财产性质：合伙企业是合伙人共有；公司是公司享有法人财产权，股东享有股权
  - 组织结构：合伙企业简单；公司复杂
  - 税收负担：合伙企业不缴企业所得税；公司缴纳企业所得税

普通合伙企业的设立

- 肯定条件
  - 合伙人的人数：不少于两人
  - 合伙人是自然人的，须具有完全民事行为能力
  - 合伙人的种类：自然人、法人、其他组织
- 限制条件
  - 合伙人职业禁止：法律、行政法规禁止从事营利性活动的人，不得成为合伙企业的合伙人
  - 普通合伙人的资格限制：国有独资公司、国有企业、上市公司以及公益性的事业单位、社会团体不得成为普通合伙人
- 合伙协议
  - 书面形式订立
  - 载明必要事项
  - 除另有约定外，合伙协议的修改和补充应当经全体合伙人一致同意
  - 合伙人违反合伙协议的，应当依法承担违约责任
- ☆合伙出资
  - 有合伙人实际缴付的出资
  - 无最低出资数额和出资期限的要求，无注册资本
  - 形式多样
  - 合伙人以非货币财产出资，需要评估作价的，可以由全体合伙人协商确定，也可以由全体合伙人委托法定评估机构评估
  - 合伙人违反出资义务应承担违约责任

- **普通合伙企业的财产**
  - **范围**
    - 出资财产和积累财产
  - **性质**
    - 出资财产：以所有权出资的归全体合伙人共有，以使用权出资的归合伙人单独所有
    - 积累财产：全体合伙人共有
  - **☆管理使用**
    - 财产份额对外转让：须经全体合伙人一致同意，其他合伙人享有同等条件下的优先购买权。但是合伙协议另有约定的除外
    - 财产份额内部转让：合伙人之间转让，应通知其他合伙人
    - 财产份额出质：须经其他合伙人一致同意
    - 分割：在合伙企业存续期间，除依法退伙等法律有特别规定的外，合伙人不得请求分割合伙企业财产，也不得私自转移或者处分合伙企业财产

- **普通合伙事务的决议和执行**
  - **一般事务**
    - 合伙人一人一票并经全体合伙人过半数通过，合伙协议另有约定的除外
  - **☆特别事务**
    - 除合伙协议另有约定，合伙企业的下列事项应当经全体合伙人一致同意：（1）改变合伙企业的名称；（2）改变合伙企业的经营范围、主要经营场所的地点；（3）处分合伙企业的不动产；（4）转让或者处分合伙企业的知识产权和其他财产权利；（5）以合伙企业名义为他人提供担保；（6）聘任合伙人以外的人担任合伙企业的经营管理人员；（7）修改或者补充合伙协议；（8）合伙人对外转让合伙份额；（9）吸收他人入伙
  - **决议效力**
    - 未按上述方式表决的决议无效。但是，在相对人为善意的情况下，决议无效不影响善意相对人的权利
  - **执行方式**
    - 共同执行
    - 各合伙人单独执行
    - 委托执行

☆普通合伙的入伙与退伙（一）

- 入伙
  - 须经全体合伙人的同意，合伙协议另有约定的除外
  - 入伙人与原合伙人订立书面合伙协议
  - 原合伙人应告知入伙人原合伙企业的经营状况和财务状况
  - 新合伙人对入伙前合伙企业的债务承担无限连带责任
- 退伙
  - 声明退伙
    - 有经营期限的单方退伙
      - 合伙协议约定的退伙事由出现
      - 经全体合伙人一致同意
      - 发生合伙人难以继续参加合伙的事由
      - 其他合伙人严重违反合伙协议约定的义务
    - 无经营期限的通知退货
      - 提前30日通知其他合伙人
  - 当然退伙
    - 作为合伙人的自然人死亡或者被依法宣告死亡
    - 个人丧失清偿能力
    - 作为合伙人的法人或其他组织依法终止
    - 法律规定或者合伙协议约定合伙人必须具有相关资格而丧失该资格
    - 合伙人在合伙企业中的全部财产份额被人民法院强制执行
    - 合伙人被依法认定为无民事行为能力人或限制民事行为能力人，其他合伙人未能一致同意其转变为有限合伙人的
  - 除名退伙
  - 后果
- 继承

☆普通合伙的入伙与退伙（二）

- 入伙
- 退伙
  - 声明退伙
  - 当然退伙
  - 除名退伙
    - 未履行出资义务
    - 因故意或重大过失给合伙企业造成损失
    - 执行合伙事务时有不正当行为
    - 发生合伙协议约定的事由
    - 后果：（1）被除名人接到除名通知之日，除名生效，被除名人退伙；（2）被除名人有异议的，可以自接到除名通知之日起30日内起诉
  - 后果
    - 结算：其他合伙人应当与该退伙人按照退伙时的合伙企业财产状况进行结算，退还退伙人的财产份额（根据合伙协议或合伙人决定，退还实物或折价）。退伙人对给合伙企业造成的损失负有赔偿责任的，相应扣减其应当赔偿的数额。退伙时有未了结的合伙企业事务的，待该事务了结后进行结算
    - 责任：退伙人对基于其退伙前的原因发生的合伙企业债务，承担无限连带责任
- 继承
  - 继承人为完全行为能力人，按合伙协议的约定或全体合伙人一致同意，从继承开始之日起，取得普通合伙人资格
  - 继承人非为完全行为能力人，经全体合伙人一致同意，成为有限合伙人
  - 在继承人未能取得合伙人资格的情况下，合伙企业应当向合伙人的继承人退还被继承合伙人的财产份额

第三章　企业破产法

破产的一般规定

- 概念
  - 通过司法程序处理无力偿债事件，包括但不限于倒闭清算事件
- 适用范围
  - 适用于企业法人。企业法人以外的组织的破产清算可以参照适用破产法
- 破产原因
  - 企业法人不能清偿到期债务，并且资产不足以清偿全部债务或明显缺乏清偿能力的，可以适用破产清算、重整、和解程序
  - 企业法人有明显丧失清偿能力可能的，可以适用重整
- 管辖
  - 地域管辖：债务人所在地法院管辖
  - 级别管辖：区县登记机关登记的企业由基层法院管辖，其余由中级法院管辖

破产申请和受理

- ☆申请人
  - 清算义务人：企业法人已解散但未清算完毕，资产不足以清偿债务的，依法负有清算责任的人应当向法院申请破产清算
  - 债权人
    - 债权人可以申请重整或破产清算，但不得申请和解
    - 债权人的请求权必须具备
      - 须为具有给付内容的请求权
      - 须为法律上可强制执行的请求权
      - 须为已到期的请求权
  - 债务人：可以向法院提出重整、和解或破产清算申请
- 撤回申请
  - 法院受理破产申请前，申请人可以请求撤回申请
  - 在法院受理破产案件后，申请人请求撤回破产申请的，应予驳回
- 受理时限
  - 债权人申请的，法院应当自收到申请之日起5日内通知债务人。债务人对申请有异议的，应当自收到通知之日起7日内向法院提出。法院应当自异议期满之日起10日内裁定是否受理
  - 债务人无异议的，或债务人、清算义务人申请的，法院应当自收到破产申请之日起15日内裁定是否受理
  - 不予受理的裁定可以上诉
- 法律效果
  - 债权冻结
  - 统一管理
  - 汇集程序
    - 有关债务人的新的民事诉讼，只能向受理破产申请的法院提起，排除其他一切诉讼管辖规则。但是，此前已经达成的仲裁协议不受影响
  - 新借款问题
    - “依法决议+优先受偿”

债务人财产（一）

- 范围
  - 破产申请受理时属于债务人的财产
    - 形态多样：货币、实物、债权、股权、知识产权、用益物权等财产和财产权益
    - 包括债务人已依法设定担保物权的特定财产
    - 包括按份共有中的共有份额、共同共有中的共有权利和依法分割共有财产所得部分
  - 破产申请受理后至破产程序终结前取得的财产
    - 财产的增值：如租金、利息、退税、红利等
    - 收回的财产：如追回的财产、获得执行回转的财产等
    - 股东补缴的出资：应当在破产申请受理时补缴，不必等待缴资期限届至
  - 不包括
    - 债务人基于租赁、保管、承揽等合同或其他法律关系占有、使用的他人财产
    - 债务人在所有权保留买卖中尚未取得所有权的财产
    - 所有权专属于国家且不得转让的财产
    - 其他依照法律、行政法规不属于债务人的财产
- 与破产财产的区分
  - 债务人财产是再建主义立法的概念，是指在破产程序中纳入破产管理的属于债务人的财产。破产财产是清算主义立法的概念，是指由破产管理人依照破产程序分配给债权人的全部财产
  - 在我国破产法上，一旦破产程序开始（包括破产清算、重整、和解），即使用债务人财产的概念，待债务人被宣告破产之后，才使用破产财产的概念
  - 债务人财产和破产财产的范围也有所不同，别除权的标的属于债务人财产，但不计入破产财产

债务人财产（二）

- ☆债务人财产的追回
  - 可撤销行为
    - 法院受理破产申请前1年内，涉及债务人财产的下列行为，管理人有权请求法院予以撤销
      - 无偿转让财产的
      - 以明显不合理的价格进行交易的
      - 对没有财产担保的债务提供财产担保的
      - 对未到期的债务提前清偿的
      - 放弃债权的
    - 法院受理破产申请前6个月内，债务人具备破产原因，仍对个别债权人进行清偿的，管理人有权请求法院予以撤销。但是，个别清偿使债务人财产受益的除外
  - 无效行为
    - 为逃避债务而隐匿、转移财产的
    - 虚构债务或者承认不真实的债务的
  - 特别追回权
    - 债务人的董事、监事和高级管理人员利用职权从企业获取的非正常收入（如绩效奖金、普遍拖欠职工工资情况下获取的工资性收入、其他非正常收入）和侵占的企业财产，管理人应当追回
- ☆破产取回权
  - 原理
    - 法院受理破产申请后，债务人占有的不属于债务人的财产，权利人可以通过管理人取回
  - 一般取回权
    - 行使时间：在破产财产变价方案或和解协议、重整计划草案提交债权人会议表决前向管理人提出。超期行使的，应承担延迟行使取回权增加的相关费用
    - 异议程序：管理人不认可的，权利人可以债务人为被告向法院起诉请求行使取回权
    - 留置抗辩：权利人行使取回权时未依法向管理人支付相关的加工费、保管费、托运费、委托费、代销费等费用，管理人有权拒绝
  - 出卖人取回权
    - 法院受理破产申请时，出卖人已将买卖标的物向作为买受人的债务人发运，债务人尚未收到且未付清全部价款的，出卖人可以取回在运途中的标的物。但是，管理人可以支付全部价款，请求出卖人交付标的物

债务人财产（三）

- 破产费用和共益债务
  - 破产费用
    - 破产案件的诉讼费用
    - 管理、变价和分配债务人财产的费用
    - 管理人执行职务的费用、报酬和聘用工作人员的费用
  - 共益债务
    - 因管理人或债务人请求对方当事人履行双方均未履行完毕的合同所产生的债务
    - 债务人财产受无因管理所产生的债务
    - 因债务人不当得利所产生的债务
    - 债务人继续营业而应支付的劳动报酬和社会保险费用以及由此产生的其他债务
    - 管理人或相关人员执行职务致人损害所产生的债务
    - 债务人财产致人损害所产生的债务
  - 清偿
    - 破产费用和共益债务由债务人财产随时清偿
    - 债务人财产不足以清偿所有破产费用和共益债务的，先行清偿破产费用
    - 债务人财产不足以清偿所有破产费用或者共益债务的，按照比例清偿
    - 债务人财产不足以清偿破产费用的，管理人应当提请法院终结破产程序

债权申报

- **申报条件**
  - 须为以财产给付为内容
  - 须为法院受理前成立的债权
  - 须为平等主体之间的债权
  - 须为合法有效的债权
- **申报程序**
  - 债权人未依法申报债权的，不得依破产法规定的程序行使权利
  - 申报期限：法院确定。逾期未申报的，可以在破产财产最后分配前补充申报；但是，此前已进行的分配，不再对其补充分配。为审查和确认补充申报债权的费用，由补充申报人承担
  - 申报材料：债权人应当书面说明债权的数额和有无财产担保，并提交有关证据
  - 确认和异议：债务人、债权人对债权表记载的债权无异议的，由法院裁定确认。债务人、债权人对债权表记载的债权有异议的，可以向受理破产申请的法院提起诉讼

债权人会议

- **决议**
  - 第一次债权人会议由法院召集，此后的债权人会议，在法院认为必要时，或管理人、债权人委员会、占债权总额1/4以上的债权人向债权人会议主席提议时召开
  - 由出席会议的有表决权的债权人过半数通过，并且其所代表的债权额占无财产担保债权总额的1/2以上。但和解协议草案和重整计划草案除外
  - 债权人会议的决议，对于全体债权人均有约束力。债权人认为债权人会议的决议违反法律规定，损害其利益的，可以自债权人会议作出决议之日起15日内，请求法院裁定撤销该决议

破产程序（一）

- **破产清算**
  - 破产宣告
    - 不可逆转 → 债务人不可逆转地进入破产清算程序
    - 债权解冻 → 债权人只能依破产程序接受清偿，未到期的债权视为到期，有财产担保的债权人可以随时由担保物清偿；无担保的，债权人依破产分配方案获得清偿
    - 停止营业 → 原则上停止营业，但继续经营有助于破产财产保值增值的，法院可以许可
  - ☆别除权
    - 债权人不依破产程序，而由特定财产单独优先受偿的权利
    - 别除权以抵押、质押、留置三种担保物权为基础权利
    - 别除权的标的物在破产宣告前属于债务人财产，但在破产宣告后不计入破产财产
    - 在法院裁定和解和裁定宣告债务人破产时可以行使
    - 债权人未能通过别除权实现的债权计入普通破产债权
  - 清偿顺序
    - 职工债权和应划入个人账户的社保费用（破产企业的董事、监事和高级管理人员的工资按照该企业职工的平均工资计算）
    - 破产人欠缴的除前项规定以外的社会保险费用和破产人所欠税款
    - 普通破产债权 → 破产财产不足以清偿同一顺序的清偿要求的，按照比例分配

破产程序（二）

- **重整程序**
  - 概念
    - 指对可能或已经发生破产原因但又有挽救希望的法人企业，通过对各方利害关系人的利益协调，借助法律强制进行营业重组与债务清理，以避免企业破产的法律制度
  - 启动
    - 债务人、债权人直接申请
    - 债务人申请破产清算后，破产宣告前，债务人或者出资额占债务人注册资本1/10以上的出资人申请转化
  - 重整期间
    - 法院裁定受理重整申请至法院批准重整计划
  - 特别规定
    - 债务人可自行管理财产和营业财产：自行申请、法院批准、管理人监督
    - 担保物属于重整必须的，担保物权暂停行使
    - 取回权的行使受到原协议的限制
  - 重整计划
    - 提出
    - 制作
    - 表决
    - 通过
- **和解程序**
  - 概念
    - 债务人不能清偿债务时，为避免破产清算，经与债权人会议协商达成相互间的谅解的一项制度
  - 启动
    - 只有债务人才能申请，可以直接申请，也可以在破产程序中申请
    - 债务人申请和解，应当提出和解协议草案
  - 表决
    - 人数过半，无担保债权总额2/3以上+法院裁定认可

第四章 票据法

- 票据概述
  - 特征
    - （1）要式性；（2）无因性；（3）文义性；（4）设权性；（5）流通性
  - 功能
    - （1）汇兑功能；（2）支付功能；（3）信用功能；（4）结算功能；（5）融资功能
  - 票据权利
    - 权利种类
      - 付款请求权（第一顺位的权利）
      - 票据追索权（第二顺位的权利）
    - 票据权利的取得
      - 取得方式合法，主观善意
      - 支付对价，税收、继承/赠与除外
  - 票据的丧失与补救
    - 挂失止付
      - 挂失止付的提起人为失票人
      - 挂失止付的相对人为丧失的票据上记载的付款人
      - 挂失止付的效力：付款人暂停付款
    - 公示催告
      - 公示催告可以在挂失止付后申请，也可以直接申请
      - 申请人：失票人
      - 公示催告的进行：审查、公告、发出止付通知
      - 公示催告的终结：有人主张权利的，法院裁定终结公示催告程序，通过民事诉讼解决；无人主张权利的，法院判决，宣告票据无效，终结公示催告，自该判决作出之日起，申请人就有权依该判决，行使其付款请求权和追索权

票据种类

- 本票
  - 特征
    - 自付证券
    - 无须承兑
    - 基本当事人只有出票人和收款人
    - 只有银行本票，只有即期本票
- 支票
  - 特征
    - 付款人的资格有严格限制，仅限于银行或其他金融机构
    - 支票是见票即付的票据，无承兑行为
    - 禁止空头支票
- ☆汇票
  - 特征
    - 三个基本当事人：出票人、付款人和收款人
    - 汇票是委托他人进行支付的票据
    - 汇票通常都需要由付款人进行承兑
    - 汇票是在见票时或指定的到期日无条件支付给持票人一定金额的票据
    - 汇票对于当事人没有特别的限制，既可以是银行，也可以是公司、企业或个人
  - 出票
    - 一个完整的出票行为包括两个方面：一是出票人签章；二是交付票据
  - 背书
    - 基本规则：（1）应当连续；（2）背书人不退出票据关系
  - 承兑
    - 付款人承兑后，应当承担付款的责任；不得附条件，否则视为拒绝承兑
  - 保证
    - 不得附条件，否则保证有效，条件视为无记载

第五章　证券法

证券法（一）

- 证券发行
  - 发行方式
    - 公开发行
    - 非公开发行
  - 股票发行条件
    - 具备健全且运行良好的组织机构
    - 具有持续盈利能力，财务状况良好
    - 最近3年财务会计文件无虚假记载，无其他重大违法行为
    - 证监会规定的其他条件
  - 承销制度
    - 种类：包销、代销
- 证券交易
  - 一般规则
    - 必须是依法发行并交付的证券
    - 应当在依法设立的证券交易所或国务院批准的其他证券交易场所转让
    - 以现货或国务院规定的其他方式交易；采取纸面形式或证监会规定的其他形式
    - 交易所实行集中竞价方式，遵循价格优先、时间优先的原则
    - 按照依法制定的交易规则进行的交易，不得改变其交易结果
  - 交易禁止
    - 禁止内幕交易
    - 禁止操纵证券市场
    - 禁止扰乱证券市场
    - 禁止欺诈客户
  - 交易限制
    - （1）对中介机构和人员的限制；（2）对短线交易的限制

证券法（二）

- 信息披露
  - 报告制度
    - 中期报告
    - 年度报告
    - 临时报告
  - 虚假陈述
    - 行为
      - 发行人、上市公司公告的信息披露资料，有虚假记载、误导性陈述或重大遗漏，致使投资者在证券交易中遭受损失
    - 责任
      - 发行人、上市公司应当承担赔偿责任
      - 其董事、监事、高级管理人员和其他直接责任人员以及保荐人、承销的证券公司，应承担连带赔偿责任，但是能够证明自己没有过错的除外
      - 其控股股东、实际控制人有过错的，应承担连带赔偿责任
- 要约收购
  - 条件：通过交易所的交易持有已发行股份的30%且继续收购的
  - 程序：向该上市公司所有股东发出要约，公告上市公司收购报告书
  - 内容：收购上市公司全部或者部分股权
  - 期限：不得少于30日，并不得超过60日

第六章 保险法

保险法概述

- 基本原则
  - 公序良俗
  - 自愿原则
  - 最大诚信
  - 近因原则
    - 近因是指造成保险标的损害的最直接、最有效的原因
    - 近因是承保事故的，保险人承担保险责任
  - 保险利益
    - 成立需要具备三个要件：合法性，确定性，经济性
- 保险合同主体
  - 投保人
    - 投保人是与保险人订立保险合同并负有交付保险费义务的保险合同的一方当事人
    - 投保人享有解除合同的权利
    - 人身保险的保单现金价值属于投保人，而不属于被保险人或者受益人
  - 被保险人
  - 受益人
    - 受益人没有身份或行为能力的限制
    - 受益人由被保险人指定，或者投保人指定并经被保险人同意
    - 受益人由被保险人变更，或者投保人变更并经被保险人同意

☆保险合同的解除

- 保险人：通常不得解除合同，例外
  - 投保人违反告知义务
  - 被保险人或受益人谎称发生事故索赔
  - 投保人、被保险人故意造成保险事故
  - 投保人、被保险人未按约定履行对保险标的的安全保护义务
  - 保险标的危险程度显著增加
  - 投保人申报的年龄不真实
  - 人身保险合同效力中止满2年未复效
- 投保人
  - 通常可以解除合同
- 例外
  - 货物运输保险合同和运输工具航程保险合同，保险责任开始后，合同当事人不得解除合同

人身保险合同

- 死亡保险的限制
  - 行为能力限制：投保人不得为无民事行为能力人投保以死亡为给付保险金条件的人身保险，保险人也不得承保
  - 被保险人同意：以死亡为给付保险金条件的合同，未经被保险人同意并认可保险金额的，合同无效
- ☆中止与复效
  - 中止
    - 分期支付保险费，未按时支付
      - 超过合同约定的期限
      - 保险人催告之日起超过30天
      - 缴费日起超过60天
    - 宽限期内，应赔偿；中止期间，不赔偿
  - 复效
    - 投保人提出复效申请并同意补交保险费，除危险程度显著增加外，应复效
    - 保险人收到恢复效力申请后，30日内未明确拒绝，视为同意恢复
- 年龄误告
  - 真实年龄不能投保
    - 解除合同
  - 真实年龄可以投保
    - 少交：补交保费或比例赔付
    - 多交：退还多收的保费

财产保险合同

- ☆代位求偿权
  - 被保险人的选择权及其限制
    - 保险事故是由第三人的行为所致，被保险人既可以要求该第三人即责任人赔偿，也可以要求保险人赔偿，但是所得赔偿不能超过所受损失
    - 被保险人已经从第三人取得损害赔偿的，保险人赔偿保险金时，可以相应扣减
    - 保险人行使代位请求赔偿的权利，不影响被保险人就未取得赔偿的部分向第三者请求赔偿的权利
  - 保险人代位求偿权及其限制
    - 保险人只有在向被保险人支付了保险金后才能行使对第三人的代位求偿权
    - 保险人行使代位求偿权向第三人追偿的金额不得超过其向被保险人支付的保险金
    - 不得向被保险人的家庭成员或其组成人员的非故意行为追偿
    - 保险人可向投保人追偿
  - 被保险人处分权的限制
    - 保险合同订立前，被保险人已经放弃对第三人赔偿请求权的，保险人不得行使代位求偿权。若投保人对此未如实告知，导致保险人不能行使代位求偿权，保险人有权请求退还相应保险金，但保险人知道或者应当知道上述情形仍同意承保的除外
    - 保险事故发生后，在保险人未赔偿保险金之前，被保险人放弃对第三人赔偿请求权的，保险人不承担赔偿保险金的责任
    - 保险人向被保险人赔偿保险金后，若被保险人未经保险人同意放弃对第三人的赔偿请求权的，该放弃行为无效
  - 适用范围
    - 代位求偿权仅适用于财产保险，不适用于人身保险

经济法

第一章 竞争法

☆竞争法（一）

- 反垄断法
  - 垄断协议
    - 横向垄断协议：（1）固定或变更商品价格；（2）限制商品的生产数量或销售数量；（3）分割销售市场或原材料采购市场；（4）限制购买新技术、新设备或限制开发新技术、新产品；（5）联合抵制交易
    - 纵向垄断协议：（1）固定向第三人转售商品的价格；（2）限定向第三人转售商品的最低价格
  - 滥用市场支配地位
    - 支配地位
      - 认定标准
        - 市场份额、控制能力、财力技术、依赖程度、难易程度、其他
      - 推定
        - 一个1/2；两个2/3；三个3/4
        - 其中有的经营者市场份额不足1/10的，不应当推定具有市场支配地位
    - 滥用行为
      - 高卖低买；倾销；拒绝交易；限定交易；搭售；差别待遇
  - 经营者集中
    - 行为
      - 经营者合并；经营者收购；控制权转移
    - 事前申报，否则不得实施
  - 行政垄断
    - 主体
      - 行政机关以及法律、法规授权的具有管理公共事务职能的组织
    - 行为
      - 限定经营；地区封锁；强制经营者实施垄断行为；制定含有排除、限制竞争内容的规定

☆竞争法（二）

反不正当竞争法

- 典型不正当竞争行为及责任
  - 混淆行为：责令停止违法行为，没收违法商品，罚款，情节严重的吊销营业执照
  - 商业贿赂行为：没收违法所得，罚款，情节严重的吊销营业执照
  - 虚假宣传行为：责令停止违法行为，罚款，情节严重的可以吊销营业执照
  - 侵犯商业秘密行为：责令停止违法行为，罚款
  - 不正当有奖销售行为：责令停止违法行为，罚款
  - 诋毁商誉行为：责令停止违法行为、消除影响，罚款
  - 互联网不正当竞争行为：责令停止违法行为，罚款
  - 民事责任方面
    - 赔偿数额，按照实际损失确定，难以计算的按侵权人因侵权所获得的利益确定。经营者恶意实施侵犯商业秘密行为，情节严重的，可以在按照上述方法确定数额的1~5倍确定赔偿数额。赔偿数额还应当包括经营者为制止侵权行为所支付的合理开支
    - 对于混淆行为和侵犯商业秘密行为，实际损失、侵权获利难以确定的，由法院根据侵权行为的情节判决给予权利人500万元以下的赔偿
  - 特殊情况
    - 有主动消除或者减轻违法行为危害后果等法定情形的，依法从轻或者减轻行政处罚；违法行为轻微并及时纠正，没有造成危害后果的，不予行政处罚
    - 受到行政处罚的，由监督检查部门记入信用记录，并依法公示
- 对涉嫌不正当竞争行为的调查
  - 执法权限：县级以上人民政府履行工商行政管理职责的部门对不正当竞争行为进行查处，法律、行政法规规定由其他部门查处的，依照其规定
  - 调查措施了解即可
  - 配合义务：监督检查部门调查涉嫌不正当竞争行为，被调查的经营者、利害关系人及其他有关单位、个人应当如实提供有关资料或情况

第二章　消费者法

消费者法

- 消费者权利和经营者的义务
  - 消费者权利
    - （1）安全保障权；（2）知情权；（3）公平交易权；（4）受尊重权；（5）个人信息权；（6）监督批评权；（7）获得相关知识权；（8）获得赔偿权；（9）结社权；（10）自主选择权
  - 经营者义务
    - （1）安全保障义务；（2）提供真实信息的义务；（3）保证质量义务；（4）尊重消费者的义务；（5）保护消费者个人信息的义务；（6）接受监督的义务；（7）履行法定或约定义务；（8）标明真实名称和标记的义务；（9）出具凭证单据义务；（10）退货、更换、修理义务；（11）不得单方作出不利规定义务
  - ☆法律责任
    - 人身伤害
      - 赔偿医疗费、护理费、交通费等为治疗和康复支出的合理费用，以及因误工减少的收入
    - 人格尊严、人身自由、个人信息
      - 停止侵害、恢复名誉、消除影响、赔礼道歉，并赔偿损失
    - 精神损害
      - 造成严重精神损害的，受害人可以要求精神损害赔偿
    - 财产损失
      - 应依照法律规定或者当事人约定承担修理、重作、更换、退货、补足商品数量、退还货款和服务费用或者赔偿损失等民事责任
    - 惩罚性赔偿
      - 经营者提供商品或者服务有欺诈行为的，应当按照消费者的要求增加赔偿其受到的损失，增加赔偿的金额为消费者购买商品的价款或者接受服务的费用的3倍；增加赔偿的金额不足500元的，为500元。法律另有规定的，依照其规定
      - 经营者明知商品或者服务存在缺陷，仍然向消费者提供，造成消费者或者其他受害人死亡或者健康严重损害的，受害人有权要求经营者赔偿损失，并有权要求所受损失2倍以下的惩罚性赔偿

第三章 银行业法

- 银行业法
  - 商业银行业务范围
    - 吸收公众存款
    - 发放短期、中期和长期贷款
    - 办理国内外结算
    - 办理票据承兑与贴现
    - 发行金融债券
    - 代理发行、代理兑付、承销政府债券
    - 买卖政府债券、金融债券
    - 从事同业拆借
    - 买卖、代理买卖外汇
    - 从事银行卡业务
    - 提供信用证服务及担保
    - 代理收付款项及代理保险业务
    - 提供保管箱服务
    - 经国务院银行业监督管理机构批准的其他业务。此外，商业银行经中国人民银行批准，可以经营结汇、售汇业务
  - 商业银行组织形式
    - 有限公司或股份公司

第四章　财税法

- 财税法
  - 企业所得税
    - 不征：财政拨款；行政事业性收费；政府性基金
    - 免征：国债利息；权益性投资收益；非营利组织的收入
    - 可减免：农林牧渔；国家扶持的基础公共设施项目；环保节能节水项目；技术转让
  - 个人所得税
    - 应税：
      - 工资薪金；劳务报酬；稿酬；特许权使用费
      - 经营所得；利息股息红利所得；财产租赁；财产转让；偶然所得
    - 免征：特殊奖金；国债利息；救济款项；特殊保护人群特殊收入
    - 可减免：残疾、孤老人员和烈属的所得；因自然灾害遭受重大损失的
  - 车船税
    - 当然免税：（1）捕捞、养殖渔船；（2）军队、武装警察部队专用的车船；（3）警用车船；（4）悬挂应急救援专用号牌的国家综合性消防救援车辆和国家综合性消防救援专用船舶；（5）依法应当予以免税的外国驻华使领馆、国际组织驻华代表机构及其有关人员的车船

第五章　土地法和房地产法

- 土地法和房地产法
  - 土地所有权
    - 公有制：城市市区的土地属于国家所有。农村和城市郊区的土地，除由法律规定属于国家所有的以外，属于农民集体所有；宅基地和自留地、自留山，属于农民集体所有
    - 集体土地：农民集体所有的土地依法属于村农民集体所有的，由村集体经济组织或者村民委员会经营、管理；已经分别属于村内两个以上农村集体经济组织的农民集体所有的，由村内各该农村集体经济组织或者村民小组经营、管理；已经属于乡（镇）农民集体所有的，由乡（镇）农村集体经济组织经营、管理
  - 土地使用权
    - 国有土地使用权：特征：（1）主体广泛；（2）取得方式多样；（3）内容差异性
    - 集体土地使用权
      - 土地承包经营权
        - 家庭承包
          - 耕地的承包期为30年
          - 草地的承包期为30~50年
          - 林地的承包期为30~70年
        - 对外承包：可以采取招标、拍卖、公开协商等方式承包，从事种植业、林业、畜牧业、渔业生产
      - 宅基地使用权
        - 保障性：一户一宅，面积有限
        - 限制性：村民建住宅，应当符合乡（镇）土地利用总体规划、村庄规划，不得占用永久基本农田，并尽量使用原有的宅基地和村内空闲地
        - 程序性：依法审批
        - 退出性：国家允许进城落户的农村村民依法自愿有偿退出宅基地

劳动与社会保障法

- 劳动合同
  - 种类
    - 固定期限：期满时，若双方无续订的意思表示，劳动合同即中止
    - 以完成一定工作任务为期限
    - 无固定期限
  - 形式
    - 建立劳动关系，应当同时或者自用工之日起1个月内订立书面劳动合同
  - 内容
    - 试用期：（1）非全日制用工、以完成一定工作任务为期限的劳动合同、劳动合同期限不满3个月的，不得约定试用期；（2）1年>劳动合同期限≥3个月，试用期不得超过1个月；3年>劳动合同期限≥1年，试用期不得超过2个月；劳动合同期限≥3年，或无固定期限合同，试用期不得超过6个月；（3）同一用人单位与同一劳动者只能约定一次试用期。试用期包含在劳动合同期限内。劳动合同仅约定试用期的，试用期不成立，该期限为劳动合同期限
    - 违约金：除劳动者违反服务期约定和竞业限制条款外，劳动合同不得约定由劳动者承担违约金
    - 服务期：仅限于用人单位为劳动者提供专项培训费用，除另有约定外，自动顺延至服务期满
    - 竞业限制：注意适用对象是用人单位的高级管理人员、高级技术人员和其他负有保密义务的人员
  - ☆解除
    - 协商解除
      - 无条件；单位提出解除会给予劳动者经济补偿
    - 劳动者单方解除
      - 无条件：提前30日书面通知；试用期内提前3日通知
      - 单位过错：通知解除或立即解除
    - 用人单位单方解除
      - 劳动者在试用期被证明不符合录用条件
      - 劳动者过错
      - 客观原因：事先通知工会，并且提前30日书面通知劳动者或额外支付1个月工资
      - 经济性裁员：提前30日向工会或全体职工说明情况，听取意见，并报劳动部门备案

☆劳动争议

- 适用范围
  - 因确认劳动关系发生的争议
  - 因订立、履行、变更、解除和终止劳动合同发生的争议
  - 因除名、辞退和辞职、离职发生的争议
  - 因工作时间、休息休假、社会保险、福利、培训以及劳动保护发生的争议
  - 因劳动报酬、工伤医疗费、经济补偿或者赔偿金等发生的争议
  - 法律、法规规定的其他劳动争议
- 劳动争议解决方式及其关系
  - 协商—调解—仲裁—诉讼
  - 协商和调解均非必经程序，亦非终局程序
  - 申请仲裁是起诉的必经程序，仲裁裁决原则上是非终局的，但有例外

环境与自然资源法

- 环境保护法
  - 环境影响评价制度
    - 适用范围：规划（含总体规划和专项规划），建设项目
    - 总体规划：应当在规划编制过程中组织进行环境影响评价，编写该规划有关环境影响的篇章或者说明，作为规划草案的组成部分一并报送规划审批机关
    - 专项规划：应当在该专项规划草案上报审批前，组织进行环境影响评价，并向审批该专项规划的机关提出环境影响报告书，与专项规划一并附送审批机关审查
  - 信息公开和公众参与制度
    - 公益诉讼
      - 对污染环境、破坏生态，损害社会公共利益的行为，符合条件的社会组织可以向法院提起诉讼
      - 条件
        - 依法在设区的市级以上政府民政部门登记
        - 专门从事环境保护公益活动连续5年以上且无违法记录
  - 保护生态环境
    - 三同时制度
      - 建设项目中防治污染的设施，应当与主体工程同时设计、同时施工、同时投产使用
  - 环境法律责任
    - 适用《侵权责任法》
    - 连带责任：环境影响评价机构、环境监测机构以及从事环境监测设备和防治污染设施维护、运营的机构，在有关环境服务活动中弄虚作假，对造成的环境污染和生态破坏负有责任的，除予以处罚外，还应当与造成环境污染和生态破坏的其他责任者承担连带责任
    - 时效：环境损害赔偿诉讼时效期间为3年，从当事人知道或应当知道其受到损害时起计算

知识产权法

第一章 著作权

著作权（一）

- 著作权的客体
  - 指文学、艺术、科学领域内具有独创性并能以一定形式表现的智力成果
  - 必须具备两个要件 → （1）独创性；（2）可复制性
  - 著作权法不予保护的对象 → （1）官方文件；（2）单纯事实消息；（3）公共知识
- ☆著作权的归属
  - 一般规则
    - 内国作者
      - 自动保护原则：著作权产生于创作完成之时，与是否发表无关
      - 除著作权另有规定外，著作权属于作者
      - 创作作品的自然人是作者
    - 外国作者
      - 协议/条约保护；出版地保护
  - 特殊规则
    - 合作作品
      - 著作权由合作作者共同享有
      - 合作作品可以分割使用的，作者对各自创作的部分可以单独享有著作权，但行使著作权时不得侵犯合作作品整体的著作权
      - 合作作品的著作权由合作作者通过协商一致行使；不能协商一致，又无正当理由的，任何一方不得阻止他方行使除转让、许可他人专有使用、出质以外的其他权利，但是所得收益应当合理分配给所有合作作者
    - 委托作品
      - 受委托创作的作品，著作权的归属由委托人和受托人通过合同约定。合同未作明确约定或者没有订立合同的，著作权属于受托人
    - 职务作品
      - 一般职务作品：著作权由作者享有，但法人或者非法人组织有权在其业务范围内优先使用
      - 特殊职务作品：作者享有署名权，著作权的其他权利由法人或非法人组织享有

著作权（二）

- 著作权的内容
  - 人身权
    - 发表权；署名权；修改权；保护作品完整权
  - 财产权
    - 复制权；发行权；出租权；展览权；表演权；放映权；广播权；信息网络传播权；摄制权；汇编权；改编权；翻译权；应当由著作权人享有的其他权利
- ☆著作权的限制
  - 保护期
    - 署名权、修改权、保护作品完整权：永久保护
    - 自然人作品发表权和财产权：作者终生及其死亡后50年
  - 合理使用（13种情形）
  - 法定许可
- 邻接权
  - 出版者的权利
    - （1）专有出版权；（2）版式设计专有权
  - 表演者的权利
    - 人身权：（1）表明表演者的身份；（2）保护表演形象不受歪曲
    - 财产权：（1）许可他人从现场直播和公开传送其现场表演，并获得报酬；（2）许可他人录音录像，并获得报酬；（3）许可他人复制、发行、出租录有其表演的录音录像制品，并获得报酬；（4）许可他人通过信息网络向公众传播其表演，并获得报酬
  - 录制者的权利
    - 许可他人复制、发行、出租、通过信息网络向公众传播并获得报酬的权利
- 侵权责任
  - 赔偿数额
    - 实际损失—违法所得—500万元以下
  - 诉讼时效
    - 3年

第二章　专利权

专利权（一）

- 专利权的主体
  - 职务发明创造
    - 执行本单位任务；主要利用本单位物质技术条件
    - 专利申请权和专利权归单位（第二种情况另有约定的除外）
  - 委托发明创造
    - 除另有约定的以外，专利申请权属于研究开发人
  - 合作发明创造
    - 除另有约定的以外，专利申请权属于合作开发人共有
- ☆专利权的客体
  - 予以保护
    - 发明；实用新型；外观设计
  - 不予保护
    - 科学发现；智力活动的规则和方法；疾病的诊断和治疗方法；动植物品种；原子核变换方法以及用原子核变换方法获得的物质；对平面印刷品的图案色彩或者二者的结合作出的主要起标识作用的设计
- 授予专利权的程序
  - ☆专利申请的原则
    - 单一性原则：一件发明或实用新型专利申请应当限于一项发明或实用新型
    - 先申请原则：两个以上的申请人分别就同样的发明创造申请专利的，授予最先申请的人
    - 优先权原则
      - 国际优先权：发明和实用新型12个月；外观设计6个月
      - 国内优先权：发明和实用新型12个月；外观设计6个月
  - 审批流程
    - 初步审查—早期公开—实质审查—授权公告

专利权（二）

- 专利的复审、无效和终止
  - 复审
    - 主体：专利申请人
    - 主管部门：国务院专利行政部门
    - 复审程序：专利申请人对专利行政部门驳回申请的决定不服的，可以自收到通知之日起3个月内，向国务院专利行政部门请求复审。专利申请人对复审决定不服的，可以自收到通知之日起3个月内提起行政诉讼
  - 无效
    - 主体：任何单位或个人
    - 后果：原则上溯及既往，但是要维持现有法律秩序
  - 终止
    - （1）期满终止；（2）期满前没有按照规定缴纳年费的，或专利权人以书面声明放弃其专利权的
- ☆专利权的内容
  - 独占实施权
  - 转让权
    - 订立书面合同，自登记之日起生效
  - 许可权
    - （1）有权许可他人实施其专利并收取专利使用费；（2）被许可人无权允许合同规定之外的任何单位或个人实施该专利
- 专利侵权
  - 侵权行为
    - 直接侵权：（1）未经许可；（2）为生产经营目的；（3）实施他人专利
    - 间接侵权：（1）帮助侵权；（2）教唆侵权
  - ☆赔偿标准
    - 实际损失—所得利益—专利许可使用费的倍数
    - 难以确定的，法院确定给予3万~500万元的赔偿
    - 赔偿数额还应当包括权利人为制止侵权行为所支付的合理开支

第三章　商标权

- 商标权
  - 商标权的客体
    - 分类
      - 平面商标和立体商标：以商标形态为标准
      - 商品商标和服务商标：以标示对象为标准
      - 注册商标和未注册商标：以法律状态为标准
      - 集体商标和证明商标：以特殊作用为标准
    - 注册原则
      - 自愿注册
      - 申请在先
    - 构成条件
      - 积极条件：（1）文字、图形、字母、数字、三维标志、颜色组合和声音等，以及上述要素的组合；（2）显著性
      - 禁止使用：（1）官方标志；（2）地名；（3）不良影响
      - 禁止注册：不具有显著性的商标
  - ☆商标权的内容
    - 专用权：以核准注册的商标和核定使用的商品为限
    - 许可权
    - 转让权
    - 续展权：注册商标的有效期为10年，自核准注册之日起计算。注册商标有效期满，需要继续使用的，应当在期满前12个月内申请续展注册；在此期间未能提出申请的，可以给予6个月的宽展期。每次续展注册的有效期为10年，自该商标上一届有效期满次日起计算。宽展期满仍未提出申请的，注销其注册商标
  - 商标权的消灭
    - 注销：（1）申请注销：商标权人申请，经商标局核准注册的，该商标专用权在商标局收到申请之日终止；（2）期满注销
    - 撤销：（1）自行改变注册商标、注册人名义、地址或其他注册事项；（2）没有正当理由连续3年停止使用
    - 无效
      - 绝对无效理由：禁止使用的；禁止注册的；以欺骗手段或其他不正当手段取得注册的
      - 相对无效理由：自商标注册之日起5年内，在先权利人或者利害关系人可以请求商标评审委员会宣告该注册商标无效（对恶意注册的，驰名商标所有人不受5年的时间限制）
  - 注册商标侵权行为
    - 种类：（1）假冒；（2）仿冒；（3）销售侵权；（4）标识侵权；（5）反向假冒；（6）帮助侵权；（7）商号侵权；（8）商品名称或装潢侵权；（9）域名侵权；（10）侵害驰名商标专用权
    - 责任：实际损失—侵权获利—商标许可使用费的倍数

法理学

第一章 法的本体

☆法的本体（一）

- 法的概念
  - 历史上，不同的法学家基于各自研究视角的不同提出了各种各样的法的概念
  - 围绕着法的概念争论的中心问题是关于法与道德之间的关系问题，即不符合道德的立法是不是法的问题。根据对此关系的不同认定，我们大致可以概括出两种法的概念
  - 实证主义的法的概念。法与道德分离，以两个因素定义法的概念：权威性制定和社会实效
  - 以权威性制定为首要定义要素的代表是分析主义法学
  - 以社会实效为首要定义要素的代表是法社会学和法现实主义
  - 非实证主义的法的概念。法与道德相互联系，以内容的正确性作为法的概念的一个必要的定义要素
- 法的本质
  - 法的正式性（官方性、国家性）
  - 法的阶级性：法主要体现的是统治阶级的整体意志
  - 法的物质制约性：法的内容最终受一定社会物质生活条件的决定
- 法的特征
  - 法是调整人的行为的一种社会规范
  - 法是由公共权力机构指定或认可的具有特定形式的社会规范
  - 法是具有普遍性的社会规范
  - 法是以权利义务为内容的社会规范
  - 法是以国家强制力为后盾，通过法律程序保证实现的社会规范
  - 法是可诉的规范体系，具有可诉性
- 法的作用
  - 规范作用（针对单个人）
    - 指引作用；评价作用；教育作用；预测作用；强制作用
  - 社会作用（针对整个社会）
    - 政治职能，通常说的阶级统治的职能
    - 社会职能，执行社会公共事务的职能

☆法的本体（二）

- **法的基本价值的种类**
  - 秩序；自由；正义；人权
- **法的价值冲突的解决规则**
  - 个案中的比例原则
  - 价值位阶原则
- **法律规则**
  - 法律规则是采取一定的结构形式具体规定权利、义务及相应后果的行为规范
  - 任何法律规则均由假定条件、行为模式、法律后果三个部分构成，三者在逻辑上缺一不可
  - 法律规则与法律条文并非一一对应
  - 法律规则分类：授权性规则和义务性规则；确定性规则、委任性规则和准用性规则；强行性规则和任意性规则
- **法律原则**
  - 法律原则是为法律规则提供某种基础或本源的综合性的、指导性的价值准则或规范，体现着法律的基本规律，有着深厚的法律理论基础和丰富的思想内涵，是法律诉讼、法律程序和法律裁决的确认规范
- **法的渊源**
  - 当代中国法的正式渊源：宪法；法律；行政法规；行政规章；地方性法规、民族自治法规和经济特区的规范性文件；国际条约和国际惯例；立法解释；司法解释；其他正式渊源
  - 当代中国法的非正式渊源：习惯；判例（或指导性案例）；政策
- **法律体系**
  - 当代中国法律体系中的七个法律部门：宪法及宪法相关法；行政法；民商法；经济法；社会法；刑法；诉讼与非诉讼程序法
- **法的效力**
  - 狭义的法的效力指规范性法文件的生效范围或适用范围，即法律对什么人、什么事、在什么地方和什么时间有约束力
- **法律关系的种类**
  - 调整性法律关系和保护性法律关系
  - 纵向法律关系和横向法律关系
  - 单向（单务）法律关系、双向（双务）法律关系和多向（多边）法律关系
- **法律责任**
  - 法律责任是指行为人由于违法行为、违约行为或者由于法律规定而应承受的某种不利的法律后果

第二章　法的运行

☆法的运行（一）

- **立法的概念**
  - 泛指一定的国家机关依照法定职权和程序，制定、修改、废止法律和其他规范性法律文件及认可法律的活动，是对社会资源、社会利益进行第一次分配的活动
  - 狭义上的立法指享有国家立法权的国家机关的立法活动，即国家的最高权力机关及其常设机关依法制定、修改和废止宪法和法律的活动
- **执法的概念**
  - 狭义的执法指行政，即行政机关贯彻执行立法机关制定的法律和其他规范性法律文件的活动
- **司法的概念**
  - 司法又称法的适用，是指国家司法机关根据法定职权和程序，具体应用法律处理案件的专门活动
- **守法的概念**
  - 守法是指公民、社会组织和国家机关以法律为自己的行为准则，依照法律行使权利、履行义务的活动
- **法律监督**
  - 广义法律监督是指由所有国家机关、社会组织和公民对各种法律活动的合法性所进行的监督
  - 狭义的法律监督是指由特定国家机关依法进行的监督
- **法适用的一般原理**
  - 法律适用是指将特定事实，置于法律规范的要件之下，以获致一定的结论的一种思维过程
- **法律适用的步骤**
  - 整体来说，法的适用过程在形式上是逻辑三段论推理过程，即大前提、小前提和结论
  - 具体而言，首先查明和确认案件事实，作为小前提
  - 其次选择和确定与案件事实相符合的法律规范，作为大前提
  - 最后以整个法律体系的目的为标准，从两个前提中推导出法律决定
- **法律证成**
  - 法律适用的过程，无论是寻找大前提还是确定小前提，都是用来向法律决定提供支持程度不同的理由，所以它也就是一个法律证成的过程。证成，便是给一个决定提供充足理由的活动或过程

☆法的运行(二)

- **法律推理概念**
  - 法律推理就是指法律人在从一定的前提推导出法律决定的过程中所必须遵循的推论规则
- **法律推理种类**
  - 演绎推理，从一般到个别，经典方法是三段论
  - 归纳推理，从个别到一般
  - 类比推理，从个别到个别
  - 反向推理，由一件事是什么推出另一件不同的事是什么
  - 当然推理，推理规则为举轻以明重，举重以明轻
  - 设证推理，推理规则为尽可能将待解释现象的理论上所有可能的原因寻找出来，从中优先选择一种
- **法律解释概念**
  - 法律解释是指特定主体对法律规定之意义的说明与阐述
- **法律解释种类**
  - 正式解释（法定解释、有权解释）
    - 立法解释
    - 司法解释
    - 行政解释
  - 非正式解释（学理解释、无权解释、任意解释）
    - 由学者或其他个人及组织对法律规定所做的不具有法律拘束力的解释
- **法律解释方法**
  - 法律解释的方法是法律人在进行法律解释时所必须遵循的特定法律共同体所公认的规则和原则
  - 主要有：文义解释；体系解释；立法者目的解释；历史解释；比较解释；客观目的解释
- **法律解释位阶**
  - 现今大部分法学家都认可的位阶关系：文义解释→体系解释→立法者目的解释→历史解释→比较解释→客观目的解释
  - 法律解释方法的顺序并非绝对的、固定的，而是初步的、相对的，即这种优先性关系是可以被推翻的
- **法律漏洞的填补方法**
  - 目的论扩张，即法律规范的文义所未能涵盖某类案件，但依据其规范目的应该将相同的法律后果赋予它，因而扩张该规范的使用范围，以将它包含进来
  - 目的论限缩，即虽然法律规范的文义涵盖了某类案件，但依据其规范目的不应该赋予它与文义所涵盖的其他情形相同的法律后果，因而限缩该规范的适用范围，以将它排除出去

第三章 法与社会

法与社会

- **法与社会一般关系**
  - 法以社会为基础。法律的性质与功能决定于社会，法律变迁与社会发展的进程基本一致
  - 法对社会的调整。法通过调和社会各种冲突的利益，确立和维护社会秩序；通过法律对社会机体的疾病进行治疗；为了有效通过法律控制社会，还必须使法律与其他的资源分配系统进行配合
- **法与经济**
  - 法作为上层建筑的一部分，是由经济基础决定的
  - 法对于经济基础具有能动的反作用，并且通过生产关系反作用于生产力
- **法与科学技术**
  - 科技进步对法的影响
    - 科技对立法的影响；科技对司法的影响；科技对法律思想的影响
  - 法对科技进步的作用
    - 法律管理科技活动，确立国家科技事业的地位以及国际间科技竞争与合作的准则
    - 法律促进科技经济一体化、科技成果商品化
    - 法律抑制和预防科技活动所引发的各种社会问题
- **法与政治**
  - 政治对法的作用。法的产生和实现反映和服务于一定的政治；法有相对独立性
  - 法对政治的作用。法律在多大程度上离不开政治，政治也便在多大程度上离不开法
- **法与政策**
  - 法与政策在内容和实质方面存在联系，包括阶级本质、经济基础、指导思想、基本原则和社会目标等根本方面具有共同性，但二者在意志属性、规范形式、实施方式、调整范围、稳定性、程序化程度等方面则具有明显差别
- **法与国家**
  - 在最一般的意义上，法与国家权力构成相互依存、相互支撑的关系
  - 法与国家权力也存在紧张或冲突关系
- **宗教对法的影响**
  - 推动立法；影响司法程序；宗教信仰有助于提高人民守法的自觉性
- **法对宗教的影响**
  - 现代法律对宗教的影响主要表现为法对本国宗教政策的规定，核心的问题就是宗教信仰自由化的法律化问题

第四章　法的演进

法的演进（一）

- **法的起源**
  - 马克思主义认为，法不是从来就有的，也不是永恒存在的，而是人类社会发展到一定历史阶段才出现的社会现象
  - 法是随着生产力的发展、社会经济的发展、私有制和阶级的产生、国家出现而产生的，经历了一个长期的渐进的过程
- **法产生的主要标志**
  - 国家的产生
  - 权利和义务观念的形成
  - 法律诉讼和司法的出现
- **法产生的一般规律**
  - 经历了从个别调整到规范性调整、一般规范性调整到法的调整的发展过程
  - 经历了从习惯到习惯法，再由习惯法到制定法的发展过程
  - 经历了法与宗教规范、道德规范的浑然一体到法与宗教道德规范的分化、法的相对独立的发展过程
- **☆法的发展**
  - 马克思主义法学认为，人类社会存在四种历史类型的法，即奴隶制法、封建制法、资本主义法、社会主义法，前三种建立在私有制的基础之上，属于剥削阶级类型的法。社会主义法建立在公有制基础之上，反映和维护工人阶级为首的广大人民的利益和意志，是最高历史类型的法
- **法的移植**
  - 法的移植是指在鉴别、认同、调适、整合的基础上，引进、吸收、采纳、摄取、同化外国法，使之成为本国法律体系的有机组成部分，为本国所用
  - 法的移植的范围除了外国的法律外，还包括国际法律和惯例
- **法的继承**
  - 法的继承是不同历史类型的法律制度之间的延续和继受，一般表现为旧法对新法的影响和新法对旧法的承接和继受。法的阶级性并不排斥法的继承性，社会主义法可以而且必然要借鉴资本主义法和其他类型的法
  - 法的继承体现时间的先后关系，法的移植反映一个国家对同时代其他国家法律制度的吸收和借鉴

法的演进（二）

- 法的传统
  - 法的传统是指世代相传、辗转相承的有关法的观念、制度的综合
  - 民法法系：又称大陆法系，是由古罗马法，特别是19世纪初法国民法典，为传统产生和发展起来的法律的总称
  - 普通法法系：又称英美法系、判例法系，是以英国中世纪的法律，特别是以普通法为基础和传统产生和发展起来的法律的总称
  - 法的现代化的标志：意味着法与道德相互分离；意味着法成为形式法；意味着法对现代价值的体现和保护；意味着法具有了形式合理性
  - 法的现代化的类型：（1）内发型法的现代化；（2）外源型法的现代化
  - 现代中国法律文化的渊源：马克思主义的法思想和社会主义各国法制建设的经验；西方法律制度和法律思想；中国古代法的传统
- 法律意识概念
  - 法律意识是指人们对于法律现象的思想、观念、知识和心理的总称
- 法律意识层次
  - 法律心理：表面直观的感性认识和情绪，是法律意识的初级形式和阶段
  - 法律思想体系：法律意识的高级阶段，以理性化、知识化、体系化为特征；是人们对法律现象进行理性认识的产物，也是人们对法律现象的自觉的反映形式
- 法治理论
  - 在思想史上，最早提出法治的学者是亚里士多德
  - 现代西方法治发轫于英国，基本含义是法律至上或法律具有最高的权威
  - 法制一般指法律和制度的总称，法治指依据法律的治理
  - 法制与法治根本区别在于法对国家权力的限制与制约不同，法治的核心是权利保障与权力制约，法制的最终目的是建立符合统治阶级的法律秩序

中国特色社会主义法治理论

第一章 中国特色社会主义法治建设基本原理

☆中国特色社会主义法治建设基本原理

- 全面推进依法治国的重大意义
  - 依法治国，是坚持和发展中国特色社会主义的本质要求和重要保障，是实现国家治理体系和治理能力现代化的必然要求，事关我们党执政兴国，事关人民幸福安康，事关党和国家长治久安
  - 全面建成小康社会、实现中华民族伟大复兴的中国梦，全面深化改革、完善和发展中国特色社会主义制度，提高党的执政能力和执政水平，必须全面依法治国
- 全面推进依法治国的指导思想和总目标
  - 高举中国特色社会主义伟大旗帜；以马克思列宁主义、毛泽东思想、邓小平理论、“三个代表”重要思想、科学发展观、习近平新时代中国特色社会主义思想为指导；坚持党的领导、人民当家作主、依法治国有机统一；坚定不移走中国特色社会主义法治道路；坚决维护宪法法律权威，依法维护人民权益、维护社会公平正义、维护国家安全稳定；为实现“两个一百年”奋斗目标，实现中华民族伟大复兴的中国梦提供有力法治保障
  - 总目标是建设中国特色社会主义法治体系，建设社会主义法治国家
- 全面推进依法治国的基本原则
  - （1）坚持中国共产党的领导；（2）坚持人民主体地位；（3）坚持法律面前人人平等；（4）坚持依法治国和以德治国相结合；（5）坚持从中国实际出发
- 新时代深化依法治国实践的主要任务
  - 建设中国特色社会主义法治体系的具体任务，即形成完备的法律规范体系、高效的法治实施体系、严密的法治监督体系、有力的法治保障体系，形成完善的党内法规体系
  - 要深化依法治国实践

第二章　法治工作的基本格局

☆法治工作的基本格局

- 完善中国特色社会主义法律体系，加强宪法实施
  - 健全宪法实施和监督制度
  - 完善立法体制
  - 深入推进科学立法、民主立法、依法立法
  - 加强重点领域立法
- 深入推进依法行政，加快建设法治政府
  - 依法全面履行政府职能
  - 健全依法决策机制
  - 深化行政执法体制改革
  - 坚持严格规范公正文明执法
  - 强化对行政权力的制约和监督
  - 全面推进政务公开
- 保证公正司法，提高司法公信力
  - 完善确保依法独立公正行使审判权和检察权的制度；优化司法职权配置
  - 完善司法管辖体制：探索建立与行政区划适当分离的司法管辖制度；完善司法权力运行机制
  - 推进严格司法；加强人权司法保障；加强对司法活动的监督
- 增强全民法治观念，推进法治社会建设
  - 推进全社会树立法治意识
  - 推进多层次多领域依法治理
  - 建设完备的法律服务体系
  - 健全依法维权和化解纠纷机制

第三章　法治工作的重要保障

☆法治工作的重要保障

- **建设高素质法治专门队伍**
  - 把思想政治建设摆在首位。立法、执法、司法机关是党领导下的法治专门机关，政治性、政策性、人民性都很强，领导干部在政治思想上必须有更高的标准、更严的要求
  - 畅通立法、执法、司法部门干部和人才相互之间以及与其他部门具备条件的干部和人才交流渠道
  - 推进法治专门队伍正规化、专业化、职业化，提高职业素养和专业水平
  - 建立法官、检察官逐级遴选制度
- **加强法律服务队伍建设**
  - 加强律师队伍思想政治建设，把拥护中国共产党领导，拥护社会主义法治作为律师从业的基本要求，增强广大律师走中国特色社会主义法治道路的自觉性和坚定性
  - 各级党政机关和人民团体普遍设立公职律师，企业可设立公司律师，参与决策论证，提供法律意见，促进依法办事，防范法律风险
  - 发展公证员、基层法律服务工作者、人民调解员队伍。推动法律服务志愿者队伍建设
- **创新法治人才培养机制**
  - 坚持用马克思主义法学思想和中国特色社会主义法治理论全方位占领高校、科研机构法学教育和法学研究阵地
  - 组织编写和全面采用国家统一的法律类专业核心教材，纳入法律职业资格考试必考范围
  - 健全政法部门和法学院校，法学研究机构人员双向交流机制，实施高校和法治工作部门人员互聘计划
- **加强和改进党对全面推进依法治国的领导**
  - 党的领导是全面推进依法治国、加快建设社会主义法治国家最根本的保证。必须加强和改进党对法治工作的领导，把党的领导贯彻到全面推进依法治国全过程
  - 坚持依法执政；加强党内法规制度建设
  - 提高党员干部法治思维和依法办事能力；推进基层治理法治化
  - 深入推进依法治军从严治军；依法保障“一国两制”实践和推进祖国统一；加强涉外法律工作

宪法

第一章 宪法的基本理论

☆宪法的基本理论

- 宪法的概念和基本特征
  - 在一国法律体系中，宪法是最高法，是起基础作用的根本法，是“法律的法律”
  - 宪法的基本特征：（1）宪法是国家根本法。内容规定国家最根本最核心的问题；最高法律效力；制定与修改程序比普通法律更严格；（2）宪法是公民权利的保障书。宪法最主要最核心的价值在于保障公民的基本权利；（3）宪法是民主事实法律化的基本形式
- 宪法的基本原则
  - 人民主权原则；基本人权原则；法治原则；权力制约原则
- 宪法的分类
  - 宪法是否具有统一法典的形式：成文宪法与不成文宪法
  - 世界历史上第一部成文宪法是1787年《美国宪法》，欧洲大陆第一部是1791年《法国宪法》，世界上绝大多数国家都是成文宪法国家
  - 宪法有无严格的制定、修改机关和程序：刚性宪法与柔性宪法
  - 制定宪法的主体不同：钦定宪法、民定宪法、协定宪法。世界上大多数国家是民定宪法
- 宪法的渊源
  - 宪法的渊源：宪法典；宪法性法律；宪法惯例；宪法判例；国家条约、国际习惯
  - 宪法典的结构一般包括序言、正文、附则三大部分，我国现行宪法没有规定附则
- 宪法规范
  - 宪法规范一般分为：确认性规范；禁止性规范；权利性规范与义务性规范；程序性规范
  - 在整个法律体系中，宪法的效力最高，是立法的基础，对立法行为与依据宪法进行的各种行为产生直接拘束力

第二章　宪法实施及其保障

☆宪法实施及其保障

- 宪法实施概念
  - 宪法实施是宪法规范在实际生活中的贯彻落实
- 宪法实施主要特点
  - 宪法实施的广泛性和综合性
  - 宪法实施的最高性和原则性
  - 宪法实施的直接性和间接性
- 宪法修改
  - 宪法修改的方式：全面修改，部分修改。各国宪法修改程序一般包括提案、先决投票、起草和公布修宪草案、通过和公布五个阶段，但并非所有国家都必经这些程序
  - 我国宪法修改的实践：自1954年宪法制定以来，我国宪法共经过了3次全面修改，7次部分修改
- 宪法解释
  - 宪法解释的机关：（1）立法机关，我国全国人大常委会有权解释宪法；（2）司法机关；（3）专门机关
  - 宪法解释原则：总的原则以从严解释为主，具体原则为：依法解释原则；符合制宪目的原则；以宪法的根本精神和基本原则为指导原则；适应社会发展需要的原则；字面解释原则；整体解释原则
- 宪法监督
  - 宪法监督是由宪法授权或者宪法惯例所认可的机关，以一定方式进行合宪性审查，取缔违宪事件、追究违宪责任，从而保证宪法实施的一种制度。基本内容：（1）规范的合宪性保障，即保障法律、法规和规范性文件的合宪性；（2）行为的合宪性保障，即保障各种组织和全体公民的行为的合宪性
  - 宪法监督的体制：由司法机关作为宪法监督机关的体制；由代议机关作为宪法监督机关的体制；由专门机关作为宪法监督机关的体制
  - 宪法监督的方式：（1）事先审查和事后审查；（2）附带性审查和宪法控诉
    我国的宪法监督制度：（1）全国人大及其常委会行使宪法监督职权；（2）事先审查主要体现为法规等规范性文件经批准后生效。事后审查主要是法规、规章等规范性文件的备案审查；（3）违宪的制裁措施主要是改变或撤销不适当、违背上位法的规范性文件

第三章 国家的基本制度

☆国家的基本制度（一）

- 人民民主专政制度
  - 中华人民共和国是工人阶级领导的、以工农联盟为基础的人民民主专政的社会主义国家。社会主义制度是中华人民共和国的根本制度。中国共产党领导是中国特色社会主义最本质的特征。禁止任何组织或者个人破坏社会主义制度
  - 人民民主专政的性质：无产阶级专政
  - 我国人民民主专政的主要特色：中国共产党领导的多党合作和政治协商制度。中国共产党是社会主义事业的领导核心，是执政党
  - 各民主党派是接受领导的、同中国共产党通力合作、共同致力于社会主义事业的亲密友党，是参政党
  - 爱国统一战线：由中国共产党领导，各民主党派和人民团体参加，包括全体社会主义劳动者、社会主义事业的建设者、拥护社会主义的爱国者、拥护祖国统一和致力于中华民族伟大复兴的爱国者
  - 政协是党领导下的多党合作和政治协商制度的重要机构，是爱国统一战线的组织形式。人民政协不是国家机关，政协委员不是由选举产生，而是由各党派团体协商产生
- 国家的基本经济制度
  - 社会主义市场经济体制
    - 公有制为主体、多种所有制经济共同发展的基本经济制度，是中国特色社会主义制度的重要支柱，也是社会主义市场经济体制的根基
    - 非公有制经济是社会主义市场经济的重要组成部分
  - 分配制度：实行以按劳分配为主体，多种分配方式并存，效率优先、兼顾公平
  - 公民的合法的私有财产不受侵犯。国家依照法律规定保护公民的私有财产权和继承权。国家为了公共利益的需要，可以依照法律规定对公民的私有财产实行征收或者征用并给予补偿
- 国家基本文化制度
  - 我国宪法关于基本文化制度的规定：教育事业；科学事业；文学艺术及其他文化事业；国家开展公民道德教育
- 国家基本社会制度
  - 社会保障制度；医疗卫生事业；劳动保障制度；社会人才培养制度；计划生育制度；社会秩序及安全维护制度

☆国家的基本制度（二）

人民代表大会制度、选举制度、国家结构形式

- 我国的政权组织形式：人民代表大会制度。人民代表大会制度的性质：（1）我国的根本政治制度；（2）我国实现社会主义民主的基本形式
- 我国选举制度的基本原则：（1）普遍性；（2）平等性；（3）直接间接并用。直接选举：不设区的市、市辖区、县、自治县、乡、民族乡、镇的人大代表，选民直选。间接选举：全国人大、省级人大、设区的市、自治州的人大代表由下一级人大选出；（4）秘密投票。各级人大代表的选举，一律采用无记名投票的方法，在选票上不标识身份；（5）广泛的代表性
- 国家结构形式是指特定国家的统治阶级根据一定原则采取的调整国家整体与部分、中央与地方相互关系的形式。我国的国家结构形式是单一制。根据不同区域所实行的不同地方制度，可将我国行政区划分为：普通行政区划、民族自治地方区划、特别行政区划三种。省级行政区共34个，其中：23个省、5个自治区、4个（直辖）市、2个特别行政区

民族自治地方

- 民族自治地方包括自治区、自治州和自治县（旗）。民族自治地方的自治机关是自治区、自治州和自治县的人民大表大会和人民政府
- 民族自治地方的自治权：（1）制定自治条例和单行条例；（2）根据当地民族的实际情况，贯彻执行国家的法律和政策；（3）自主地管理地方财政；（4）自主地管理地方性经济建设；（5）对外交流；（6）组织公安部队；（7）使用本民族的语言文字；（8）其他自治权

特别行政区

- 特别行政区是根据我国宪法和法律设立的，享有高度自治权的地方行政区域，直辖于中央政府。特别行政区原有的法律基本不变，除属于殖民统治性质或带有殖民色彩，以及除同基本法相抵触或经特别行政区立法机关作出修改者外，原有法律予以保留

基层群众自治组织

- 基层群众性自治组织不是一级政权机关。城市和农村按居民居住地区设立的居民委员会或者村民委员会是基层群众性自治组织
- 居民委员会、村民委员会的主任、副主任和委员由居民选举；居民委员会、村民委员会同基层政权的相互关系由法律规定

第四章　公民的基本权利与义务

☆公民的基本权利与义务

概述

- 基本权利是指由宪法规定的公民享有的主要的、必不可少的权利
- 基本义务也称宪法义务，是指由宪法规定的公民必须遵守和应尽的法律责任
- 基本权利与人权：人权是基本权利的来源，基本权利是人权宪法化的具体表现
- 国家尊重和保障人权

基本权利

- 平等权：公民依法平等地享有权利，不受任何不合理的差别对待，要求国家给予同等保护的权利
  平等权是公民行使其他权利的基础，是贯穿于其他权利的一种权利，也是社会主义法制的一项基本原则
  我国宪法保护的特定主体：妇女；退休人员和军烈属；婚姻、家庭、母亲、儿童和老人；青少年和儿童；华侨、归侨和侨眷
- 政治权利和自由：公民依法享有的参加国家政治生活的权利和自由。包括公民的选举权、被选举权，以及言论、出版、结社、集会、游行、示威的自由
- 宗教信仰自由：国家保护正常的宗教活动。宗教团体必须坚持自主、自办、自传的“三自”原则，宗教团体和宗教事务不受外国势力支配。外国人不得在中国境内成立宗教组织，设立宗教机构，设立宗教活动场所或者开办宗教院校，不得在中国公民中发展教徒、委任宗教教职人员和进行其他传教活动
- 广义的人身自由：生命权；人身自由；人格尊严；住宅自由；通信自由和通信秘密
- 社会经济权利和文化教育权利：财产权；劳动权；劳动者休息权；获得物质帮助权；教育文化权利
- 监督权和获得赔偿权

基本义务

- （1）维护国家统一和民族团结；（2）遵守宪法和法律，保守国家秘密，爱护公共财产，遵守劳动纪律，遵守公共秩序，尊重社会公德；（3）维护祖国的安全、荣誉和利益；（4）保卫祖国、抵抗侵略；依法服兵役和参加民兵组织；（5）依法纳税；（6）其他方面的基本义务

第五章　国家机构

☆国家机构

- 概念
  - 国家机构是国家为实现其职能而建立起来的一整套有机联系的国家机关的总和
- 内容
  - 全国人民大表大会。性质和地位：最高国家权力机关、最高国家立法机关，代表人民统一行使国家最高权力，在国家结构体系中居于首要地位；最高国家行政机关、监察机关、审判机关、检察机关都由它产生，对它负责
  - 全国人大常委会。性质地位：是全国人大的常设机关，是最高国家权力机关的组成部分，也行使国家立法权。服从全国人大的领导和监督，向全国人大负责并报告工作
  - 中华人民共和国主席。性质和地位：是我国的国家元首，是国家机构的重要组成部分，国家对内对外的最高代表
    产生和任期：主席、副主席由全国人大选举产生。任职资格：有选举权和被选举权；年满45周岁；公民。任期5年
  - 国务院。性质和地位：即中央人民政府，是最高国家权力机关的执行机关，是最高国家行政机关。从属于最高权力机关；对其负责并报告工作；对内统一领导各部委和地方各级政府
    领导体制：首长负责制。总理领导国务院的工作，副总理、国务委员协助总理工作，其他工作人员都在总理领导下工作，向总理负责；总理召集和主持召开常务会议和全体会议，总理拥有最后决定权，并对决定的后果承担全部责任；国务院发布的决定、命令、行政法规、提出的议案，都由总理签署
  - 中央军事委员会。性质和地位：中央军委领导全国武装力量（包括军队、武警部队、民兵），是国家的最高军事领导机关，享有决策权和指挥权
    领导体制：主席负责制；军委主席对全国人大及其常委会负责
  - 地方各级人大都是地方国家权力机关
    地方各级人民政府是地方各级人大的执行机关，是地方各级国家行政机关
  - 人民法院是国家的审判机关。审判独立，人民法院依照法律规定独立行使审判权，不受行政机关、社会团体和个人的干涉
    人民检察院是国家的法律监督机关。检察独立，人民检察院依照法律规定独立行使检察权，不受行政机关、社会团体和个人的干涉
  - 监察委员会：各级监察委员会是行使国家监察职能的专责机关，依法对所有行使公权力的公职人员进行监督，调查职务违法和职务犯罪，开展廉政建设和反腐败工作，维护宪法和法律的尊严

第六章 国家象征

☆ 国家象征

- 国歌
  - 《中华人民共和国国歌法》于2017年10月1日起施行。中华人民共和国国歌是《义勇军进行曲》
  - 国歌是中华人民共和国的象征和标志
  - 一切公民和组织都应当尊重国歌，维护国歌的尊严
  - 在公共场合，故意篡改国歌歌词、曲谱，以歪曲、贬损方式奏唱国歌，或者以其他方式侮辱国歌的，由公安机关处以警告或者15日以下拘留；构成犯罪的，依法追究刑事责任
- 国徽
  - 中华人民共和国国徽，中间是五星照耀下的天安门，周围是谷穗和齿轮。国徽是中华人民共和国的象征和标志
  - 国徽及其图案不得用于
    - 商标、广告
    - 日常生活的陈设布置
    - 私人庆典活动
    - 国务院办公厅规定不得使用国徽及其图案的其他场合
  - 侮辱国徽的禁止及其后果
    - 不得悬挂破损、污损或者不合规格的国徽
    - 在公众场合故意以焚烧、毁损、涂划、玷污、践踏等方式侮辱中华人民共和国国徽的，依法追究刑事责任
    - 情节较轻的，由公安机关处以15日以下拘留
- 国旗
  - 中华人民共和国国旗是五星红旗。国旗是中华人民共和国的象征和标志
  - 侮辱国旗的禁止及其后果
    - 不得升挂破损、污损、褪色或者不合规格的国旗
    - 国旗及其图案不得用作商标和广告，不得用于私人丧事活动
    - 在公共场合故意以焚烧、毁损、涂划、玷污、践踏等方式侮辱中华人民共和国国旗的，依法追究刑事责任
    - 情节较轻的，由公安机关处以15日以下拘留

司法制度与法律职业道德

司法制度与法律职业道德（一）

- **概述**
  - 司法的特点：独立性；被动性；交涉性；程序性；普遍性；终极性
  - 司法的功能：解决纠纷；调整社会关系；人权保障；解释、补充法律；形成公共政策；秩序维持、文化支持
  - 司法制度在我国是指审判制度和检察制度。广义上的司法制度，还包括其他一系列司法辅助制度，比如律师制度、公正制度等，一般采广义
  - 在我国，法律职业主要指应用性法律人才，主要包括律师、法官、检察官、公证员。设定职业准入制度以检测申请者的专业素质
- **法律职业道德原则**
  - 首要原则：忠于党、忠于国家、忠于人民、忠于法律
  - 以事实为根据，以法律为准绳
  - 严明纪律、保守秘密；互相尊重，相互配合
  - 恪尽职守、勤勉尽责；清正廉洁、遵纪守法
- **审判制度和法官职业道德**
  - 我国审判制度的特征：人民法院由国家权力机关产生并受其监督；人民法院统一设立并独立行使审判权；以事实为依据，以法律为准绳的审判原则、专门机关与群众路线相结合的审判原则、人民陪审员制度、法院调解制度、死刑复核制度、审判监督制度等具有中国特色的原则和制度
  - 法官职业道德的内容：（1）忠诚司法事业；（2）保证司法公正，公正是司法工作的本质特征和生命线；（3）确保司法廉洁；（4）坚持司法为民；（5）维护司法形象
  - 法官职业责任：（1）法官执行职务中犯罪行为的刑事责任。根据刑法分则贪污贿赂罪、渎职罪的有关规定，追究其刑事责任；（2）法官执行职务中违纪行为的责任。法官执行职务中有违反法律、职业道德准则和审批、执行工作纪律的，应当承受纪律处分

司法制度与法律职业道德（二）

- 检察制度特征
  - 检察机关是人民代表大会制度下与行政机关、审判机关平行的国家机关，具有独立的宪法地位
  - 检察机关是国家的法律监督机关
  - 检察机关实行检察一体原则。各级检察机关、检察官依法构成统一的整体，上下级检察机关、检察官之间存在着上命下从的领导关系
- 检察官职业道德基本内容
  - 忠诚：坚持忠诚品格，永葆政治本色。忠于党、忠于国家、忠于人民、忠于宪法和法律、忠于检察事业
  - 为民：坚持为民宗旨，保障人民权益
  - 担当：坚持担当精神，强化法律监督
  - 公正：坚持公正理念，维护法制统一
  - 廉洁：坚持廉洁操守，自觉接受监督
- 律师制度与律师职业道德
  - 司法行政机关行政管理和律师协会行业管理相结合的管理体制
  - 律师收取的费用可以分为律师费和办案费用
  - 律师执业行为规范：（1）律师业务推广行为规范；（2）律师与委托人或当事人关系规范；（3）律师参与诉讼或仲裁规范；（4）律师与其他律师的关系规范
- 律师执业道德的主要内容
  - 基本准则。遵纪守法、诚实守信、勤勉尽责；注重职业素养。自觉维护行业声誉；保守国家秘密、商业秘密，不得泄露当事人隐私，当事人不愿意透露的信息也应保密；尊重同行、公平竞争、同业互助；律协倡导律师关注、支持、积极参加社会公益事业
  - 职业职责。职业期间不得以非律师身份从事法律服务；不得在同一案件中为双方当事人担任代理人，不得代理与本人或近亲属有利益冲突的法律事务；律师担任各级人大常委会组成人员的，任职期间不得从事诉讼或辩护业务

司法制度与法律职业道德（三）

- **公证制度与公证员职业道德**
  - 公证是在公证机构执业的公证员依照法定程序证明民事法律行为，有法律意义的文书和有法律意义的事实的真实性、合法性，并赋予其法定效力的一种非诉讼司法活动
  - 公证机构是依法设立，不以营利为目的，依法独立行使公证职能、承担民事责任的证明机构
  - 我国的公证机构是公证处，其以国家名义进行公证证明活动
- **公证员职业道德**
  - 忠于法律，尽职尽责
  - 爱岗敬业，规范服务
  - 加强修养，提高素质
  - 廉洁自律，尊重同行
- **公证职业责任**
  - 公证职业责任是公证机构和公证员对当事人等所承担的责任，包括惩戒处分、行政法律责任、民事法律责任和刑事法律责任。公证职业责任的重点是财产责任
- **法律顾问职业道德**
  - 法律顾问职业道德既包括法律职业道德的普遍性要求，也包括法律顾问职业群体自身的特殊要求：（1）忠诚法律；（2）保持独立；（3）保守秘密
- **仲裁员职业道德主要内容**
  - （1）独立公正（仲裁的灵魂和生命）：保持廉洁；保持独立；主动披露；（2）诚实信用；（3）勤勉高效；（4）保守秘密；（5）尊重同行
- **行政机关中从事行政处罚决定审核、行政复议、行政裁决的公务员职业道德的特定要求**
  - 坚持合法性，兼顾合理性
  - 秉公执法，兼顾效率
  - 文明执法，以礼待人
  - 公开透明，权责一致

中国法律史

第一章 先秦时期的法律思想与制度

- 先秦时期的法律思想与制度
  - 西周时期的法律思想
    - 夏商：神权政治学说（天命观）
    - 西周：以德配天；明德慎罚；出礼入刑
  - 西周时期主要法制内容
    - 五刑。自商以来形成了五刑制度，西周的常刑为墨、劓、剕、宫、大辟
    - 虽有刑书，但不布之于众。刑不可知，则威不可测
    - 刑罚适用原则。区分故意（非眚）与过失（眚）；区分惯犯（惟终）与偶犯（非终）
    - 契约法律。西周设有专职官员管理立契事宜，称为“司约”；设“质人”，作为市场管理人员；买卖契约：质剂；借贷契约：傅别
    - 婚姻法律
      - 传统婚姻的两个重要目的是：上以事宗庙，下以利后嗣
      - 一夫一妻制形式下的一妻多妾制
      - 婚姻的目的：合二姓之好，上以事宗庙，而下以继后世，即两个家族间的联合，为了祭祀祖先、延续香火，而不是男女双方个人结合
      - 婚姻成立的基本条件：父母之命，媒妁之言；同姓不婚；履行六礼程序（纳采、问名、纳吉、纳征、请期、亲迎）
      - 婚姻的解除：七出；三不去
    - 继承法律：嫡长子继承制
    - 司法诉讼制度
      - 中央常设最高司法官为大司寇，负责实施法律法令
      - 五听（辞听、色听、气听、耳听、目听）
  - 春秋战国时期的法律思想与制度
    - 铸刑书与铸刑鼎。子产铸刑书；晋国铸刑鼎
    - 《法经》李悝。篇目结构（六篇）：《盗法》《贼法》《网法》《捕法》《杂法》《具法》
    - 商鞅变法与法家思想

第二章　秦汉至魏晋南北朝时期的法律思想与制度

秦汉至魏晋南北朝时期的法律思想与制度

- **秦代的法律**
  - 秦代法律所规定的罪名极为繁多，且尚无系统分类，更未形成较为科学的罪名体系
  - 秦代的刑罚种类繁多，秦朝尚未形成完整的刑罚体系，且刑罚极为残酷，一切都呈现出过渡时期的特征
  - 秦代的刑罚适用原则
    - 凡属未成年犯罪，不负刑事责任或减轻刑事处罚。以身高判定是否成年，以大约六尺五寸为标准；区分故意（端）与过失（不端）；盗窃按赃值定罪
    - 共犯罪与集团犯罪加重处罚；累犯加重原则；教唆犯罪加重处罚；自首减轻处罚的原则
    - 诬告反坐原则，故意捏造事实与罪名诬告他人，即构成诬告罪，诬告者实行反坐原则，即以被诬告人所受的处罚，反过来制裁诬告者
- **汉代的法律思想与制度**
  - 汉代文帝、景帝废肉刑，导火索缇萦救父
  - 汉代的法律思想：（1）上请，通过请示皇帝给有罪贵族官僚某些优待；（2）恤刑，以为政以仁相标榜，贯彻儒家矜老恤幼的思想；（3）亲亲得相首匿，汉宣帝时期确立，主张亲属间首谋藏匿一般犯罪，可以不负刑事责任
  - 《春秋决狱》乃是法律儒家化在司法领域的反映，特点是依据儒家经典《春秋》等著作中提倡的精神原则审判案件，而不仅仅依据汉律审案
- **魏晋南北朝时期的法律思想与制度**
  - 《魏律》又称《曹魏律》，将《法经》中的具律改为刑名置于律首；八议入律；进一步调整法典的结构和内容，使中国传统法典在系统和科学上前进了一大步
  - 《晋律》又称《泰始律》，形成20篇602条的格局，在刑名后增加法例律，丰富了刑法总则的内容
  - 《北魏律》，20篇；官当是封建社会允许官吏以官职爵位折抵徒罪的特权制度，正式出现在《北魏律》与《陈律》中
  - 《北齐律》，共12篇，其将刑名与法例律合为名例律一篇，充实了刑法总则；首次规定重罪十条；在中国封建史上起着承先启后的作用，对封建后世的立法影响深远

第三章 唐宋至明清时期的法制

唐宋至明清时期的法制

- **唐律与中华法系**
  - 《武德律》，这是唐代首部法典
  - 《贞观律》，基本上确定了唐律的主要内容和风格，对后来的《永徽律》及其他法典有很深的影响
  - 《唐律疏议》，礼律统一的法典，总结了汉魏晋以来的经验，不仅对主要的法律原则和制度作了精确的解释与说明，而且尽可能引用儒家经典作为律文的理论根据，标志着中国古代历法达到了最高水平，全面体现了中国古代法律制度的水平、风格和基本特征，成为中华法系的代表性法典，对后世及周边国家产生了极为深远的影响，也成为中国历史上迄今保存下来的最完整、最早、最具有社会影响的古代成文法典
- **两宋的法律**
  - 《宋刑统》，成为历史上第一部刊印颁行的法典，其全称《宋建隆重详定刑统》
  - 编敕，宋代的敕是指皇帝对特定的人或事所做的命令，效力往往高于律，成为断案的依据。编敕是将一个个单行的敕令整理成册，上升为一般法律形式的立法过程，是宋代一项重要和频繁的立法活动
- **元代的四等人**
  - 蒙古人，社会政治地位最优越；色目人；汉人；南人（原南宋地区的民众），地位最低
- **明代的法律**
  - 《大明律》，明太祖编修颁行，改变传统刑律格局，更为名例、吏、户、礼、兵、刑、工七篇格局，用以适应其强化中央集权的需要
  - 《明大诰》，是中国法制史上空前普及的法规，每户一册，也列入科举考试的内容；太祖死后，被束之高阁，不具法律效力
  - 《大明会典》，基本仿照《唐六典》，以六部官制为纲，分述其职权和事例，仍属行政法典，起着调整国家行政法律关系的作用
  - 明刑弼教的立法思想，完全是借弼教之口实，为推行重典治国政策提供思想理论依据
- **清代的法制（近代以前）**
  - 《大清律例》，乾隆年间修订颁行，结构、形式、体例、篇目与《大明律》基本相同，共7篇，中国历史上最后一部传统成文法典，是中国传统法典的集大成者
  - 例。清代最重要的法律形式之一就是例，例是统称，可分为条例、则例、事例、成例等名目，例能够顺应形势发展需要因时酌定，是律典的补充
  - 《大清会典》，清廷仿照《明会典》编定《清会典》，记述各朝主要国家机关的职掌、事例、活动规则与有关制度

第四章　清末与中华民国时期的法律思想与制度

清末与中华民国时期的法律思想与制度

清末的法律思想与制度

- 预备立宪：《钦定宪法大纲》，宪政编查馆编订，于1908年8月颁布，是中国近代史上第一个宪法性文件。特点：皇帝专权，人民无权。实质：给皇权专制制度披上宪法的外衣，以法律的形式确认君主的绝对权力
- 《宪法重大信条十九条》，是清朝政府最后一部宪法性文件，形式上缩小了皇帝的权力，相对扩大了议会和总理的权力，但仍强调皇权至上，且对人民权利只字未提，更暴露其虚伪性
- 清末修律的主要内容
  - 《大清现行刑律》，在表现形式和内容上都不能说是一部近代意义的专门刑法典
  - 《大清新刑律》，于 1911年1月25日公布，是中国历史上第一部近代意义上的专门刑法典，但仍保持着维护专制制度和封建伦理的传统
  - 《大清民律草案》，这部民律草案并未正式颁布与施行
  - 其他法典

民国初期的法律思想

- 孙中山的法律思想：三民主义；五权宪法

南京临时政府法律制度

- 《中华民国临时约法》，共7章56条，中华民国南京临时政府于1912年公布的一部重要的宪法性文件，是当时国内资产阶级革命党人、立宪派及以袁世凯为首的各派政治势力，在列强暗中干预下，相互斗争妥协的产物。在中国历史上最初、也是唯一一部资产阶级民主共和国性质的宪法性文件
  主要特点：从各方面设定条款，对袁世凯加以限制和防范

北京政府的法律制度

- 《中华民国宪法草案》（天坛宪草），虽有很大妥协性，但仍规定国会有较大的权力，还规定采取责任内阁制，从而限制袁世凯的权力，未及公布便胎死腹中
- 1923年《中华民国宪法》（贿选宪法、曹锟宪法），近代史上中华民国首部正式颁行的《宪法》

南京国民政府的法律制度

- 六法全书的主要内容及特点：（1）约法和宪法，《宪政纲领》《训政时期约法》《中华民国宪法草案》（五五宪草）和《中华民国宪法（1947）》；（2）民法及其相关法规，《中华民国民法》；（3）刑法及其相关法，1928年《刑法》和1935年新《刑法》；（4）商事单行法规，南京国民政府采取民商合一的体制，没有独立商法典，但另外制定单行商事法规；（5）诉讼法与法院组织法，于1928年开始制定刑事、民事诉讼法典，以及相关单行诉讼法规，建立诉讼法体系

国际法

- 国际法
  - 导论
    - 国际法的渊源
      - 国际条约
      - 国际习惯 → 具有强制力
      - 一般法律原则
    - 国际法的基本原则
      - 国家主权平等原则
      - 不干涉内政原则
      - 不使用威胁或武力原则（两个例外）
      - 和平解决国际争端原则（和平≠非武力）
      - 民族平等和自决原则（独立权适用于殖民统治下的民族）
    - 国际法在中国的适用（直接适用、转化适用、并行适用）
  - 国际法主体
    - 国家
      - 国家管辖权（属地、属人、保护性、普遍性管辖权）
      - 国家主权豁免（绝对豁免、相对豁免）+豁免的放弃
      - 国际法上的承认（单方行为+种类、方式、法律效果）
      - 国家的承认（条约、财产、国家档案、债务的继承）
    - 国际组织
      - 联合国大会（审议和建议机关+审议权+决议的效力）
      - ☆安理会
        - 组成 → 常任理事国+其他理事国
        - 职权 → 促使争端和平解决+制止侵略行为+其他
        - 表决程序 → 程序事项+实质性事项
      - 秘书处（常设行政管理机关）+国际法院（司法机关）

国际法上的个人

- 国籍制度
  - 国籍的取得（血统主义、出生地主义、混合制原则）
  - 国籍的丧失（自愿丧失与非自愿丧失）
  - 国籍冲突与解决（积极冲突与消极冲突）
- 出入境管理法
  - 入境
    - 签证制度（免签、拒签）
  - 居留（短期、长期、永久）
  - 出境（限制出境、强制出镜）
- 外交保护
  - 国家责任
  - 国籍继续
  - 用尽当地救济条件
- ☆引渡
  - 引渡法
    - 主体
      - 国家
    - 基础
      - 条约或互惠关系
    - 罪行
      - “双重犯罪原则” “政治犯不引渡”
    - 效果
      - 罪名特定+非经引出国同意不得转引渡
  - 联合国两公约的引渡规则
- 庇护
  - 构成要件
    - 准予入境并居留+拒绝引渡
  - 外交庇护
    - 非合法性

国际法

- 国际法律责任
  - 行为归因于国家
  - 排除行为不法性的情形
  - 国际责任的新发展
    - 国际刑事责任（双罚原则）
    - 国家赔偿责任（核污染、外空行为致地面损害）
- 国际法上的空间
  - 领土
    - 领土构成（领陆+领水+领空+底土）
    - 领土主权
      - 取得（先占、时效、添附、公民投票等）
  - 海洋法
    - 海洋水域
      - 内海（完全主权）
      - 领海（完全主权+无害通过权）
      - 毗连区（海关、财政、移民、卫生+国家安全）
      - 专属经济区（自然资源的专属权利）
      - 公海（管辖权、登临权、紧追权）
    - 下覆底土
      - 领土（内海与临海下覆底土）
      - 大陆架（自然资源非生物资源的专属权利）
      - 国际海底区域（平行开发制）
    - 群岛水域和国际海峡
      - 群岛水域（完全主权+无害通过权）
      - 国际海峡（通行制度+沿海国的权利）
  - 特殊空间
    - 南极冻结领土要求
    - 外层空间法（登记制度、援救制度、责任制度）
  - 国际环保法
    - 大气环保（共同但有区别责任原则+2020年“国家自主贡献”）
    - 控制危险废物越境转移

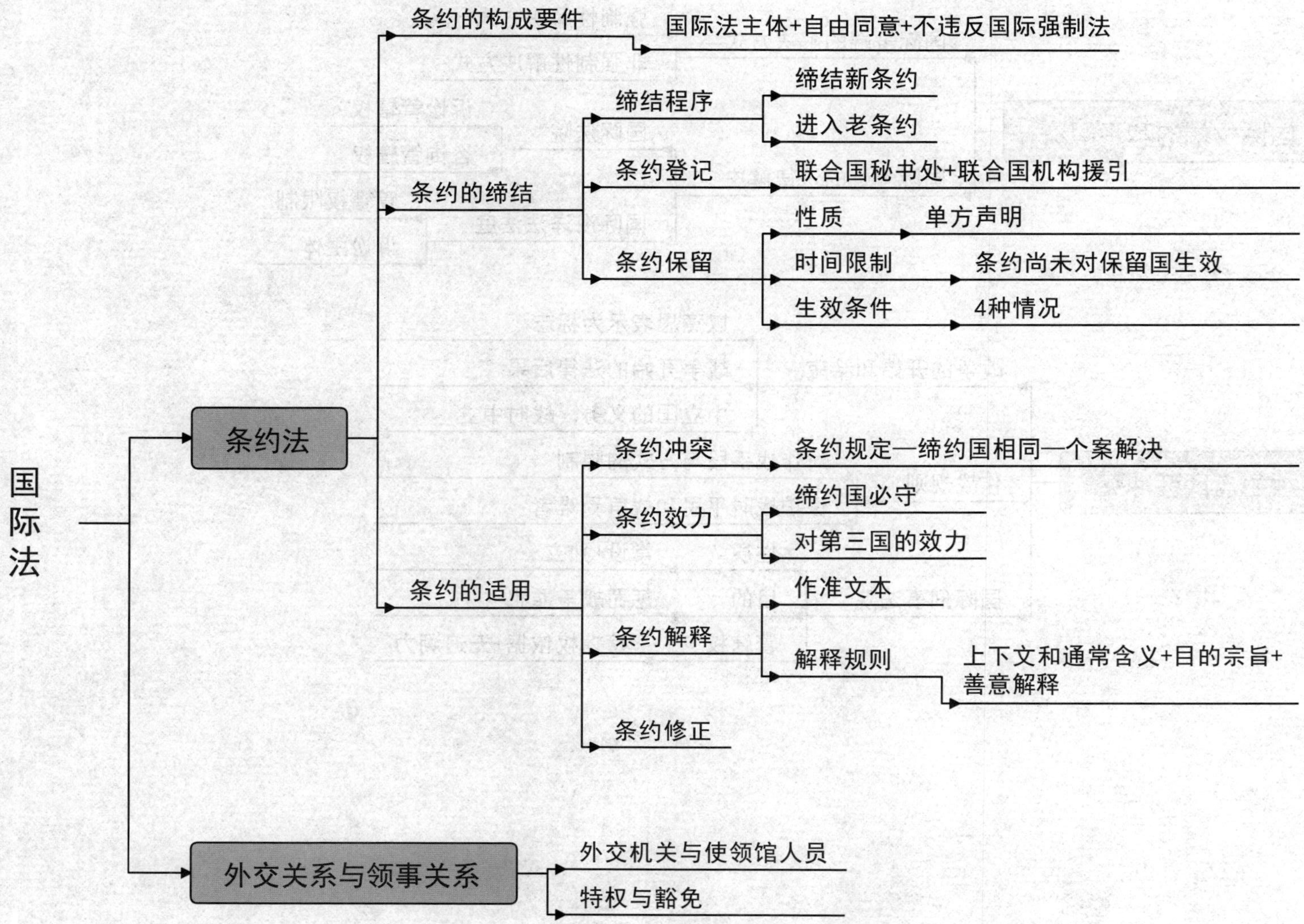
国际法
条约法
条约的构成要件
国际法主体+自由同意+不违反国际强制法
条约的缔结
缔结程序
缔结新条约
进入老条约
条约登记
联合国秘书处+联合国机构援引
条约保留
性质
单方声明
时间限制
条约尚未对保留国生效
生效条件
4种情况
条约的适用
条约冲突
条约规定—缔约国相同—个案解决
条约效力
缔约国必守
对第三国的效力
条约解释
作准文本
解释规则
上下文和通常含义+目的宗旨+善意解释
条约修正
外交关系与领事关系
外交机关与使领馆人员
特权与豁免

国际法

- 国际争端的和平解决
  - 国际争端的解决方式
    - 强制性解决方式
    - 非强制性解决方式
  - 国际争端的法律解决
    - 国际法院
      - 诉讼管辖权
      - 咨询管辖权
    - 国际海洋法法庭
      - 管辖权限制
      - 诉讼主体
- 战争与武装冲突
  - 战争的开始和结束
    - 以意思表示为标志
    - 战争开始的法律后果
    - 中立国的义务，战时中立
  - 作战规则
    - 对作战手段与方式的限制
    - 保护战时平民和战争受难者
  - 国际刑事法院
    - 性质
      - 常设+独立
    - 目的
      - 惩罚战争罪犯
    - 管辖权
      - 管辖权依据+无追溯力

国际经济法

- 国际经济法
  - 国际货物买卖法
    - 国际贸易术语
      - ☆《2010国际贸易术语解释通则》
        - FOB、CFR、CIF
        - FCA、CPT、CIP
        - DAP、DAT、DDP
      - 《2020国际贸易术语解释通则》
    - 《1980年公约》
      - 适用范围
      - 卖方重要义务
        - 交单义务
        - 知识产权担保
      - 买方重要义务
        - 接收货物
        - 检验货物
      - 风险转移
        - 一般规则
        - 在途运输货物
  - 国际货物运输法
    - 海运法
      - 海运单据
      - 承运人交货责任
      - 承运人货损责任
      - 《汉堡规则》的特殊规定
    - 其他运输法律制度
      - 运单性质
      - 国际铁路货物运输法

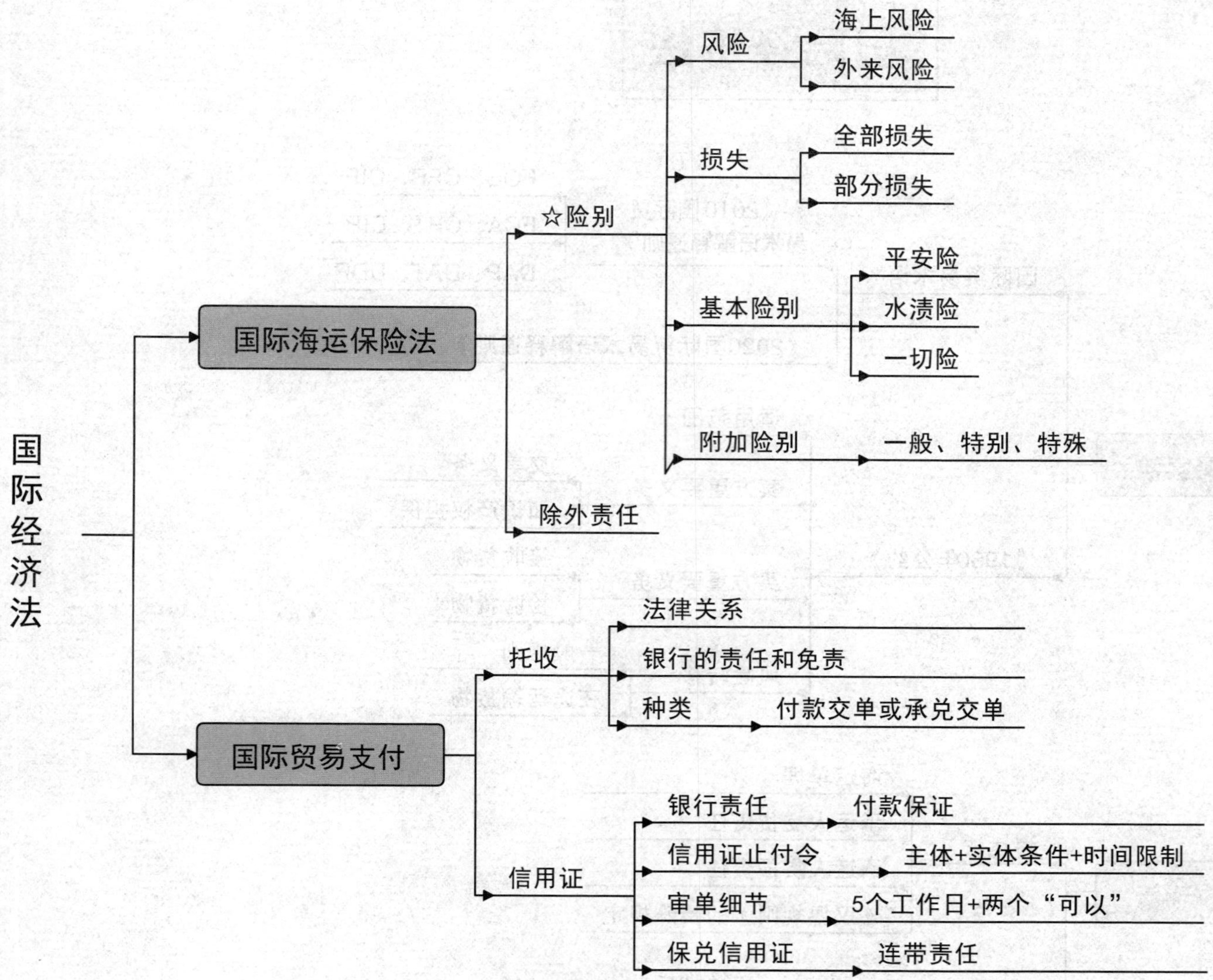
国际经济法
国际海运保险法
☆险别
风险
海上风险
外来风险
损失
全部损失
部分损失
基本险别
平安险
水渍险
一切险
附加险别
一般、特别、特殊
除外责任
国际贸易支付
托收
法律关系
银行的责任和免责
种类
付款交单或承兑交单
信用证
银行责任
付款保证
信用证止付令
主体+实体条件+时间限制
审单细节
5个工作日+两个“可以”
保兑信用证
连带责任

国际经济法

- 对外贸易的管理制度
  - 中国的《对外贸易法》
    - 适用于对外贸易及有关的知识产权保护
  - 贸易救济措施两反一保
    - 反倾销措施
      - 适用条件
        - 进口产品存在缺陷
        - 对国内产业造成损害
        - 二者之间存在因果关系
      - 调查程序
        - 商务部负责
        - 在商务部反倾销调查程序完毕之后，还可以申请行政复审及司法审查程序
      - 措施内容
        - 临时反倾销措施
        - 价格承诺
        - 反倾销税
    - 反补贴措施
      - 条件
        - 进口产品存在补贴
        - 对国内产业造成损害
        - 二者之间具有因果关系
      - 反补贴调查及反补贴措施
        - 商务部负责补贴的调查和确定
        - 临时反补贴措施、价格承诺及反补贴税
    - 保障措施
      - 条件
        - 进口产品数量增加
        - 国内产业受到损害
        - 二者之间存在因果关系

世界贸易组织

- 基本制度
  - 成员国与法律框架
  - ☆非歧视原则
    - 国民待遇原则
    - 最惠国待遇原则
      - 特点和例外
- 重要协议
  - 《与贸易有关的投资措施协议》
    - 四种禁止性投资措施
  - 《服务贸易总协定》
    - 国际服务贸易的类型
    - 协定特点
      - 框架性+承诺
- 争端解决机制
  - 争端类型
    - 违反性申诉
      - 违反+改或废
    - 非违反性申诉
      - 利益受损或丧失+补偿
  - ☆基本程序
    - 磋商
      - 必经程序+60天+保密
    - 专家组
      - 非常设+与争端方主张一致
    - 上诉机构
      - 常设+法律问题+无权发回重审
    - 报告的通过
      - 争端解决机构+反向一致原则
    - 报复
      - 获权+交叉报复+与受损害程度相等

- 国际经济法领域的其他法律制度
  - 国际知识产权法
    - 《巴黎公约》→ 国民待遇+优先权+临时性保护+独立性原则
    - 《伯尔尼公约》→ “双国籍”国民待遇+自动保护+独立性原则
    - 《与贸易有关的知识产权协议》→ 最惠国待遇+强化执法+提高保护水平
  - 国际投资法
    - 多边投资担保机制
      - 主要内容
      - 险别
    - 解决国际投资争端中心 → 管辖权
  - 国际融资法
    - 特别提款权
    - 国际融资担保方式
      - 见索即付保函 → 特点、保函欺诈例外原则
      - 其他担保方式 → 备用信用证、意愿书、浮动抵押
  - 国际税法
    - 税收管辖权 → 居民税收管辖权和来源地税收管辖权
    - 国际重复征税和国际重叠征税
    - 国际逃税和国际避税 → CRS共同申报准则

国际私法

- 国际私法
  - 概述
    - 概念、范围、渊源
  - 国际私法主体
    - 自然人
      - 国籍
      - 住所
      - 居所
    - 法人
      - 国籍、住所
      - 经常居所、营业所
    - 国家和国际组织
    - 外国人的民商事法律关系
      - 国民待遇
      - 最惠国待遇
      - 优惠待遇
      - 外国人在中国的民商事法律地位
  - 冲突规范
    - 性质
      - 法律适用规范
    - 类型
      - 单边冲突规范
      - 多边冲突规范
      - 重叠冲突规范
      - 选择冲突规范

国际私法

- 准据法
  - 性质 → 实体法
  - 区际法律冲突 → 最密切联系原则
- 适用冲突规范的制度
  - 识别
    - 定性
    - 法院地法
    - 识别分割制
  - 反致
    - 反致、最终反致导致法院国的实体法适用
    - 转致导致第三国的实体法得以适用
    - 我国立法不采用反致制度
  - 外国法查明
    - 查明方法
      - 法官依职权查明
      - 当事人举证证明
      - 法官依职权查明，当事人协助
    - 无法查明 → 适用我国法律
  - 公共秩序保留 → 适用中国法律
  - 法律规避
    - 规避我国强制性或禁止性法律≠规避任何法律
    - 故意制造涉外民事关系的连结点来规避我国强制性规定，法院认定不适用外国法律，而是适用中国法律
  - 直接适用的法 → 劳动者权益保护、反垄断反倾销、食品或公共卫生安全或环境安全

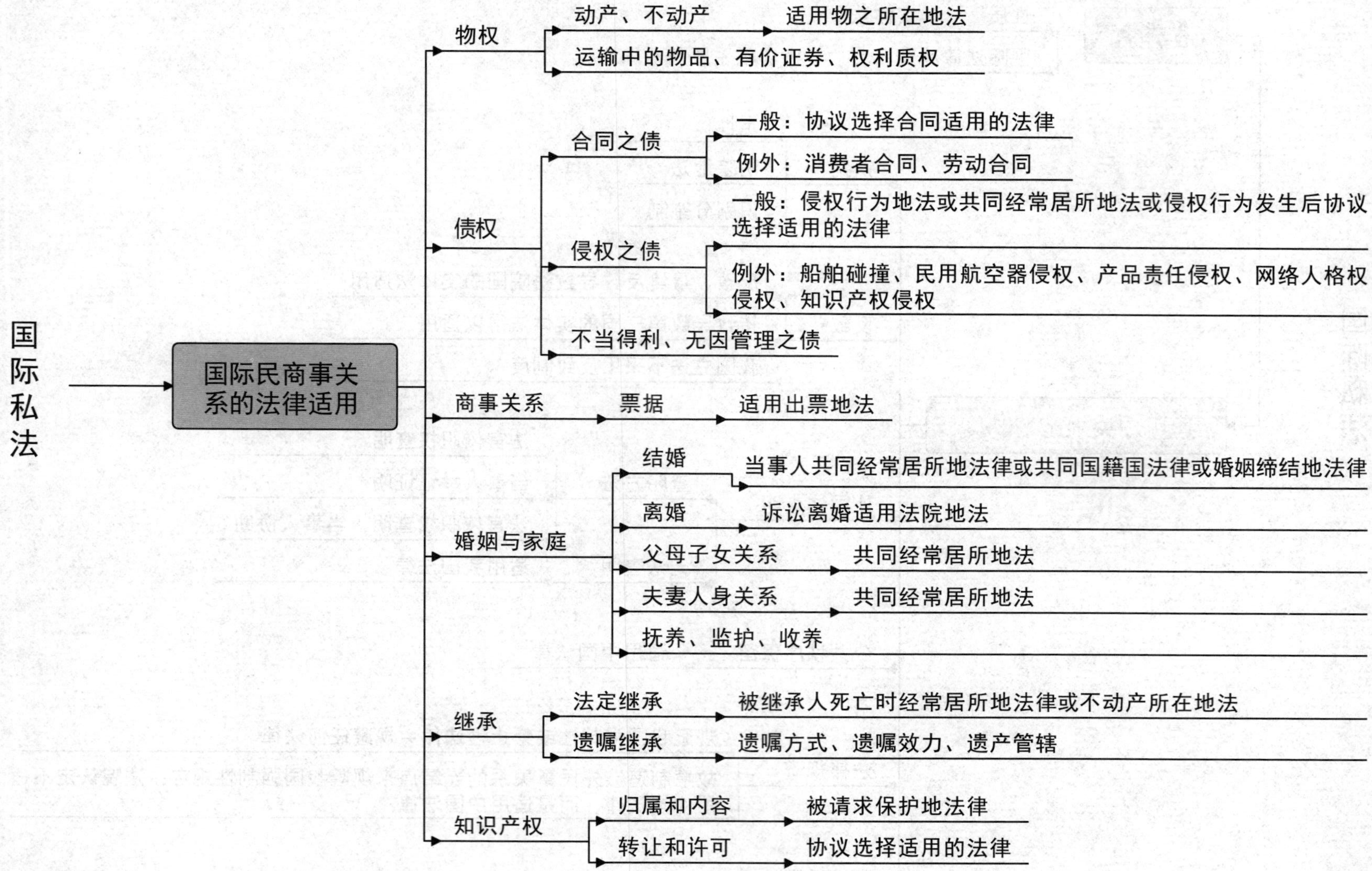
国际私法
国际民商事关系的法律适用
物权
动产、不动产
适用物之所在地法
运输中的物品、有价证券、权利质权
债权
合同之债
一般：协议选择合同适用的法律
例外：消费者合同、劳动合同
侵权之债
一般：侵权行为地法或共同经常居所地法或侵权行为发生后协议选择适用的法律
例外：船舶碰撞、民用航空器侵权、产品责任侵权、网络人格权侵权、知识产权侵权
不当得利、无因管理之债
商事关系
票据
适用出票地法
婚姻与家庭
结婚
当事人共同经常居所地法律或共同国籍国法律或婚姻缔结地法律
离婚
诉讼离婚适用法院地法
父母子女关系
共同经常居所地法
夫妻人身关系
共同经常居所地法
抚养、监护、收养
继承
法定继承
被继承人死亡时经常居所地法律或不动产所在地法
遗嘱继承
遗嘱方式、遗嘱效力、遗产管辖
知识产权
归属和内容
被请求保护地法律
转让和许可
协议选择适用的法律

- 国际私法
  - 国际民商事争议的解决
    - 国际商事仲裁
      - 仲裁协议的效力认定
      - 贸仲香港中心
      - 外国仲裁裁决的承认与执行
    - 国际民事诉讼
      - 外国当事人的民事诉讼地位
      - 管辖权
      - 司法协助
        - 文书送达
        - 调取证据
        - 外国法院判决的承认与执行
  - 区际法律问题
    - 区际法律冲突与区际冲突法
      - 参照国际私法规则解决
    - 区际司法协助（内地与港澳台之间）
      - 文书送达
        - 域外送达与区际送达的异同
        - 区际文书委托送达的异同
        - 认定送达的方式
      - 调取证据
      - 区际法院判决和仲裁的认可与执行